KB181597

# 왜 사회에는 이견이 필요한가

Why Societies Need Dissent

Copyright ⓒ 2003 by Cass R. Sunstein

All rights reserved

Korean translation copyright ⓒ 2008 by
Humanitas Publishing Inc.
Korean translation rights arranged with Frances
Goldin Literary Agency through EYA(Eric Yang
Agency)

이 책의 한국어판 저작권은 EYA(Eric Yang Agency)를
통한 France Goldin Literary Agency사와의 독점
계약으로 한국어 판권을 후마니타스(주)가 소유합니다.
저작권법에 의해 한국 내에서 보호를 받는
저작물이므로 무단 전재와 복제를 금합니다.

# 왜 사회에는 이견이 필요한가

1판1쇄 | 2009년 11월 19일
1판2쇄 | 2009년 11월 25일
2판1쇄 | 2015년  2월 23일
2판2쇄 | 2017년  1월 23일

지은이 | 카스 R. 선스타인
옮긴이 | 박지우, 송호창

펴낸이 | 정민용
편집장 | 안중철
책임편집 | 최미정
편집 | 윤상훈, 이진실
본문삽화 | 유희, 이창현

펴낸 곳 | 후마니타스(주)
등록 | 2002년 2월 19일 제300-2003-108호
주소 | 서울 마포구 양화로 6길 19(서교동) 3층
전화 | 편집_02.739.9929 영업_02.722.9960
팩스 | 0505.333.9960
홈페이지 | www.humanitasbook.co.kr

인쇄 | 천일_031.955.8083
제본 | 일진_031.908.1407

값 17,000원

ISBN 978-89-6437-218-0  03300

이 도서의 국립중앙도서관 출판시도서목록(CIP)은
e-CIP 홈페이지(http://www.nl.go.kr/ecip)에서
이용하실 수 있습니다(CIP제어번호: CIP2014031638)

# 왜 사회에는 이견이 필요한가

카스 R. 선스타인 지음

박지우, 송호창 옮김

후마니타스

## 차례

| 일러두기 |

1. 한글 전용을 원칙으로 했다. 고유명사의 우리말 표기는 국립국어원의 외래어 표기법을 따랐다. 그러나 관행적으로 굳어진 표기는 그대로 사용했다.

2. 본문에 사용된 [ ]은 저자의 설명이며, 독자의 이해를 돕기 위한 옮긴이의 짧은 설명은 [ _옮긴이]로 표기했다. 옮긴이의 긴 설명의 경우 ●표시와 함께 본문 아래에 넣었다. 또한 본문에 삽입되어 있는 그림과 삽화는 모두 독자의 이해를 돕기 위해 편집자가 추가한 것이다.

자신의 눈에 보이는 것밖에는 말할 줄 모르는 한 어린아이가 임금님이 타고 있는 마차 앞으로 다가와 외쳤다. "임금님, 벌거벗으셨네요!"

_한스 크리스티안 안데르센,『벌거벗은 임금님』

다른 권력의 횡포와 마찬가지로, 다수의 횡포 역시 처음에는 주로 공권력 행사를 통해 그 해악이 드러났다. 사정은 지금도 다르지 않다. 그러나 주의 깊게 관찰해 보면, 사회 자체가 횡포를 부린다고 할 때 — 다시 말해 사회가 개별 구성원에게 집단적으로 횡포를 부린다고 할 때 — 그것은 정치적 권력 기구의 손을 빌린 행위에만 한정되지 않는다. 사회는 스스로의 뜻을 관철시킬 수 있고 실제로도 그렇게 한다. …… 그러므로 정치 권력자의 횡포를 방지하는 것만으로는 충분하지 않다. 사회에서 널리 통용되는 의견이나 감정이 부리는 횡포, 그리고 그런 통설과 다른 생각과 습관을 가진 이견 제시자에게 사회가 법률적 제재 이외의 방법으로 옥박지르면서 통설을 행동 지침으로 받아들이도록 강요하는 경향에 대해서도 대비를 해야 한다.

_존 스튜어트 밀,『자유론』

민주주의에 대한 가장 강력한 비판자를 꼽으라면 단연 플라톤일 것이다. 그가 민주주의를 인정할 수 없었던 것은 그것이 참된 지식이 아니라 공중의 의견에 기초를 둔 체제였기 때문이다. 그가 보기에 만인이 의견을 갖는 체제의 귀결은 억지 주장과 그에 휩쓸리는 여론 이상일 수 없었다. 그렇기에 그는 무엇이 정의로운 것이고 옳은 것인지를 판단할 수 있도록 교육받은 사람이 체제를 이끌어야 한다고 보았는데, 이런 생각은 오늘날까지도 매우 강력한 영향력을 행사하고 있다. 특정 사안에 정통한 전문가가 이런저런 파당적 의견과 대중 여론에 휩쓸리지 않고 체제를 운영해야 한다는 주장도 그 한 예라고 할 수 있다.

만인이 의견을 가질 수 있다는 것이야말로 자유로운 민주 사회의 가장 큰 특징이라 할 수 있지만, 다양한 의견과 주장 그 자체가 민주주의 체제의 우월성을 보장하는 것은 아니라는 점에서 플라톤

11

의 도전은 여전히 의미를 갖는다. 자유로운 개인들의 사회에서조차 집단적 쏠림 현상이나 편향성의 집단적 강화 현상은 피할 수 없고, 이런 사회현상은 국가권력과 같은 외재적 요인들의 개입이 없어도 나타나게 마련인 인간 사회의 본질적 특징이기 때문이다. 인간은 왜 무리를 짓는가? 왜 특정의 의견이나 태도에 집단적으로 동조하는 현상을 피할 수 없는 것일까? 그것이 갖는 장점과 그로 인해 만들어지는 부작용은 무엇인가? 왜 차이와 이견, 갈등을 부정적으로만 봐서는 안 되는가? 이견과 다양성의 존재를 우리는 정당화할 수 있을까? 어떻게 하면 다양한 이견 위에 서있는 민주주의 체제를 좀 더 풍요롭게 만들 수 있을까?

이런 질문을 역사적 사례들과 심리 실험의 결과를 통해 따져 보고 있는 이 책은 2009년 번역 출간된 이래로 꾸준히 애독되었다. 다만 출판사 입장에서 늘 아쉬웠던 것은, 지나치게 미국적인 사례나 예시 몇 가지가 국내 독자들의 독서를 방해하는 점이었다. 이에 미국 출판권자와 국내 번역자의 허락을 얻어 원문 가운데 꼭 필요하지 않다고 판단되는 부분을 삭제한 개정판을 내게 되었다. 더불어 판형과 종이 선택에도 변화를 줌으로써 좀 더 독자 친화적인 책을 만들고자 했다. 이 개정판이, 이견과 갈등을 민주 사회의 동반자로 받아들이면서 어떻게 하면 이견과 갈등 속에서도 좋은 사회를 만들 수 있는가를 고민하는 데 부디 쓸모 있게 소용되기를 기대한다.

2015년 2월
후마니타스 편집부

리처드 A. 포스너에게

인간은 다른 사람의 행동으로부터 놀랄 만큼 큰 영향을 받는다. 식당을 선택할 때만이 아니라, 경쟁 상대나 의사, 식품점, 지도자, 책, 컴퓨터, 영화, 영웅, 정치적 견해 등을 선택할 때에도 사람들은 다른 사람들의 판단을 따르는 [동조의_옮긴이] 경향이 있다. 이런 종류의 동조*가 불합리한 일은 아니다. 다른 사람이 어떤 결정을 내리

---

● 동조(conformity) | 한 집단 내의 구성원들이 실제 또는 가상의 인물이나 집단의 압력을 받아들여 자신의 행동과 의견을 바꾸는 것을 말한다. 일반적으로 동조라는 용어는 부정적인 의미로 사용되는 경향이 있지만, 반드시 그런 것은 아니다. 동조는 도로를 무단 횡단하는 무리를 따라 무단 횡단하는 사람의 경우처럼 때로는 부정적이기도 하고, 극장 매표소에서 차례로 줄을 서는 경우처럼 때로는 긍정적이기도 하다. 사회심리학에서는 동조를 복종/순종(compliance), 일체화(identification), 내재화(internalization)로 유형화하기도 한다. 여기서 복종/순종이란 개인의 내면적 신념과는 상관없이 공적으로 집단의 의견이나 견해를 따르는 것으로, 흔히 명령을 직접적으로 따르는 것을 의미한다. 일체화란 어느 한 집단에 속해 있는 동안에는 공적으로는 물론, 개인적으로도 동조하는 것을 말한다.

는지를 아는 것은 유익한 정보일 때도 많다. 많은 사람들이 셰익스피어를 좋아하고 링컨을 존경하며 담배를 피우지 않는다면, 그들이 왜 그런지 관심을 기울일 만하다.

대부분의 사람들은 다른 사람들로부터 좋은 평가를 받고 싶어 한다. 많은 사람들이 갖고 있는 견해를 거부하거나 특이한 취향을 가진 사람들은 대개 인기가 없다. 그들은 사회적으로 위협을 받을 수 있고, 따돌림을 당할 수도 있다. 따돌림은 그리 유쾌한 일이 아니다. 게다가 불응에 대한 처벌로 죽음이 강요되는 나라도 있다.

이처럼 대개의 경우 동조는 합리적일 수 있다. 그런데 문제는 동조가 개인과 사회를 불행하게 할 수 있고, 파멸에 이르게 할 수도 있다는 점이다. 많은 사람들이 다른 사람들을 따라 하기만 한다면, 그들 각자가 실제로 무엇을 알고 무엇을 믿고 있는지는 알 수 없게 된다. 이는 동조가 낳는 가장 심각한 위험이다. 침묵과 동조는 사회적으로 중요한 정보를 억압한다.

앞으로 보게 되겠지만 비슷한 의견을 가진 사람들은 종종 극단으로 치닫곤 한다. 따라서 이견을 제시하고 남들의 강요를 거부하는 것이 사회적으로 의미 있는 역할을 할 때가 많다. 기업의 이사회뿐만 아니라 교회, 스포츠 팀, 학생회, 교수회의, 투자클럽에서 이

---

물론 이 경우 집단을 떠나게 되면 동조하지 않는다. 마지막으로 내재화란 공적으로는 물론, 개인적으로도 동조함과 동시에, 집단을 떠난 이후에도 동조하는 경우를 말한다. 이 점에서 내재화는 다른 개인의 행동에 대한 한 개인의 완전한 믿음에서 비롯된 동조라고 할 수 있다.

견 제시자들은 실제로 그런 역할을 하고 있다. 백악관, 의회, 연방 대법원에서도 마찬가지이다. 평화로운 시기는 물론 전쟁을 수행하고 있을 때에도 그렇다.

동조의 위험과 이견의 중요성을 다루는 이 책은, 2003년 2월 10일과 11일에 하버드대학교 로스쿨에서 열린 올리버 웬들 홈스 강연●을 토대로 썼다. 강연에 초청해 주고 많은 지원을 해준 것에 깊이 감사한다. 많은 사람들이 동조와 이견에 대한 수많은 토론을 함께 하며 도움을 주었는데 그들에게도 감사한다. 사회 통념에 대한 이견을 제시해 온 리처드 포스너에게 이 책을 바친다. 그는 이 책에 실질적인 도움을 준 나의 동료다.

---

● 올리버 웬들 홈스 강연 | 하버드대학교 로스쿨 교수이자 30년간 대법관을 지낸 올리버 웬들 홈스(1841~1935)를 기리는 강좌를 가리킨다. 로스쿨 강연 시리즈 가운데 가장 유명하고 권위가 있다. 홈스 대법관은 살아 있는 동안 미국 보통법의 전통을 지지하는 가장 영향력 있는 판사였다. 그가 죽고 난 다음에도 그의 판결과 저서는 미국의 법학 논문에서 가장 많이 인용되어 왔다. 다수 의견의 위험성을 경고하고, 소수 의견의 보호를 중시함으로써 "위대한 이견 제시자"(The Great Dissenter)라는 별칭을 얻기도 했다.

서론

동조와

이견

1980년대 레이건과 대처의 높은 인기와 정치적 보수주의의 부활이 가능했던 이유는 무엇일까? 1990년대 초반에 흑인 청소년의 흡연율이 급감한 이유는? 왜 1960년대에 전 세계적으로 수많은 학생들이 좌파 사상을 지지하게 되었을까? 아랍 세계에 이슬람 근본주의가 확산된 이유는 무엇일까? 미국과 유럽의 대학에서 환경 운동이 대두한 이유는? 유럽인들은 유전자 조작 식품을 두려워하지만, 왜 미국인들은 그렇지 않을까? 1970년대에는 미국에서 적극적 시정 조치●가 크게 확대된 반면, 1990년대 이후에는 이 정책에 대한 비판이 커지고 있는 현상을 어떻게 설명할 수 있을까?

이 책에서 나는 다른 사람들의 생각과 행동에 동조하려는 인간의 놀랄 만한 경향을 이해하지 않고는 이런 질문들을 적절하게 해명할 수 없다고 주장할 것이다. 물론 인간은 결코 순한 양이 아니다. 상당수의 사람들은 독립심이 강하다. 그러나 외견상 반골로 보이는 사람들을 포함해 대부분의 사람들이 다른 사람들의 생각과 행동에 많은 영향을 받는다는 것은 분명한 사실이며, 게다가 이견

---

● 적극적 시정 조치(affirmative action policies) | 원래 미국 사회에서 인종차별을 불식시키기 위해 시작된 차별 철폐 정책의 하나다. 그러나 단순히 차별을 철폐하는 것만으로는 역사적으로 누적되어 온 인종 간의 실질적인 평등을 이룩할 수 없었다. 적극적 조치는 과거의 차별에 대한 보상과 현재의 왜곡된 불평등 상황을 고치기 위한 치료책으로 이를테면 채용·승진·훈련 등에서 흑인과 여성에게 백인과 남성보다 우선적 기회와 혜택을 제공하려는 조치다. 이 점에서 적극적 시정 조치는 불평등을 시정하기 위해 역으로 불평등한 조치를 취하는 정책이라 할 수 있는데, 바로 이 때문에 많은 논란을 불러일으키고 있다.

에 의해 견제되지 않은 동조일 경우는 우려할 만하고, 해로우며, 때로는 충격적인 결과를 초래할 수도 있다. 몇 가지 사례를 살펴보자.

기업 이사회. 21세기 초반 많은 미국 회사들이 부정부패로 심각한 어려움을 겪었다. 엔론Enron사의 파산이 가장 널리 알려졌지만, 월드컴WorldCom, 아델피Adelphi, 타이코Tyco와 같은 회사들 역시 비슷한 문제에 봉착했다. 기업의 실패를 가까이서 관찰해 온 많은 사람들은 그 실패에 대한 처방으로, 기업 조직을 더욱 엄격하게 통제하기보다는 진지한 토론을 장려하고 회사가 직면한 문제들에 대해 고위 간부들에게 거리낌 없이 이의를 제기하는 집단을 기업 내에 두라고 충고한다.[1] 강력한 힘을 가진 기업의 중역들이 이견을 제기하는 사람들을 처벌할 때, 직원들은 거의 예외 없이 조용히 상급자의 명령을 따르기만 하는 부작용이 발생하기 때문이다. 이는 기업의 실적에 따라 이득을 보는 주주들에게 심각한 문제라 할 수 있다. 다양한 증거자료들은 "이견 제시를 하나의 의무로 간주하고 어떤 주제라도 토론할 수 있는" 상당히 논쟁적인 이사회를 가진 기업이 실적도 좋다는 것을 보여 주고 있다. 건강한 기업 이사회라면 다양한 관점을 수용하고, 대다수 사람들이 가진 획일적 견해에 도전하는 것을 장려해야 한다.

투자자. 투자클럽은 자금을 공동으로 출자하고 주식시장에서 공동으로 투자 결정을 내리는 사람들의 모임이다. 어떤 클럽이 높은 수익을 올리고, 어떤 클럽이 낮은 수익을 낼까? 조사 결과에 따르면,

최악의 수익을 내는 클럽은 기본적으로 사교적이었다.[2] 그 클럽의 구성원들은 서로 잘 알고, 함께 식사하며, 정에 얽매여 있었다. 반대로 최상의 수익을 올리는 클럽에서는 다양한 목소리가 훨씬 빈번하게 나타났다. 낮은 수익을 내는 클럽에서는 공개적인 논쟁이 거의 없었을 뿐만 아니라 모든 일을 이견 없이 만장일치로 결정했다. 낮은 수익을 올리는 집단의 구성원들은 사회적 관계를 위해 자신의 표를 행사한 것이다. 요약하면, 투자클럽 내에서 이견의 부재는 현저하게 낮은 수익을 낳았다.

백악관. 1961년 4월 17일, 미 해군과 공군 그리고 중앙정보부는 피그스 만에서 쿠바를 침공하려는 1천5백여 명의 반카스트로파 쿠바 망명자들을 지원했다. 그 침공은 비참한 실패로 끝났는데,[3] 두 척의 미국 보급선이 쿠바 전투기에 의해 격침되었고, 다른 두 척은 후퇴했으며, 네 척은 제시간에 도착도 못했다. 이들 가운데 상당수는 2만 명의 정예군으로 구성된 쿠바군에 의해 사살되었고 생존자 대부분을 생포되었다. 미국은 포로들을 송환받기 위해 쿠바에 5천3백만 달러를 해외 원조의 형태로 제공해야 했고, 미국에 대한 국제적인 비난과 함께 쿠바와 소련의 관계가 더욱 돈독해지는 대가를 치러야 했다. 쿠바 침공이 실패한 연후에, 존 F. 케네디는 "내가 어쩌다 그런 어리석은 계획을 추진했을까"[4]라고 한탄했다. 그 수수께끼에 대한 답은 케네디의 참모들이 무능력했기 때문이 아니었다. 사실 그들은 대단히 노련하고 출중한 능력을 갖추고 있었다. 그럼에도 불구하고 참모들 가운데 그 누구도 침공에 반대하거나 대안을 제시하지 않았다. 아서 슐레진저Arthur Schlesinger, Jr.에 따르면, 케네디의 측근 가운데 몇몇은 개인적으로 그 계획에 의심을 품었지만 "자칫 '온건파'라는 딱지가 붙는 것을 두려워했고, 또 감히 동료의 시선을 거스를 수 없었기 때문에 그런 의심을 적극적으로 개진하지 않았다."[5] 결국 그런 의문을 강력하게 제기하지 못한 것이 문제였다. 쿠바 침공을 결정하는 회의에 참석했던 슐레진저는 이렇게 말했다. "계획은 그 어떤 반대도 없이 추진되었다. 만약 단 한 명의 관료라도 반대했다면, 케네디가 그 계획을 취소했을 것이라고 나는 확신한다. 하지만 그 누구도 반대하지 않았다."[6] 슐레진저 역시 그 계획에 의심을 품고 있었지만 반대하지 않았다. "피그스 만 사태 이후 수개월 동안 나는 중대한 논의 과정에서 침묵으로 일관했던 나 자신을 심하게 자책했다. …… 내가 할 수 있는 유일한 변명은 당시의 토론 분위기 때문에 몇 가지 소극적인 질문을 제기하는 것 이상의 그 터무니없는 일에 반대하지 못했다는 것뿐이다."[7]

"토론의 분위기 때문에" 발생한 이런 침묵이 케네디 행정부 초기에만 국한되었던 것은 아니었다. 린든 B. 존슨 대통령의 측근이었던 빌 모이어스Bill Moyers에 따르면, 그런 현상은 행정부에 만연해 있었다. "케네디와 존슨 행정부의 커다란 문제 가운데 하나는 국가 안보를 다루었던 사람들이 지나칠 정도로 밀접한 개인적 관계를 맺고 있었다는 점이다. 국사를 다루는 데 있어서 그들은 마치 사교 클럽의 회원인 양 처신하는 경향이 있었다. 클럽 회비를 얼마나 낼 지가 중요한 결정으로 다뤄지는 소규모 모임에서처럼, 훈훈한 동료애 속에서 이루어졌다. …… 결국 사람들은 자신과 매우 친한 사람들의 의견에 내심 반대하면서도, 결국 자신의 의견을 제시하지 못하고 변죽만 울리다가 합의에 이르는 경향이 있다."[8]

연방 법원. 세 명의 판사로 구성된 연방 법원에서 어떤 판사가 보수적 또는 자유주의적/진보적● 신념을 가진 판사와 함께 재판을 진행할 경우 어떤 영향을 받을까? 이런 질문 자체를 부정하면서, 판사들이 법에 따라서만 판결을 내리기만 하면 정치적 신념은 전혀 문

---

● 자유주의적/진보적(liberal) | 미국 정치에서 사용되는 liberal, liberals에 대한 적절한 번역어를 선택하는 것은 매우 어려운 문제다. 자유주의적, 자유주의자, 진보적, 진보주의자로 옮기는 것 모두 문제가 있다고 할 수 있다. 잘 알려져 있듯이, liberal이라는 표현은 1930년대에 뉴딜 정책을 추진했던 프랭클린 루스벨트가 자신의 정치적 입장을 liberal이라고 부르며, 그 반대자들을 보수주의자(conservative)라고 규정하면서 처음 등장했다. 이후 미국에서 liberal이라는 표현은, 우파나 보수주의자에 상대되는 좌파, 자유주의자, 진보주의자 등의 의미로 통용되었다. 물론 이런 민주당의 '진보적인' 노선은 1980년대 이후 퇴조하면서, '자유주의적'인 측면이 더욱 강화되는데, 이는 신민주당파(New Democrats)가 등장하면서 더욱 명확해졌다. 신민주당파는 민주당이 1984년 대통령 선거에서 공화당 로널드 레이건 후보에 참패한 후 당내 보수 세력을 중심으로 민주당의 뉴딜 진보주의 노선에 문제를 제기하며 출현했다. 주로 남부 출신 의원과 주지사의 주도로 1985년에 창립한 당 외곽 조직인 민주당지도자협의회(Democratic Leadership Council, DLC)와 진보정책연구소(Progressive Policy Institute, PPI)가 주축이 되었다. 신민주당파는 경제 형평, 재분배, 국방 예산 삭감 등에 치중하는 기존의 민주당 노선을 비판하고, 레이건의 신자유주의 이념에 대응하려면 민주당도 신자유주의를 일부 수용해 중도적인 민주당 유권자를 되찾아야 한다고 주장했다. 즉 재정 안정, 자유무역, 규제완화 등 경제성장에 도움이 되는 신자유주의 경제정책을 일부 수용하되 사회정의 구현과 시장 실패의 보완을 위해서만 정부가 시장에 개입해야 한다는 것이다. 외교 안보 분야에서도 일방적인 평화주의보다는 힘에 기초한 현실주의적 대외 정책을 지지했다. 이와 같은 이유로, 이 글에서는 liberal을 자유주의적/진보적으로 번역했다.

제가 되지 않는다고 말하는 사람도 있을 것이다. 그러나 현실은 그렇지 않다. 공화당이 지명한 판사가 공화당 출신 대통령이 지명한 다른 두 명의 판사와 함께 판결을 내린다면, 그 판사가 전형적인 보수적 판결을 내리는 경향은 강화된다. 민주당이 지명한 판사들 사이에서도 똑같은 경향이 나타나는데, 그들 역시 민주당이 지명한 다른 두 명의 판사들과 함께한다면 전형적으로 자유주의적/진보적인 판결을 내리는 경향이 커진다. 이처럼 집단 영향[압력_옮긴이]•은 정치적 신념을 강화하는데, 한 판사의 정치적 신념은 같은 정당의 대통령에 의해 지명된 다른 두 명의 판사들과 함께 판결을 내릴 때 더욱 강화된다.

반대로, 공화당이나 민주당이 지명한 판사들이 경쟁적인 의견을 접하게 되었을 때는 정치적 신념이 약화되는 현상이 발생한다. 다양한 사례에서, 두 명의 공화당 판사와 배석한 한 명의 민주당 판사는 전형적인 공화당원처럼 판결한다는 사실이 밝혀졌다. 마찬가지로 두 명의 민주당 판사와 배석한 한 명의 공화당 판사는 전형적인 민주당원처럼 판결한다. 두 명의 민주당 판사와 배석한 공화당 판사는, 두 명의 공화당 판사들과 배석한 민주당 판사의 판결보다도 더 자유주의적/진보적인 판결을 내리는 것을 종종 볼 수 있다. 이점에서 우리는 공화당이 지명한 판사들과 배석한 민주당 판사는

---

• 집단 영향/압력(group influence) | 초기 사회심리학의 주요 주제의 하나로, 집단이 개인의 생각과 행동에 미치는 영향에 주목하는 개념이다.

공화당 판사처럼 판결하고 민주당 판사들과 배석한 공화당 판사는 민주당 판사처럼 판결한다고 결론을 내릴 수 있을 것이다. 물론 민주당 판사(혹은 공화당 판사)가 어떤 판결을 내리는가 하는 문제를 그들이 누구와 배석했는지에 달린 것으로 과도하게 단순화한다는 점에서 이런 결론이 다소 오해의 여지는 있지만 말이다.

배심원. 법을 어긴 피고인이 얼마만큼의 형량을 받아야 하는가를 일반 시민들에게 개별적으로 질문해 보았다.[9] 그들의 대답을 0에서 8 사이로 측정했다. 0은 어떤 처벌도 내려서는 안 된다는 것을 의미하고 8은 '매우 엄한' 처벌을 의미한다. 그들의 개별적인 판단을 기록한 다음, 이들을 각각 여섯 명으로 구성된 배심원단으로 나누었다. 그리고 각 배심원단에는 토론을 거쳐 만장일치로 판결을 내려 줄 것을 요청했다. 배심원의 다수가 처음부터 경미한 처벌을 선호한 배심원단은 좀 더 "너그러운 방향으로" 판결을 내리는 경향을 보였다. 이는 그들이 서로 이야기를 나누기 전에 보여 주었던 개인적인 선호들의 중간값보다도 최종 판결에서 처벌의 강도가 낮아졌다는 것을 의미한다. 반대로 배심원의 다수가 강력한 처벌을 선호했다면, 전체적으로 그 배심원단은 좀 더 "엄격한 방향으로" 판결을 내리는 경향을 보였다. 그들이 서로 이야기를 나누기 전에 보여 주었던 개인적인 선호들의 중간값보다도 처벌의 강도가 체계적으로 높아진 것이다.

## 동조, 이견, 그리고 정보

대체로 동조는 현명한 행위다. 우리가 동조하는 이유는 종종 정보의 부족 때문이고, 다른 사람들이 어떻게 결정하는지는 우리가 얻을 수 있는 최상의 정보 가운데 하나다.[10] 만약 무엇을 해야 할지 확실치 않다면, 손쉽게 적용할 수 있는 경험의 원리로서 '군중을 따르라'는 견해를 받아들일 것이다. 이 단순한 원리는 어디에 살 것인지, 무엇을 먹을지, 흡연을 할지 말지 혹은 법으로 금지된 약물을 사용할지 말지, 어떻게 다이어트를 할 것인지, 고소할 것인지 아닌지, 의사에게 갈지 말지, 누구에게 투표할 것인지, 법에 복종할 것인지, 이사할 것인지 말지 그리고 이사한다면 어디로 할 것인지 등에 관해 사람들이 내리는 이런저런 결정들을 설명하는 데 도움이 된다.

사람들은 자신이 알고 있는 사람들의 의견에 관심을 기울인다. 그 때문에 서로 다른 집단들이 극단적으로 그리고 때로는 놀랍도록 서로 다른 행위를 하거나 상이한 믿음을 갖게 되기도 한다. "상당수의 독일인은 체리를 먹은 후에 물을 마시는 것이 건강에 나쁘다고 믿으며, 또한 청량음료에 얼음을 넣는 것이 건강에 좋지 않다고 믿는다. 그러나 영국인들은 체리를 먹은 후에 차가운 물을 마시는 것을 즐기고, 미국인들은 얼음을 넣은 청량음료를 애용한다."[11]

문제가 되는 것은, 광범위하게 퍼져 있는 동조로 말미암아 알아야 할 필요가 있는 정보를 사람들이 얻지 못하게 되는 데 있다. 동조에 익숙한 사람들은 다른 사람들을 따르고 침묵함으로써, 다른 사람들이 이익을 얻을 수 있는 정보를 제공하지 않는다. 이로 말미암아 피그스 만 침공이 이뤄졌고, 투자클럽의 회원들이 커다란 손실을 보기도 했다. 이와 관련해 안데르센의 『벌거벗은 임금님』은 재치 만점의 우화가 아닐 수 없다. 모든 사람이 다른 사람들을 따르기만 했기에, 사람들은 두 눈에 멀쩡히 보이는 사실을 입 밖에 내지 못했다.

본문에서 우리는 과학적 실험을 통해 일반 사람들이 마치 안데르센의 동화에 나오는 사람들처럼 처신한다는 점을 살펴볼 것이다. 부정의, 억압, 집단 폭력이 지속될 수 있는 이유 가운데 하나는 거의 언제나 선량한 사람들이 침묵하기 때문이다. 1990년대 아랍 정부들이 잔혹 행위를 저지른 것과 관련해 이라크 반체제 인사인 카난 마키야Kanan Makiya가, "마음만 먹었으면 결과는 달라졌을 수도 있는데, 아랍 지식인들이 침묵으로 일관했다"고 비판한 것은 그 때문이었다.[12]

내가 이 책의 곳곳에서 강조하겠지만, 여기에는 하나의 역설이 있다. 일반적으로 동조하는 사람들은 집단의 이익을 위해 침묵하며, 이를 통해 사회적 이익을 보호하는 사람으로 간주된다. 이와는 대조적으로, 이견을 제시하는 사람들은 자신의 생각대로만 행동하는 이기적인 개인으로 비치는 경향이 있다. 그러나 진실은 그 반대에 좀 더 가깝다. 대부분의 경우, 이견을 제시하는 사람들은 다른 사람들에게 이익이 되지만, 동조하는 사람들은 그 자신에게만 이익이 된다. 만약 누군가가 잘못된 관행에 경종을 울리겠다고 나서거나, 집단적 합의에 내포되어 있는 모순점들을 밝히고자 한다면, 그들은 처벌을 받을 수도 있다. 직장을 잃거나, 따돌림을 당하거나,

적어도 한동안 힘든 시기를 경험해야 할지도 모른다.

때때로 그런 위험은 아주 위협적이다. 현대의 위대한 정치 지도자 가운데 한 명인 넬슨 만델라는 남아프리카공화국의 인종차별 정권에 반대했다는 이유로 수십 년간 감옥살이를 했다. 이슬람 극단주의에 대한 비판자이며 종교적 관용의 옹호자이고 탈레반과 알카에다의 위험을 맨 처음 경고했던 사람 가운데 하나였던 이집트 언론인 파라그 파우다Farag Fouda는, 이집트 대통령인 호스니 무바라크Hosni Mubarak가 시민의 자유를 제한한 것을 공개적으로 비판한 뒤 일주일 만에 살해되었다.[13]

건강한 사회는 그런 희생을 감소시키거나 없앤다. 미국의 법원은 회사 내에서 벌어진 범죄행위를 밝히고자 경찰에 협조하기로 동의한 피고용인을 고용주가 해고하지 못하도록 해왔다.[14] 이런 결정은 애사심 없는 피고용인을 보호하려는 것이 아니라, 회사의 탈법을 밝혀 그에 대한 적절한 처벌이 이뤄지는 것에서 이익을 얻게 될 많은 사람을 위한 조치다.

이견이 항상 도움이 된다고 말하는 것은 아니다. 허튼소리를 하는 사이비 목소리들까지 격려할 필요는 없다. 명예로운 이견 제시자의 명부에는 갈릴레오, 마틴 루터Martin Luther, 토머스 제퍼슨Thomas Jefferson, 엘리자베스 스탠턴,* 간디, 그리고 마틴 루터 킹 목사와 같

---

● 엘리자베스 스탠턴(Elizabeth Cady Stanton, 1815~1902) | 미국의 여성운동가. 미국 최초의 여권 집회를 주도해 여성의 지위 향상을 요구하는 결의안을 채택했다.

은 저명한 사람들이 포함되어 있다. 그러나 불명예스러운 목소리의 명부도 있다. 여기에는 히틀러, 레닌, 미국 노예제도의 옹호자들, 그리고 오사마 빈 라덴과 같은 역사적 걸물들이 있다.

이견dissent을 대부분의 사람들이 가진 견해에 반대하는 것을 뜻한다고 정의해 보자. 이렇게 정의한다면, 이견은 아마도 칭송받을 수 없었을 것이다. 이견을 제시하는 사람들은 때때로 사람들을 잘 못된 방향으로 이끌 수 있다. 서로 동조하는 사람들이 올바른 일을 할 때, 이견은 별로 필요하지 않을 것이다. 만약 과학자들이 지구온난화에 관해 올바른 결론에 도달했다면, 우리는 사이비 과학자들의 어리석은 이론들을 외면할 것이다.

그러나 우리는 많은 분야에서 우리의 의견이 올바른 답으로 수렴되어 있는 것인지를 알지 못한다. 집단 영향[압력_옮긴이]으로 말미암아 잠재적으로 생산적일 수 있는 이견이 줄어들 수도 있다. 대학 교정에서 "정치적 올바름"●과 관련된 문제는 중요하고 아주 잘 알려진 사례다.[15] 많은 집단과 조직들이 자신들만의 정설을 가지고

---

● 정치적 올바름(political correctness) | 말의 표현이나 용어 사용에서, 인종·민족·종교·성 차별 내지 편견이 포함되지 않도록 하자는 주의를 말한다. 어떤 종류의 언어를 쓰느냐가 인간의 사고에 영향을 준다는 가설에 바탕을 두고, 차별·편견을 없애는 것이 정치적 (political)인 관점에서 볼 때 올바르다(correct)는 의미로 사용되게 된 용어다. 그러나 이 용어가 부정적 의미로 사용될 때도 많다. 속으로는 전혀 다른 생각을 하면서도 말로는 위선을 떠는 것을 비꼬는 의미로 쓰일 때도 있고, 좌파적이고 진보적인 주장이 정치적으로 올바르다며 이를 무리하게 강요하는 태도를 비판하는 맥락에서도 자주 사용된다. 그 밖에 정치적 올바름의 교리가 표현의 자유를 억압하고 하나의 관점을 강요하는 결과를 가져온다는 비판도 있고, 올바름의 보편적 기준을 어떻게 정립할 수 있느냐는 반론도 많다.

있다. 이런 정설은 그 집단 내에서 광범위하게 받아들여지고 당연한 것으로 간주되기 때문에 그 구성원들에게는 문제점이 잘 보이지 않는다.

사회가 잘 작동하는 곳에서는, 권리와 제도를 통해 동조가 초래할 수 있는 위험을 줄일 수 있다. 언론의 자유가 대표적이다. 그러나 그 외에도 다양한 관행들을 검토해 볼 필요가 있다. 다양한 조직들은 일군의 사람들에게 악마의 변호인● 역할 — 제안된 정책에

---

● 악마의 변호인(devil's advocate) | 사전적인 의미로는 주로 강력한 반대 의견을 제시해 다수의 주장을 흔드는 사람을 말한다. 흔히 반대만을 일삼는 사람을 비꼬아 이야기할 때에도 사용된다. 원래 악마의 변호인은 중세 때 성인 추인 과정에서 사용되던 표현이다. 교황청에서 성인을 추서할 때, 일군의 신부들은 그 사람이 행한 선행의 증거뿐만 아니라, 그 사람이 생전에 가톨릭의 계율을 위반한 적은 없는지, 신에 대해 불경스러운 일을 한 적이 없는지, 알려지지 않은 부도덕한 행위가 없었는지를 집중적으로 조사해 교황청에 보고했다. 이 과정에서 주로 후자의 임무를 수행하는 신부를 악마의 변호인이라고 불렀다고 한다. 또한 사람들이 죽어 하늘나라에 갔을 때, 신 앞에서 그 사람의 악행을 보고하는 천사를 악마의 변호인이라고 불렀다고도 한다. 이와 관련해, 존 스튜어트 밀은 『자유론』에서 다음과 같이 적고 있다. "세상에서 가장 현명한 사람들은 자신의 판단을 믿고 따라도 별 문제가 생기지 않는다. 이들이 그런 판단에 이를 수 있는 것은, 몇몇 제법 현명한 사람과 공중이라고 불리는 다수의 어리석은 개인들의 잡다한 검증을 거치기 때문이다. 내 말이 결코 지나친 것은 아니다. 예를 들어 교회 가운데서도 가장 완고하다고 할 수 있는 로마 가톨릭 교회는 새로운 성자를 인정하는 시성식에서조차 '악마의 변'을 인내하며 듣는다. 인간으로서 최고의 경지에 이른 성인이라 하더라도, 악마가 그에게 할 수 있는 온갖 험담이 혹시 일말의 진실을 담고 있는 것은 아닌지 따져 보기 전에는 그런 영광된 칭송을 받을 수 없다는 것이다. 심지어 뉴턴의 물리학조차도 수많은 의문과 시험을 거쳐 그 정당성을 확인받지 못했다면, 오늘날 우리가 느끼는 것과 같은 신뢰를 얻지 못했을 것이다. 사람들이 마음 놓고 믿는 것일수록 온 세상 앞에서 철저한 검증을 받아야 한다"(존 스튜어트 밀, 『자유론』, 서병훈 옮김, 책세상, 2005, 49-50쪽). 이하 『자유론』에 대한 번역은 서병훈의 번역을 참고해 다듬었다.

대한 강력한 반론을 제시하는 역할 ― 을 하도록 한다. 다양성을 구축하는 이런 관행은 동조에 대한 인간의 경향을 상쇄시키는 기능을 한다. 이런 관행은 숨겨진 정보를 드러내고 이견을 보호하는데, 이는 모든 사람에게 이익이 될 수 있는 정보가 출현할 가능성을 증대시키는 효과가 있다.

이 점은 전시戰時나 평상시 모두에 해당된다. 제2차 세계대전 당시에 고위직을 역임했던 루터 귤릭Luther Gulick은 연합군의 승리와 주축국들의 패배를 민주주의 국가에 살고 있는 시민들의 위대한 능력 때문이라고 생각했다.[16] 그간의 문제점과 기존 정책을 면밀하게 검토하고 이견을 제기함으로써 전쟁 수행 능력을 향상시켰기 때문이다. 이견과 꼼꼼한 검토가 가능했던 이유는 지배적인 생각에 회의적인 사람들을 법이 처벌하지 않았고, 사회적 압력과 같은 비공식적인 처벌 역시 상대적으로 약했기 때문이다. 나는 집단 영향과 그것이 내재하고 있는 유해한 효과를 잘 이해하는 것이야말로, 우리가 살펴볼 다양한 문제들을 이해하는 데 있어 새로운 실마리를 던져 준다고 주장할 것이다.

이 책에서 내가 강조하고 있는 이견은, 어떤 의미에서는 현대 정치 이론에 반하는 측면도 있다. 최근 수십 년간 여러 정치 이론들은 합의의 중요성을 강조해 왔다. 가장 주목할 만한 정치 이론의 사례는 존 롤스John Rawls다. 그는 근본적인 이슈들을 둘러싸고 서로 다른 견해를 가진 시민들 사이에서 공유될 수 있는 "중첩적 합의"•의 가치를 강조했다.[17] 좀 더 현실적인 차원에서도 유사한 사례가 있다. 많은 사람들은 미국인들이 합의에 입각한 해결책보다는 법적 다툼을 통해 문제를 해결하는 경향이 있다며, 미국 문화의 한 특징인 "당사자 중심의 법률 만능주의"●●에 대해 탄식해 왔다.[18] 여기서 롤스가 제기한 문제를 다루거나 소송 만능주의를 옹호할 생각은 없다. 그러나 동의 및 합의를 강조하는 주장들이 많은 문제를 간과해 왔다는 사실만은 분명하다. 내가 생각하기에, 동조와 동의에 내

---

● 중첩적 합의(overlapping consensus) | 존 롤스에 따르면, 정의관은 크게 두 가지 부류로 구분된다. 하나는 완전히 합당하고 합리적인 모든 시민들이 수용할 수 있는 그런 선관(선의 개념)이 단 하나밖에 존재하지 않는다고 주장하는 정의관이다. 플라톤과 아리스토텔레스, 그리고 아우구스티누스와 아퀴나스로 대표되는 기독교적 전통은 합당하고도 합리적인 유일한 선의 개념을 지지한다. 반면에 다른 하나는 각각 자신의 선관을 지닌, 합당하지만 상충하는 포괄적 교리들의 다원성을 허용하는 정의관이다. 정치적 자유주의는 각각 자신의 고유한 선관을 지닌 합당하지만 상충하는 포괄적 교리들이 얼마든지 존재하고 각각의 선관이 정치적 정의관의 자원으로 확인될 수 있는 한, 인간 이성의 완전한 합리성과 양립할 수 있다는 견해에 기반을 두고 있다. 따라서 정치적 자유주의에 기반을 둔 안정적인 사회 통합체는 인간의 삶에 대한 하나의 공유된 의미, 가치, 그리고 목적 등의 개념에 의거해 이루어지는 것이 아니라, 철학적·종교적·도덕적 신념을 달리하는 사회의 제반 집단들이 지지할 수 있는 합당한 정치적 정의관에 대한 '중첩적인 합의'를 통해 달성된다. 물론 롤스에 따르면 바로 그런 합당한 정치적 정의관은 '공정으로서의 정의'에 기반을 두고 있다(존 롤스, "강의 IV: 중첩적 합의의 개념," 『정치적 자유주의』, 장동진 옮김, 동명사, 1998 참조).

● ● 당사자 중심의 법률 만능주의(adversarial legalism) | 분쟁의 조정과 정책의 결정·집행 과정이 법률적 소송에 의해 크게 영향 받는 미국적 현상을 가리키는 용어다. 이 용어를 창안한 로버트 키건(Robert Kegan)에 따르면, 미국의 법체계는 다른 나라의 관료화된 법체계에 비해, 새로운 종류의 정의관과 정치 운동에 개방적이다. 이 점에서 미국의 사법부는 유연하고 창조적인 성격을 갖고 있다. 나아가 관료들의 부패나 자의적인 정책 집행을 강력히 견제할 수 있으며, 기본권에 대한 보호자 역할을 수행할 수 있다. 반면에 매우 비효율적이며, 복잡하고, 비용이 많이 들어가며, 징벌적이며, 통치와 분쟁 조정에서의 불확실성을 높이는 문제점이 있다.

재되어 있는 위험에 대해 우리의 관심이 너무나 적은 게 아닌가 싶다.

## 두 개의 압력과 세 가지 현상

책 전반에 걸쳐, 나는 개인의 신념과 행위에 영향을 미치는 두 요소에 초점을 맞출 것이다. 하나는 타인의 행위와 진술을 통해 전달된 정보에 의한 동조 효과다. 만약 상당수의 사람들이 몇몇 명제를 참이라고 믿는다면, 거기에는 사람들이 그런 명제들을 참이라고 믿을 만한 이유가 있다. 대체로 우리의 생각은 직접 획득한 지식이 아니라 다른 사람들의 행동과 생각으로부터 배운 것들이다. 이는 심지어 사람들이 별 생각 없이 익명의 군중을 따르는 경우에도 해당된다. 사람들이 다른 사람들의 행동을 통해 전달받은 정보에 반응할 때, 독특한 종류의 동조 현상이 나타난다. 물론 몇몇 사람들은 다른 사람들에 비해 더 많은 영향력을 행사한다. 사람들은 특히 권위적인 위치에 있거나 특별한 지식을 가지고 있는 사람의 의견을 따르며, 자신과 아주 비슷해 보이거나 혹은 자신이 그저 막연히 신뢰하는 사람들을 따르기도 한다.

두 번째 요소는 다른 사람들로부터 좋은 평가를 받고 싶어 하는 인간의 보편적 열망에 의한 동조 효과다. 사람들은 다수의 사람들이 믿는 어떤 것에 대해, 최소한 내놓고 이견을 제시하려 하지는 않는다. 다른 사람들로부터 좋은 평가를 받고 싶어 하는 열망으로 말미암아 사람들은 다수의 의견에 동조하게 되고 이견을 억누르게 되는데, 이는 정서적 유대로 연결되어 있는 집단에서 특히 그러하다. 물론 이견의 자제가 그런 집단에 국한된 현상만은 아니다. 아무튼 정서적 유대가 집단의 수행 능력을 손상시킬 수 있다는 것은 분명하다. 본론에서 우리는 갈등과 불일치를 허용하지 않을 정도로 긴밀하게 맺어진 집단이 이런 유형의 동조 때문에 손해를 보게 된다는 점을 살펴볼 것이다. 여기에서도 문제의 핵심은 사람들이 자신이 알고 있는 것과 믿고 있는 것을 표출하지 못한다는 것이다.

인간의 행위 가운데 상당수는 이 두 가지 유형의 동조(정보에 의한 동조와 평판에 의한 동조)를 낳는 사회적 압력의 산물이다.● 아래의 몇몇 사례들을 훑어보라.

- 앞서 동일 직종에 종사했던 피고용인들의 유사 소송 사례가 있다면, 다른 피고용인들의 소송 가능성은 훨씬 커진다.[19]
- 10대 소녀들의 임신 가능성은 또래 집단으로부터 큰 영향을 받는다.[20]
- 방송국들은 다른 방송국의 프로그램 편성을 서로 모방하는 경향이 있다.[21]
- 국회의원들은 동료 국회의원들이 보내는 신호에 주의를 기울이며, 특

---

●사람들은 왜 동조하는가 | 사회심리학의 논의를 따르면, 사람들이 동조를 하는 것은 다음과 같은 두 가지 이유 때문이다. 하나는 정보적 사회 영향(informational social influence)이고, 다른 하나는 규범적 사회 영향(normative social influence)이다. 정보적 사회 영향이란 타인들로부터 얻은 정보를 진실이라고 받아들이게 하는 힘을 말하며, 타인이 제공한 사실에 관한 증거를 수용함으로써 일어나는 동조 현상을 설명할 때 사용된다. 반면에 규범적 사회 영향은 타인들의 기대에 따르도록 하는 힘을 의미하며, 타인이나 집단의 인정을 얻거나 불인정을 피하기 위해 일어나는 동조 현상을 설명할 때 사용된다. 선스타인은 후자를 평판에 의한 동조 또는 평판으로 말미암은 쏠림 현상 등으로 설명하고 있다.

별히 자신의 전문 분야가 아닌 문제들에 관해서는 종종 합의된 입장을 따르거나 자신이 신뢰하는 의원의 견해를 따른다.[22]

- 사람들이 은퇴 이후를 어떻게 계획하는지는 많은 경우 그들과 같은 직종에 있는 사람들의 행동으로부터 영향을 받는다.[23]

- 뉴잉글랜드에서 대학생들의 학업 성적은 동료 학생들이 누구인지에 의해 큰 영향을 받는다. 따라서 무작위로 신입생을 기숙사에 할당하는 것은 학생들의 성적에 중요한 영향을 미친다.[24]

- 산출량을 높일 수 있는 쌀 생산방식 등 새로운 농업기술의 채택 여부는 다른 농부들의 반응으로부터 큰 영향을 받는다.[25]

- 하급 법원들은 다른 하급 법원의 판결을 근거로 비슷한 판결을 내리는 경우가 많다. 특히 매우 전문적인 분야에서 그러하다. 따라서 잘못된 판결이 계속 발생할 수 있다.[26]

정보와 평판이 가진 영향력 내지 압력의 효과를 강조함으로써, 나는 동조와 사회적 쏠림 현상social cascade, 그리고 집단 편향성● 이라는

---

● 집단 편향성(group polarization) | 집단 극화로 번역되기도 한다. 사람들이 독립적으로 결정할 때보다 토론을 거쳐 집단으로 결정할 때 좀 더 극단적인 결정을 내리는 경향을 지칭한다. 1961년 스토너(J. F. A. Stoner)는 갈등 상황에 대한 실험을 통해 개인 차원의 의사결정 결과와 집단이 토론을 통해 결정한 결과를 비교했더니 집단 의견이 개인 의견보다 좀 더 위험을 감수하는 경향이 있다는 사실을 밝혀냈다. 물론 후속 연구에서는 집단이 개인보다 더 보수적인 결정을 내리기도 한다는 것이 밝혀짐에 따라, 전자를 위험 감수형 이행(risky shift), 후자를 보수적 이행(conservative shift)이라고 부른다. 여기서 이행의 방향을 결정하는 요인은 토론 이전에 개인들이 가진 평균적인 경향으로, 어떤 문제에 대해서 개인들의 의견이 대체로 모험적이면 토론 후 더 모험적인 결정을 하게 되고, 반면에 개인

세 가지 서로 다른 현상들에 대해 하나의 일관된 설명을 해보고자 한다. 실제로 이 글의 핵심 목표 가운데 하나는 이런 세 가지 현상이 정보와 평판이라는 두 가지 영향력 내지 압력의 결과라는 점을 보여 주는 데 있다.

먼저 동조라는 개념은 쉽게 이해할 수 있다. 사회적 쏠림 현상도 도처에서 볼 수 있다. 그것은 한 명 혹은 몇몇 사람들이 특정한 행위 — 정치적 저항에 참여하거나, 독특한 신발을 구입하거나, 새로운 종교로 개종하거나, 특정 회사의 주식에 투자하는 등 — 에 참여함으로써 시작된다. 그 뒤 다른 사람들은 이런 특정 행위를 처음 시작한 사람들이 옳다고 생각하거나 사회적 인정을 받고자 그들을 따르게 된다. 그리고 나머지 사람들 역시 점차 이들로부터 영향을 받아 특정한 행위를 하게 된다. 특히 광고주들 — 식당, 장난감, 책, 영화, 그리고 패션 부문 등에서 — 은 의도적으로 쏠림 현상을 만들어 내려고 한다. 또한 쏠림 현상은 공직 선거에 뛰어든 후보자와 일

---

들의 토론 전 경향이 보수적이라면 토론 후 더 보수적인 결정을 하게 된다. 이런 집단 편향성(극화)은 주로 세 가지 이론을 통해 설명된다. ① 사회 비교 이론: 집단 내의 개인은 집단의 다른 구성원들로부터 긍정적인 평가를 받고 싶어 한다. 따라서 극단적인 의견을 표명하는 것이 다른 사람의 인정을 받는다면 기꺼이 그렇게 하게 된다. ② 정보 이론: 집단 내에서 논의되는 대부분의 정보들은 대다수 구성원들의 기존 입장을 지지하고자 하는 것이다. 설득력 있는 사실과 논쟁에의 노출은 집단 구성원들의 의견을 더욱 극단적으로 만든다. ③ 사회 범주화 이론: 집단 구성원들은 자기 집단을 다른 집단과 구분하고 싶어 한다. 이는 다른 집단과는 차이가 나는, 더 극단적인 의견을 채택함으로써 만들어진다(한덕웅·성한기 외, 『사회심리학』, 학지사, 2005; 정미경·문은식 외, 『심리학개론』, 양서원, 2009 참조).

자리를 찾는 구직자뿐만 아니라, 어느 대학을 갈지를 선택하는 일이나 투자 등에 도움이 되기도 한다.

하지만 쏠림 현상은 악영향을 미치기도 한다. 때때로 의사들은 환자에게 처방을 내릴 때 모두가 같은 처방을 내릴 수도 있다. 만약 많은 국가가 짧은 기간 내에 같은 내용의 법률을 제정한다면, 이는 틀림없이 쏠림 현상과 관련이 있을 것이다. 쏠림 현상의 가장 큰 문제는 그것을 따르는 사람들 자신이 개인적으로 가진 정보를 밝히지 못하거나 혹은 자신이 가진 정보에 따라 판단을 내리지 못한다는 점이다. 각자가 가진 정보가 사회에 제공되지 않기 때문에, 사회는 심각한 문제나 재앙에 봉착할 수 있다.

집단 편향성은 집단 구성원들이 토론을 거친 후에, 토론 이전보다 더 극단적인 견해를 가지게 될 때 나타난다. 앞서 언급한 배심원에 대한 연구는 그저 하나의 사례일 뿐이다. 어떤 사안과 관련해 분노의 수준이 낮은 사람들이 모여 토론을 했을 경우, 토론 이후 사람들 사이의 분노는 더욱 낮아진다. 반대로 분노의 수준이 높았던 사람들이 서로 토론을 했을 경우, 분노의 수준은 전체적으로 더욱 높아진다. 분노는 동기를 부여하는 강력한 힘이기 때문에 집단 편향성에 대한 연구는 다양한 형태의 극단주의를 설명하는 데 도움이 된다. 어느 한 사안에 격분한 개인들이, 자신과 비슷하게 그 사안에 대해 분노를 느끼는 사람들과 이야기를 하게 되면 더욱 격분하게 된다.

이런 현상은 팬클럽이나 정당 내부, 심지어는 라디오 토론과 인터넷 등에서 발생한다. 비슷한 정치적 신념을 가진 판사들이 함께 판결을 내릴 때 그들의 정치적 신념은 더욱 강화되는데, 이때에도 위와 동일한 현상이 나타난다. 또한 집단 편향성은 기업이나 정부 구성원들이 집단 내 다수 의견을 따르고 이견을 제시하지 않으려 할 때에도 발생한다. 정치적 올바름을 강요하는 문제는 전반적으로 집단 편향성을 통해 확대된다. 그리고 이런 집단 편향성은 일반적으로 정보와 평판의 쏠림 현상 때문에 발생한다.

## 사회적 영향과 동조의 부작용

개인의 판단에 영향을 미치는 사회적 영향[압력_옮긴이]*을 비난하거나 그것을 없애려고만 하는 것은 도움이 안 된다. 대체로 사회적 영향 내지 압력은 매우 긍정적인 역할을 하기도 한다. 그것은 문명화된 행위가 가능할 수 있는 중요 원천이기도 하다. 많은 경우, 다른 사람들이 왜 그렇게 행동하는지에 대해 잘 아는 것은 좋은 일이다. 특히나 정보가 부족하다면, 우리는 군중을 따르는 편이 좀 더 나을 수도 있다. 사회적 유대도 중요하다. 동조하지 않거나 이견을 제시하는 것이 유대를 해칠 수도 있다. 그러나 사회적 압력은 많은 경우에 개인과 조직을 잘못된 방향으로 이끌 수 있다. 이견은 이런 흐름에 대한 중요한 교정 수단이 될 수 있다. 불행하게도 많은 집단

---

● 사회적 영향 | 특정 방향으로 타인의 행동 또는 태도를 변화시키기 위해 한 개인 또는 집단이 사회 권력을 행사하는 것을 의미한다. 이 글에서는 문맥에 따라 사회적 영향 또는 압력으로 번역했다.

과 기구들이 이런 교정 수단을 별로 갖고 있지 못하다.[27]

앞으로 살펴보겠지만, 동조하는 사람들은 기본적으로 무임승차자들이다. 그들은 그들 자신이 가진 어떤 것도 보태지 않은 채 다른 사람들의 행위로부터 이득을 얻기 때문이다. 반대로 이견을 제시하는 사람들은 정보나 아이디어를 공동체에 제공함으로써 결과적으로 다른 사람들에게 이득을 준다. 사회적으로 볼 때 문제의 핵심은 잠재적으로 이견을 제시할 수 있는 사람들이 이견을 제시할 동기를 갖고 있지 못하다는 데 있다. 이는 그들이 이견을 제기함으로써 얻는 것이 없기 때문이다. 앞서 살펴보았듯이, 이견 제시자는 처벌받거나 심지어 (파라그 파우다처럼) 살해당할 수도 있다. 어떤 집단이나 조직이든 성공하고 싶다면, 이견 제시의 동기를 가질 수 있도록 그들에게 보상을 제공할 수 있는 방법을 찾아야 한다.

집단들이 증오와 폭력에 사로잡힐 때, 그 이유는 일반적인 경제적 박탈이나 원초적인 의심 때문이 아니라, 앞서 살펴본 정보와 평판의 영향 내지 압력 때문이라는 사실을 생각해야 한다.[28] 실제로 잘못 오도된 극단주의는 종종 "절름발이 인식"●의 결과다. 절름발이 인식이란, 사람들이 다른 극단주의자들이 제공하는 극히 적은 정보에만 일방적으로 노출되었을 때 발생한다.[29] 그러나 일상적인 상황에서도 절름발이 인식은 발생할 수 있다.

---

● 절름발이 인식(crippled epistemology) | 주로 광신적인 집단에서 나타나는 현상으로, 대조적인 관점과 정보를 배제한 채 오로지 자신이 속한 집단의 동료들이 가진 관점과 정보만을 받아들이는 것을 의미한다.

입법부, 관료제, 그리고 법원에서 발생하는 관심과 관점의 극적인 변화 역시 사회적 압력 현상을 통해 잘 설명할 수 있다. 때때로 입법부는 몇몇 무시되었던 문제들 — 예를 들어, 위험 폐기물, 가정 폭력, 혹은 기업의 부패 경영 — 에 대해 느닷없이 관심을 표명한다. 그런 생뚱맞은 관심은 종종 그 문제와의 실체적 관계 속에서 나오는 것이 아니라 동조 효과의 산물일 때가 많다.

좀 더 나아가 거의 차이가 없는 유사한 집단이라고 할지라도 사회적 압력으로 말미암아 서로 매우 다른 신념과 행위를 갖게 될 수 있다. 대규모의 사회적 변화도, 눈에 잘 포착되지 않는 작은 요인들 때문에 발생할 때가 많다. 프랑스 시민들은 미국에서는 심각한 문제인 원자력 발전에 대해 그다지 걱정하지 않는다. 그 이유는 두 국가의 엄청난 문화적 차이 때문이 아니다. 그보다는 프랑스 대통령인 샤를르 드골이 미국의 대통령들과는 달리 원자력 발전의 비율을 높이겠다는 공약을 강력하게 내걸었기 때문이다. 마찬가지로 사람들이 자신들을 인종적인 측면에서 동일시하거나 '그들'과는 대비되는 '우리'로 간주하게 되는 것 역시 문화적 차이 때문이 아니라 사회적 영향 때문이다.

이처럼 사회에 따라 혹은 시대에 따라 나타나는 커다란 차이들은 대개의 경우 문화와는 별 관련이 없다. 본문에서 살펴보겠지만, 그런 차이들은 쉽게 달라질 수 있다. 이런 사실은 중요한 차이와 갈등이라고 하더라도, 적절히 대처한다면 이런 차이와 갈등이 놀랍도록 짧은 시기에 사라질 수 있다는 것을 함축한다.

# 1장

## 다른 사람 따라 하기

사람들은 왜, 그리고 언제 다른 사람의 의견을 따르는가? 이 질문에 제대로 답하려면, 어려운 문제에 대한 것일 때와 쉬운 문제에 대한 것일 때를 구분할 필요가 있다.

사람들은 자신이 내린 판단이 옳다고 확신할 때, 좀 더 적극적으로 다수의 생각을 거부한다. 누군가 고양이가 하늘을 날 수 있다거나 태풍은 심술궂은 요정 때문이라고 주장한다면, 당신은 동의하지 않을 것이다. 그러나 특별히 생각해 보지 않은 사안이지만 누군가 매우 합리적인 의견을 제시한다면 사정은 달라진다.

이제부터 살펴볼 일련의 실험 결과는 이를 입증할 것이다. 때로 그런 실험들이 잘못 이해될 때도 있지만, 무엇보다도 중요한 것은 이 실험들이 앞으로 이 책 전반에 걸쳐 강조할 주장들을 뒷받침한다는 사실이다.

- 확고한 믿음이나 신념을 가진 사람들은 특별한 영향력을 행사한다. 이들은 집단을 자신들이 원하는 방향으로 이끌 수 있다.
- 사람들은 다른 사람들이 모두 동의하는 견해로부터 큰 영향을 받는다. 그러나 소수의 이견 역시 큰 영향을 미칠 수 있다.[1]
- 특정 집단의 외부에 있는 사람들은 아무리 단순한 문제라 할지라도 그 집단에 속한 사람들에게 거의 영향을 미치지 못한다.[2] 그러나 그들이 동일 집단에 속해 있다고 인식된다면, 쉬운 문제와 어려운 문제 모두에서 그 집단에 속한 사람들에게 좀 더 많은 영향을 미칠 수 있다.

논의를 조금만 이어가 보면, 이런 주장들이 다음과 같은 큰 문제들과 관련되어 있는 사실이 금방 드러난다. 왜, 그리고 언제 사람들은 법에 복종하는가? 소수의 입장이 사람들에게 영향을 미치는 때는 언제이고 어떻게 그렇게 될 수 있는가? 언론의 자유는 어떤 역할을 하는가? 이런 질문들을 본격적으로 살펴보기 전에, 먼저 몇 가지 고전적인 연구들을 살펴보도록 하자.

## 어려운 문제에 봉착했을 때

1930년대 심리학자인 무자퍼 셰리프Muzafer Sherif는 사람들의 감각과 관련해 몇 가지 간단한 실험을 했다.[3] 실험 대상자들을 어두운 방에 두고, 작은 불빛을 그들의 앞에서 약간 떨어진 부분에 비추었다. 그 불빛은 실제로는 고정되어 있었지만, 인지상의 환영 때문에 마치 움직이는 것처럼 보였다. 그런 실험이 반복될 때마다 셰리프는 사람들에게 그 빛이 움직인 거리를 평가해 보라고 질문했다. 개별적으로 의견을 들었을 때, 실험 대상자들은 각기 다른 평가를 내놓았고, 대답은 많은 차이를 보였다. 대답의 차이가 그리 놀랄 정도는 아니다. 왜냐하면 실제로는 빛이 움직이지 않았고, 따라서 움직인 거리에 대한 판단은 모두 억측에 불과했기 때문이다.

그러나 실험 대상자들을 작은 집단으로 묶어서 다시 실험했을 때, 셰리프는 놀랄 만한 결과를 발견했다. 개별적인 판단은 서로 수렴했고, 빛이 움직인 거리를 판단하는 집단의 기준이 빠르게 만들어졌기 때문이다. 집단별로 그 기준이 서로 다르기는 했으나, 실험이 반복되더라도 집단별 기준은 안정적으로 유지되었으며, 또 그 기준에 의지하려는 경향도 강했다. 이 실험은 유사한 집단이나 같은 민족 내에서 그 구성원들이 매우 강한 신념을 갖거나 동질적 행위를 하게 되는 이유를 이해할 수 있는 매우 중요한 실마리를 제공한다.

셰리프가 한 명의 공모자 ─ 실험 대상자들에게는 알려지지 않은 셰리프의 협력자 ─ 를 실험에 참여시키자, 새로운 일이 발생했다. 그 공모자가 확신에 차서 단호하게 자신의 견해를 이야기했을 때, 그의 판단은 다른 사람들에게 커다란 영향을 미쳤다. 예컨대 공모자는 빛의 이동 거리에 대해 다른 사람들이 이야기하는 것보다 훨씬 크거나 작게 의견을 제시했는데, 이로 인해 그 집단은 전체적으로 그 공모자와 비슷한 판단을 내리게 되었다. 이로부터 우리는, 적어도 어떤 까다로운 사실에 관한 질문에 대답해야 할 경우, "강제력이나 전문적인 지식은 없지만 일관되고 확고한 의지를 가진 한 사람이 집단 전체의 판단에 큰 영향을 미친다"는 사실을 알 수 있다.[4]

좀 더 놀랄 만한 일은 그 집단의 판단이 완전히 내면화되어서, 심지어 1년 후에 자신의 판단을 말할 때조차, 혹은 다른 판단을 갖고 있는 다른 집단에 참여할 때조차, 사람들은 기존의 판단을 고수했다는 점이다. 최초의 판단이 '세대'를 가로질러 지속적인 영향을 미칠 수 있다는 사실도 발견되었다. 기존 실험 대상자들이 나가고 새로운 실험 대상자들이 들어와 결국 모든 참여자가 그런 상황을 처음 접하게 되었음에도, 다시 말해 그와 같은 판단을 했던 사람이 사라지고 오랜 시간이 흘렀어도 애초 이 집단에서 만들어진 최초

| 자동운동과 착시 효과 |

무자퍼 셰리프는 사회규범이 어떻게 형성되며 사람들이 그 규범에 어떻게 동조하게 되는지를 실험실에서 관찰하고자 했다. 그는 한 피실험자를 캄캄한 암실로 데려와 의자에 앉힌 다음, 약 4.5미터 앞에 아주 작은 불빛을 제시하고 그 불빛이 움직인 거리를 추정하도록 했다. 셰리프의 실험은 광점 자동운동이라는 시각의 착시 현상을 이용한 실험이었다. 여기서 자동운동이란, 실제로는 정지된 물체가 착시 효과로 인해 마치 움직이는 것처럼 보이는 현상을 말한다. 빛이 완전히 차단된 암실에서 정지된 광점을 몇 초 동안 응시하면 광점은 실제로는 움직이지 않았지만, 마치 움직이는 것처럼 보이는 착시 현상이 나타난다. 셰리프는 실험 대상자들에게 그 광점이 어느 정도 움직였는지를 판단해 보도록 했던 것이다. 위는 이와 같은 착시 현상을 일으키는 대표적인 그림이다.

의 판단이 여전히 유지되는 경향이 있었기 때문이다.[5] 여기에 집단 보수주의collective conservatism에 관한 실마리가 있는데, 이는 집단의 구성원이 바뀐다 하더라도 이미 확립되어 있는 관점과 행동을 고수하려는 일종의 집단적 경향으로 이해할 수 있다. 사람들이 어떤 행위를 받아들이게 되면, 그것이 왜 그런가를 확인할 수 없더라도 그 행위를 지속하는 경향이 있다. 물론 누군가가 그런 행위가 심각한 문제를 일으키고 있다는 점을 보여 줄 수 있다면 그와 같은 행동은 지속되지 않을 것이다. 그러나 왜 바꿔야 하는지에 대한 구성원의 생각이 확실하지 않다면, 사람들은 기존의 방식대로 행동할 것이다.

셰리프의 실험 결과는 무엇을 설명하는가? 가장 분명한 것은 다른 사람들의 판단이 일종의 정보적 사회 영향informational influence을 산출하고 있다는 점이다. 빛이 움직이는 것처럼 보였던 것은 착시였고, 우리의 지각 체계는 그것이 얼마나 움직였는지를 선뜻 판단하지 못한다. 대부분의 사람들은 망망대해에 떠있는 느낌을 받는다. 이런 상황에서 대부분의 사람들은 확신에 차서 일관된 주장을 펴는 동료의 판단에 휩쓸리는 것으로 나타났다. 이런 발견은 교실, 법정, 관료 기구, 그리고 입법부에서 발생하는 일과도 밀접하게 관련되어 있다. 만약 어떤 사람이 충분한 정보를 가지고 있지 못한 상황에서 지구온난화가 심각한 문제인지 아닌지, 혹은 식수에 포함된 비소의 양이 우려할 정도인지 아닌지를 판단해야 한다면, 그들은 확신에 차서 일관된 생각을 말하는 사람의 의견에 귀를 기울일 수밖에 없다.[6] 권위가 있거나 전문가처럼 보이는 사람이 있다면, 그들은 다른 사람들의 생각과 행동에 큰 영향을 미칠 것이다.

이런 가정은 도덕적·정치적·법적 문제에서도 성립한다. 예를 들어 국회의원들이 작업장에서 발생하는 발암물질로부터 노동자들을 보호하기 위해 발암물질을 규제하는 법안과 같은 매우 전문적인 문제를 다룬다고 가정해 보자. 만약 그들 가운데 미리 심어 놓은 공모자 한 사람이 강한 확신을 드러내면, 그는 자신이 선호하는 방향으로 동료 국회의원들을 움직일 수 있을 것이다. 게다가 그가 그 문제에 대해 전문적인 지식을 가지고 있다고 동료 의원들이 판단할 경우에도 마찬가지의 결과를 얻을 것이다. 또한 배심원단 가운데 한 명의 배심원이 확신에 차 있고 전문가로 보인다면, 전문적인 문제에 관해 셰리프의 실험이 보여 준 것과 동일한 효과가 나타날 것이다. 실제로 사법부에서 몇몇 판사들은 동료들 사이에서 특정한 분야 — 독과점 금지, 조세, 시민적 권리, 파산 — 에 관한 전문가로 통한다. 그런 판사들은 전문가라는 평판으로 말미암아 다른 판사들에게 커다란 영향력을 행사한다. 이런 결과는 다른 조직에서도 마찬가지다. 문제는 소위 전문가라는 사람들이 편견과 독단적 소신을 가지고 있을 수 있다는 점인데, 당연히 이런 편견과 소신은 유해한 결과를 낳을 수 있다.

나중에 다시 검토하게 될 논점이긴 하지만, 중요한 조건 하나를 추가해 보자. 만약 실험 대상자들과 현저하게 다른 이질적인 집단의 사람을 골라 공모자로 보낸다면 어떻게 될까. 실험 대상자들이 이 공모자의 의견을 따를 가능성은 상당히 줄어든다.[7] 만약 그 실험 집단이 팔레스타인 사람들로 구성되어 있는데 이스라엘인 공모자를 투입한다면 그가 선호하는 방향으로 그 집단을 움직이기란 거의 불가능할 것이다. 만일 의회의 대부분이 민주당 소속 의원들로 채워져 있다면, 대외 관계의 전문가로 알려진 공화당 의원이라도 큰 영향력을 발휘하기는 어려울 것이다.

## 쉬운 문제에 봉착했을 때

상당수의 증거는, 답하기 까다로운 질문을 받았을 때 사람들은 자신이 속해 있는 집단의 생각을 따른다는 점을 보여 준다.[8] 그러나 질문이 쉽다면 어떻게 될까? 쉬운 질문에 대해서는 감각이 적절한 지침을 제공할 수 있을까? 만일 사람들이 올바른 답을 알 수 있는 훌륭한 판단 능력을 가지고 있다면 어떨까? 솔로몬 애쉬Solomon Asch 의 선구적인 실험은 벌거벗은 임금님의 우화에 비견될 만하다.

애쉬는 사람들이 자신의 감각을 통해 인지한 명백한 증거마저도 스스로 무시할 수 있는지에 관해 연구했다.[9] 이 실험에서 실험 대상자는 일곱 명에서 아홉 명으로 구성된 한 집단에 속하게 되는데, 실험 대상자를 제외한 나머지 사람들은 애쉬의 공모자들이었다. 실험 대상자들에게는 두 개의 카드가 제시되는데, 하나의 카드에는 세로로 그어진 세 개의 직선이 있고, 다른 한 카드에는 한 개의 직선이 그려져 있다. 실험은 실험 대상자가 직선이 한 개 그려진 카드에 있는 직선과 길이가 같은 직선을 다른 카드에

애쉬의 실험에 사용된 선분 그림

서 고르는 단순한 실험이었다. 서로 일치하지 않는 선 두 개는 다른 선 하나에 비해서 3분의 1만큼 길거나 3분의 1만큼 짧아서 충분히 차이가 나는 것이었다. 처음 두 번의 실험에서 모든 사람이 정답을 말했다. "구별은 매우 쉬웠고, 각 개인은 일치된 판단을 내렸다."[10] 그러나 "세 번째 실험에서 이런 일치가 갑자기 깨진다."[11] 실험 대상자를 제외한 다른 구성원들이 모두 그 직선과 길이가 현격하게 차이가 나는 다른 두 직선 가운데 하나를 고름에 따라, 실험 대상자 역시 합리적인 개인이 보기에 명백한 오류를 저지른다. 이런 상황에서 실험 대상자는 자신의 독자적인 판단을 유지할 것인가 혹은 자신을 제외한 다른 모든 사람들의 생각을 받아들일 것인가의 기로에 서게 된다.

어떤 일이 벌어졌을까? 놀랍게도 대부분의 사람은 일련의 실험에서 최소한 한 번 이상은 집단의 결정에 굴복했다. 다른 사람들의 판단을 보지 않고, 자신의 결정만으로 판단했을 때, 사람들이 실수할 확률은 1퍼센트 미만이었다. 그러나 틀린 답을 옹호하는 집단의 압력이 있을 경우, 그 확률은 36.8퍼센트까지 올라갔다.[12]

애쉬가 오직 미국인만을 대상으로 실험했기 때문에, 다음과 같은 질문이 있을 수 있다. 미국인들은 다른 나라 사람들과 다른가? 미국인이 특별히 순응적인가? 질문에 대한 답은 당연히 그렇지 않다는 것이다. 애쉬의 결론은 미국인에게만 해당하는 것은 아니다. 그의 발견은 문화적 특성과 상관없이 반복해서 나타났다. 같은 종류의 동조 실험을 통해 프랑스, 독일, 일본, 쿠웨이트, 레바논, 노르웨이, 자이레 등을 포함하는 17개 국가로부터 총 113개의 결과가 산출되었다.[13] 이 연구들은 애쉬의 결론이 모든 장소에서 유효하다는 점을 보여 준다. 총 133차례의 실험에서, 평균 오류는 29퍼센트였는데, 이는 실험의 29퍼센트에서 사람들이 자신의 감각을 통해 얻은 증거를 포기하고 집단의 판단에 굴복했다는 것을 의미한다.[14] 일본처럼 '집단주의적' 문화를 가진 사람들은 미국처럼 '개인주의적' 문화를 가진 사람들에 비해 좀 더 많은 오류를 범했다.[15] 그리고 노르웨이인들은 프랑스인들보다 집단의 압력에 좀 더 동조하는 것으로 보였다.[16] 그러나 전체적으로 볼 때 국가 간 차이는 크지 않았다.

애쉬의 발견에는 두 가지 모순된 교훈을 포함하고 있다. 첫째, 상당수의 사람들이 적어도 직선의 길이를 일치시키는 것과 같은 쉬운 질문에 대해서는 다른 사람의 결정으로부터 영향을 받지 않았다. 독자적인 판단을 계속 유지했던 25퍼센트 정도의 사람들을 포함해 총 응답자 가운데 3분의 2에 해당하는 사람들은 다른 사람들이 내린 터무니없는 결정을 따르지 않았다.[17] 애쉬가 지적한 것처럼, "개인에 따라 극단적인 차이가 있었다." 몇몇 실험 대상자들은 집단의 영향으로부터 완전히 벗어나 있었고, 어떤 사람들은 "예외 없이 다수의 결론에 동조"했다.[18] 둘째로, 대부분의 사람이 적어도 몇 번은 직접적이고 분명한 증거가 있는 쉬운 문제에서조차도 집단의 결정에 굴복했다. 이 글의 목적상, 이 두 번째 발견이 중요하다.


**이성과 실수**

왜 사람들은 종종 자신의 감각을 통해 얻은 증거를 무시하는가? 이에 대한 최상의 설명 두 가지는 정보 및 동료 집단의 압력에서 찾을 수 있다. 애쉬의 실험 대상자 가운데 몇몇은 공모자들이 내린 허위 결정을 옳다고 생각했다. 만약 당신이 녹색이라고 생각한 자동차의 색깔을 다른 모든 사람들이 파란색이라고 이야기한다면, 당신은 자신의 눈을 의심할 것이다. 이는 직선의 길이 문제에서도 마찬가지다. 반면에 어떤 사람들은 다른 사람들이 실수를 저지르고 있다고 확신했지만, 그 점을 공개적으로 밝히기를 꺼렸다. 이것은 동료 집단으로부터 받는 압력의 결과였다.

실험 결과는 이런 두 가지 설명을 모두 뒷받침해 준다. 애쉬의 연구에 참여했던 몇몇 동조자들은 개별적인 인터뷰에서 애초 자신이 틀렸다고 분명히 말했다. 이것은 동료의 압력보다는 다른 사람들로부터 전달받은 정보로 말미암아 판단을 바꾸었음을 시사한다.[19] 이처럼 정보 영향에 입각한 설명은 다른 실험을 통해서도 뒷받침되었는데, 이 실험에서는 애쉬의 실험과 달리 답을 익명으로 자신의 대답을 기록하게 했다. 그럼에도 애쉬의 실험에서만큼이나 많은 사람이 잘못된 답을 선택했다.[20] 다른 유사한 실험은, 실험 대상자가 자신의 대답이 다른 사람들에게 공개되지 않을 것이라는 사실을 알고 있을 때에도 동조가 낮아지지 않는다는 점을 보여 주었다.[21]

그러나 엄밀히 말해 이것은 예외적인 결과다. 실험가들이 애쉬의 실험과 기본적으로 동일한 상황에서 실험 대상자에게 비공개적으로 답하게 할 경우 이들이 잘못된 답을 선택하는 확률은 현저하게 줄어들었기 때문이다.[22] 한마디로 동조하는지 안 하는지가 다른 사람에게 쉽게 알려질 수 있는 상황에서는, 실험 대상자들이 좀 더 동료들의 판단을 따른다는 것이다.[23] 이런 발견은 동료 집단의 압력 역시 중요하다는 것을 말해 주는 동시에, 그런 압력이 경제학자인 티머 쿠란Timur Kuran이 언급한 "지식 위증"●을 야기한다는 점을 시사한다. 즉 공적 진술의 경우 사람들은 자신이 알고 있는 것을 그대로 이야기하지 않는다는 것이다.[24] 나중에 살펴보겠지만, 군중에 순종하는 인간의 자연스러운 성향 때문에 생긴 지식 위증은 심각한 문제를 가져올 수 있다. 만약 사람들이 자신이 알고 있는 것을 밝히지 않는다면, 단지 개인적 실수로 끝나는 것이 아니라 사회적으로 재앙을 낳을 수도 있다. 애쉬는 "동조가 만연함에 따라 우리 사회의 소통 과정이 나빠졌다"고 결론지었다.[25] 그는 "우리 사회에는 동조 현상이 만연해 있어, 합리적인 지식인이나 선의의 젊은이들마저 흰색을 검정색이라고 거리낌 없이 부르는 것이 문제"라고 부언했다.

그러나 나는 여기서 문제의 또 다른 측면을 강조하고 싶다. 많은 사람은 자신이 가진 지식을 집단에 알려 주기를 꺼린다. 심지어 개별 구성원들이 알고 있거나 생각하는 것을 서로 배우는 것이 집

---

● 지식 위증(knowledge falsification) | 이 표현은 티머 쿠란의 선호 위장(preference falsification) 개념에서 따온 것이다. 쿠란이 말하는 선호 위장이란, 공적인 사안에 대해 대중의 지지와 인정을 받기 위해, 자신이 선호하는 의견을 드러내지 않는 현상을 뜻한다. 이런 선호 위장으로 말미암아 사회가 진정으로 필요로 하는 지식과 정보가 드러나지 않거나, 심지어 잘못 전달되기도 한다.

단 구성원 대부분에게 이익이 될지라도 말이다. 이 점을 이해하기 위해, 한 집단의 구성원들이 모두 어떤 것이 거짓임에도 참이라고 믿는 상황을 상상해 보자. 또한 그 집단 가운데 한 명이나 소수만이 이 사실을 알고 있다고 상상해 보자. 그들은 집단 내 다수가 갖고 있는 잘못된 생각을 바로잡으려 할까? 애쉬의 발견을 일반화한다면, 그들은 그렇게 하지 않을 것으로 보인다. 물론 그들이 비합리적이어서 그렇게 하지 않는 것은 아니다. 그들이 자신의 견해를 말하지 않는 것은, 자신의 생각이 다수의 지배적인 생각과 다르다는 사실에 대한 현명한 대응일 수 있다. 진실을 알고 있는 소수가 다수의 생각에 이의를 제기한다면 평판이 나빠질 수 있기 때문이다.

물론 애쉬의 실험 대상자들 가운데 몇몇은 겁쟁이처럼 보일지 모른다. 그러나 3분의 2의 실험 대상자들이 적어도 한 번은 동조했기 때문에, 단지 겁쟁이어서 그랬다고 폄하하기는 어렵다. 여전히 애쉬의 발견은 왜 집단이 부적절하고 심지어는 자기 파괴적인 결정을 내릴 수 있는가를 설명하는 데 도움이 된다.

그런 발견을 도덕, 정책, 법에 관한 판단에도 적용할 수 있을까? 도덕적, 정치적, 혹은 법적 문제와 같이 사람들이 강한 확신을 가지고 있는 문제가 제기될 때, 그런 문제에 대해서도 사람들이 자신과 생각이 다른 집단의 견해에 굴복할 것이라고 말하는 것은 일견 모순적으로 보인다. 그러나 애쉬의 실험이 맞다면, 그런 굴복의 가능성은 적어도 몇 차례 있을 것이다. 실제로 애쉬와 비슷한 방법을 사용한 실험들은 도덕적·정치적 판단에서도 동조 효과가 크다는 점을 발견했다.[26] 동조 현상은 시민적 자유, 윤리, 범죄와 처벌 등과 같은 쟁점들에서도 나타났다. 이는 첨예한 논란을 일으키는 쟁점들에서도, 이에 대한 견해를 공개적으로 이야기해야 할 때에는 동조의 압력이 강하게 작용함을 보여 준다.

다음의 주장을 검토해 보자. "언론의 자유가 권리라기보다는 특권이 되고, 언론의 자유가 사회를 위협할 경우, 언론의 자유를 일시적으로 정지시키는 것이 마땅하다." 각각의 개인에게 이 주장의 타당성에 대해 질문했을 때, 오직 19퍼센트만이 이 주장에 동의했다. 반면에 이 주장에 동의하는 네 명과 함께 있는 자리에서 개인들에게 그 질문을 했을 때, 58퍼센트나 되는 사람들이 그 주장에 동의했다! "다음 항목 가운데 당신이 느끼기에 오늘날 우리나라가 직면한 가장 중요한 문제는 무엇입니까"(1955년)라는 질문에서도 유사한 결과가 나왔다. 경기 침체, 교육 환경, 급진적 활동, 정신 건강, 그리고 범죄와 부패라는 다섯 개의 선택 항이 제시되었다. 개별적으로 질문했을 때, 12퍼센트가 '급진적 활동'을 그 질문에 대한 답으로 선택했다. 그러나 '급진적 활동'을 그 답으로 선택한 가상의 집단에 개인이 노출되었을 때, 48퍼센트의 사람들이 '급진적 활동'을 답으로 택했다.

## 공직자들에게서 발견되는 동조 현상

국회의원과 판사들 역시 보통 사람들과 마찬가지라고 생각할 수 있다. 다른 국회의원과 판사들이 모두 자신과 다른 판단을 갖고 있다면 자신의 판단을 (확신을 갖고 있음에도) 포기하는 사람이 있을 것이다. 그와 같은 동조 현상이 나타나는지를 검증하기는 쉽지 않지만, 나는 이미 연방 법원 내에서도 이런 현상들이 나타난다는 사실에 대해 언급했다. 왜 공화당원이 민주당원들과 함께 있으면 자유주의적/진보적인 방향으로 선회하는가? 그리고 왜 민주당원들이 공화당원들과 함께 있으면 보수적 방향으로 선회하는가?

판사들 역시 애쉬의 실험 대상자들이 겪은 압력을 당연히 받는다. 만약 자신을 제외한 다른 판사들이 선거 자금법이 위헌이라고 판단한다면, 다수결에 따라 그 법은 효력을 상실할 것이 분명하다. 게다가 공개적으로 반대 의견을 피력하는 데는 상당한 시간이 소요되고, 동료들을 성가시게 할 수도 있다. 법정에서 판결을 내리는 데는 과반수이면 충분하고, 다양한 설득에도 불구하고 판결의 결과를 바꿀 수 없다면, 이견을 제시하는 사람은 공적으로 이의를 제기하는 것이 과연 가치 있는 일인지 회의할 수밖에 없을 것이다. 일반 사람들 역시 판사들과 마찬가지다.

여론이 갖는 강압적인 효과는 존 스튜어트 밀John Stuart Mill의 주요 관심사이기도 했다. 밀은 "정치 권력자들의 횡포를 방지하는 것만으로는 충분하지 않다"고 말하며, "사회에서 널리 통용되는 의견이나 감정이 부리는 횡포, 그리고 그런 통설과 다른 생각과 습관을 가진 이견 제시자에게 사회가 법률적 제재 이외의 방법으로 윽박지르면서 통설을 행동 지침으로 받아들이도록 강요하는 경향에" 맞서는 것 역시 중요하다고 주장했다.[27] 그러면서 밀은 강압적인 동조가 개인에게 미치는 영향 — 이로 말미암아 그 개인은 억압을 받는다 — 뿐만 아니라, 다른 사람들의 실제 생각을 듣지 못해서 생기는 사회적 폐해에 대해서도 강조했다.


## 동조를 증대 혹은 감소시키는 방법

그렇다면 어떤 요소들이 동조를 증대시키거나 감소시킬까? 높은 사회적 지위에 있거나 자신의 견해에 대해 강한 확신이 있다면 동조 효과는 감소한다고 볼 수 있는데, 이는 셰리프의 발견과 일치한다.[28] 해결해야 할 과제가 어렵거나 어떻게 해야 할지 두려워할 때 동조 효과는 증대하는 경향이 있다.[29] 여기에 금전적 보상, 규모, 그리고 집단 소속감 같은 변수들 역시 동조 효과에 중요한 영향을 미친다.

금전적 보상. 올바른 답에 대한 금전적 보상은 두 가지 점에서 결과에 영향을 미친다.[30] 올바른 답에 대해 금전적 보상이 주어진다면, 주어진 과제가 쉬울 경우, 사람들이 동조하는 비율은 현저히 감소한다. 정답에 금전적 보상이 주어지면 사람들은 집단 구성원들의 의견을 따르려고 하지 않는다. 그러나 수행해야 할 과제가 어려운 경우는 다르다. 이 경우, 정답에 대한 금전적인 동기부여는 오히려 동조 현상을 조장한다. 즉 금전적인 보상이 주어지더라도, 질문이 어려운 경우 군중에 대한 사람들의 동조는 증가한다. 금전적인 동기부여가 없다면, 쉬운 과제와 어려운 과제 모두에서 동조의 수준은 거의 비슷했다. 하지만 금전적인 보상을 도입하면, 놀랍게도 쉬운 과제와 어려운 과제에 따라 동조의 정도가 극적으로 달라졌다.

이런 결과는 쉽게 설명할 수 있다. 애쉬의 실험에서 몇몇 사람들은 자신이 정답을 알고 있다고 확신한다. 그들이 다른 사람들의 의견에 동조한 이유는 다른 사람들이 공유한 생각을 공개적으로 거부할 만큼 그것이 가치 있는 것이 아니었기 때문이다. 그러나 금전적인 보상이 주어진다면, 물질적으로 이익을 얻을 수 있는 가능성이 동료의 압력을 상쇄하게 된다. 여기서 교훈은 경제적 보상이 사회적 압력의 효과를 상쇄할 수 있다는 점이다.

어려운 과제는 다르다. 그 이유는 어려운 과제일 경우, 올바른 답에 대한 불확실성이 증가하기 때문이다. 이 경우, 사람들은 다른 사람들의 생각에 좀 더 비중을 많이 두는 것으로 보인다. 왜냐하면 다른 사람들의 생각이 가장 믿을 만한 정보의 원천이기 때문이다. 따라서 애쉬의 실험과 유사한 실험에서 어려운 과제가 주어진다면, 동조 현상은 증가한다.[31] 만약 당신이 올바른 선택을 했을 때 많은 돈을 벌 수 있다면 그리고 자신의 판단이 불확실하다면, 당신은 기꺼이 대부분의 사람들이 내린 결정을 따를 것이다. 여기서 하나의 유사한 발견을 검토해 보자. 실험에 참여한 공모자들이 확신에 찬 의견을 제시한다면, 공모자들의 의견을 따르려는 피실험자들의 확신 역시 커진다.[32] 공모자들이 확신과 열정을 가지고 행동한다면, 실험 대상자들 역시 그들의 판단에 강한 확신을 가지게 된다.

이 모든 것들은 매우 합리적으로 보인다. 그러나 여기에는 한 가지 우려할 만한 점이 있다. "다수의 합의"majority consensus는 "종종 개인들을 부정확하거나 비합리적인, 혹은 잘못된 판단으로 이끌 수 있다." 그런 합의는 "또한 [잘못된 또는 부당한_옮긴이] 판단에 강한 확신을 제공할 수 있다."[33] "판단이 어렵고 모호한 만큼, 그리고 영향력 있는 행위자들이 일치된 목소리로 확신에 차 있는 한, 또 정확한 판단을 내리는 것의 중요성이 강조될수록 동조의 수준뿐만 아니라 그에 대한 확신 역시 높아질 것이다. 이것은 매우 위험한 조합이다."[34]

그렇다면 사회적으로 중요한 질문으로 돌아가 보자. 왜 많은 극단주의자들이 그처럼 확신에 차 있는가? 이에 대해 이제 우리는 몇 가지 실마리를 갖게 되었다. 정당이 극단으로 향할 때, 그리고 젊은 이들이 급진적인 생각이나 심지어 테러를 신봉할 때, 대체로 그 이유는 지도자들의 과도한 확신 때문이다.

규모의 문제. 규모가 큰 집단은 작은 집단에 비해 영향력이 더 크다고 할 수 있는가? 그럴 것이라고 생각하는 것이 합리적이다. 당신은 네 명의 생각보다는 열다섯 명의 생각을 좀 더 인정할 것이다. 스무 명의 사람이 지구온난화를 심각한 문제로 생각하지 않는다고 가정해 보자. 네 명의 사람이 그렇다고 생각하는 것보다는 스무 명의 사람이 그렇지 않다고 생각할 때 공개적으로 이의를 제기할 가능성은 줄어들지 않겠는가?

그러나 실제 조사 결과만 보면 집단의 규모가 중요한지에 대해서는 논란의 여지가 있다. 애쉬는 공모자의 규모가 세 명일 때 큰 효과가 발생한다는 점을 발견했다.[35] 공모자가 한 명일 때 실험 대상자들이 잘못된 견해에 동조하는 실수는 증가하지 않았다. 공모자가 두 명일 때, 실수는 13.6퍼센트로 증가했다. 그리고 공모자가 세 명일 때 실수는 31.8퍼센트로 늘어났다. 그리고 공모자의 수를 세 명 이상으로 늘렸을 때는 실수할 확률의 변화에 별반 차이가 없었다. 그러나 애쉬의 발견은 예외적인 것이다. 이후 다른 연구들은 공모자 집단의 규모를 늘리면 동조도 증대한다는 점을 발견했기 때문이다.[36] 이런 발견은 상식과도 일치한다.

그러나 좀 더 중요한 발견은 실험 조건에 작은 변화를 줄 경우 모든 것이 달라졌다는 사실이다. 적어도 한 명이 올바른 판단을 내리면 동조로 인한 실수는 모두 극적으로 줄어든다. 애쉬의 공모자 가운데 한 명이 올바른 판단을 내릴 경우, 다수가 잘못된 판단을 하고 있을지라도 실수의 가능성은 4분의 3이나 줄었다.[37] 이는 벌거벗은 임금님 우화와 매우 유사하다. 한 개인이 진실을 폭로할 때, 대부분의 사람은 자신이 진정으로 본 것이나 진실이라고 알고 있는 것을 말할 것이다. 적어도 적절한 환경에서라면 이런 일이 발생할 것이다.

이것이 분명하게 의미하는 바는 한 집단이 잘못된 행위를 저지르고 있을 때, 한 명의 다른 목소리만 있어도 그 과정을 되돌릴 수 있을 것이라는 점이다. 이 점에서 애쉬의 발견은 아서 슐레진저의 충고 — 한 명이라도 이견을 제기했다면 피그스 만의 실패를 막을 수 있었을 것이라는 — 를 강력하게 뒷받침한다. 군사 영역에서 종종 논의되는 것 가운데 "근친상간적 증폭"incestuous amplification이라는 것이 있다. 이는 전시戰時에 동일한 의견을 가진 사람들이 서로의 생각을 강화하는 상황을 의미하며, 종국에는 판단 착오의 위험을 낳는다. 만약 어떤 다른 목소리도 없다면, 그런 위험은 심각하게 증대한다. 다른 목소리의 효과는 헨리 폰다가 주연한 영화 〈12인의 성난 사람들〉 Twelve Angry Men에서도 잘 살펴볼 수 있는데, 이 영화에서 이견을 제기하는 배심원을 연기한 폰다는 죄 없는 피의자에게 유죄를 선고하려는 열한 명의 배심원을 변화시킬 수 있었다.

집단 구성원들 간의 사회적 유대 내지 정서의 역할과 관련된 또 다른 함의를 검토해 보자. 만약 이견을 제시하는 사람이 한 명도 없을 정도로 집단 구성원들 사이에 강력한 유대가 형성되어 있다면, 집단과 조직은 손상을 입게 될 것이다. 여기서 투자클럽에 대한 연구를 회상해 보자. 이 연구는 실적이 좋지 않은 클럽은 정서적 유대에 기반을 두는 반면에, 가장 실적이 좋은 클럽은 사교적 관계를 제한하고 수익 증대를 위해 서로 노력한다는 점을 보여 준다.[38] 이견은 높은 실적을 올리는 클럽에서 좀 더 많이 나타났다. 낮은 실적을 올리는 사람들은 일반적으로 만장일치로 결정을 내렸고 공개적인 논쟁을 피했다. 핵심적인 문제는 수익률이 낮은 집단의 투자자들의 경우 높은 수익을 산출하려 하기보다는 사회적 응집력을 구축하려고 했다는 점이다. 이런 이유 때문에 동조는 낮은 수익을 초래했다. 이는 기업 이사회에서도 마찬가지다. 가장 높은 수익을 올리는 기업은 이견 제시를 하나의 의무로 간주하고 "때때로 격론이 일어나는" 극히 논쟁적인 이사회를 두곤 한다.[39] 애쉬의 실험이 시사하듯이, 그런 이사회에서는 "단 한 명만이 이견을 제시하더라도 엄청난 차이를 만들 수 있다."

집단 소속감 문제. 동조 실험에서 가장 중요한 발견 가운데 하나는 집단 구성원이라는 지위가 가진 중요한 역할과 관련되어 있다. 만약 실험 대상자가 그 자신을 다른 집단의 구성원으로 이해한다면,

동조 현상은 상당히 줄어든다.[40] 앞서 언급한 예로 되돌아가, 만약 팔레스타인 실험 대상자가 이스라엘 사람이 공모자라는 사실을 알게 된다면 동조는 감소하는 경향이 있다. 사담 후세인의 추종자가 공모자라는 이야기를 듣게 되면 미국인 실험 대상자들의 동조는 감소할 것이다. 반대로 실험 대상자가 좋아하거나 존경하는 사람들 혹은 이러저러한 측면에서 동질성을 느끼는 사람들로 집단이 구성되어 있을 때 동조 현상은 증가하는 경향이 있다.[41]

이런 이유에서 누군가의 영향력을 증대시키거나 축소시키려는 사람들은, 그 사람이 어느 집단에 속해 있는지를 강조하곤 한다. 예컨대 당신은 당신의 마음에 들지 않는 사람을 "보수주의자"나 "좌파"로 규정함으로써 그 사람들에 대한 신뢰를 떨어뜨릴 수 있다. 만약 적극적 차별 시정 조치나 가난한 사람들을 돕기 위한 정책을 저명한 보수주의자가 지지한다면, 보수적인 사람들 사이에서도 그런 조치나 정책에 대한 지지가 증가할 것이다. 마찬가지로, 만일 자유주의적/진보적인 사람들이 공화당 출신 대통령이 발의한 법안에 찬성한다면, 다른 자유주의적/진보적인 사람들도 그 법안에 관심을 기울일 것이다.

많은 증거가 이런 주장을 뒷받침한다. 애쉬의 실험에서, 실험 대상자가 그 자신을 실험의 공모자들과 동일한 집단에 속하는 것으로 인식할 경우 동조와 실수는 급격히 증가했다.[42] 반대로, 실험 대상자가 공모자들과는 다른 집단에 속한다고 인식할 때 동조는 급격히 감소했고 따라서 실수 역시 급격하게 줄어들었다.[43]

우리가 여기서 이야기하고 있는 것은 사적 견해가 아니라 공개적인 진술에 관한 것으로, 직선의 길이를 개인적으로 평가해야 할 경우 실험 공모자들이 어떤 집단에 속하느냐는 사람들의 개인적 인식에 큰 영향을 미치지 못했다. 실험 대상자들의 개인적 판단은 다른 실험 참여자들[공모자들_옮긴이]과 같은 집단에 속하는지 여부와 상관없이 동일했다. 흥미로운 것은 만약 사람들이 공개적으로 이야기해야 할 경우다. 이때 그들이 같은 집단에 속해 있다고 생각하는 사람들에게 둘러싸여 있다면, 그들은 동료들의 판단을 따르고, 자신이 지각했던 것을 잘못 묘사하며, 심각한 오류를 저지를 가능성이 크다. 이 점은 지도자들에게 분명한 교훈을 제공한다. 그들이 심각한 오류를 범하지 않으려면 이 문제를 깊이 생각해야 한다. 실험 공모자들과 같은 집단에 속한다고 생각했던 사람들 역시, 개별적으로 이야기할 때에는 훨씬 정확하고 독립적인 답을 내놓았다는 사실에[44] 주목해야 한다. 아울러 이 점은 비밀투표의 중요한 효과를 말해 주는 것이기도 하다.

실제 세계에서, 사람들은 여러 가지 이유로 침묵한다. 사람들은 대체로 친구와 동료들의 화를 돋우거나 그들로부터 비난을 받지 않으려 한다. 때때로 사람들은 이견을 제시하는 것이 자신이 속한 집단의 효율성을 해치고, 자신의 평판에 해가 될 수 있다는 점을 두려워한다. 때때로 사람들은 자신이 속한 집단의 동료가 옳다고 믿는다. 이런 점들은 왜 사람들이 전시나 국가 안보가 위험에 처했을 때 이견을 제시하기를 망설이는지 설명하는 데 도움이 된다. 물론 비슷한 압력을 평상시에도 느낄 수 있다.

침묵이 종종 폐해를 야기한다면, 사람들로 하여금 아무런 부담

없이 자신의 견해를 말할 수 있게 할 방법은 무엇일까? 가장 분명한 방법은 불일치를 기꺼이 받아들이고 지배적인 정설에서 벗어나도 처벌받지 않는다는 분위기를 만드는 것이다. 그런 분위기를 만들기 위해, 조직은 이견을 익명으로 밝힐 수 있는 통로를 마련할 수 있을 것이다. 만약 사람들이 자신이 생각한 바를 익명으로 말할 수 있다면, 그들은 자신의 생각을 이야기할 것이다. 견제와 균형의 체계는 이견을 제시할 수 있는 가능성을 높이고, 특정한 집단이나 조직의 구성원들이 알고 있는 것을 밝히기를 꺼려할 가능성을 줄이는 방식이라고 할 수 있다. 의회의 구성원들이 대통령으로부터 자유롭다고 느낄 때, 사회는 좀 더 다양한 여론을 들을 수 있고 좀 더 나은 결정을 할 수 있을 것이다.[45]

## 소수의 영향력

이제까지 나는 다수의 영향력을 강조해 왔다. 하지만 소수의 영향력 역시 중요하다. 소수의 사람들은 수많은 사람이 참여하는 거대한 운동을 만들어 내기도 한다. 예전에 거의 모든 사람이 천동설을 믿었지만, 현재는 누구도 천동설을 믿지 않는다. 처음에는 압도적인 다수가 믿지 않았던 다윈의 진화론이 오늘날 적어도 원리상으로는 정설이 되었다. 많은 국가에서, 성적 차별에 대항했던 소수의 사람들 덕분에 성적 평등에 대한 지배적인 사고가 극적으로 변했다. 1970년대 후반까지만 해도 동성애자의 권리를 인정하는 사람들은 미국 사회에서 소수에 불과했다. 그러나 놀랄 만큼 짧은 시기에, 그들은 수백만 명의 사람들에게 자신들의 주장이 옳다는 확신을 심어 주었다. 이런 예들은 도처에서 쉽게 살펴볼 수 있다.

언제, 그리고 어떻게 소수의 사람들이 다수를 변화시키는가? 우리가 이런 흥미로운 질문에 대해 충분한 답을 가지고 있는 것은 아니지만, 부분적인 답은 도처에서 찾아볼 수 있다. 주요 발견 가운데 하나는 소수의 의견이 사람들의 공적 진술과 의견에는 영향을 미치지 못한다 할지라도, 사람들이 개별적으로 생각하는 것에는 종종 영향을 미친다는 점이다. 이 점은 색깔에 대한 판단 실험에서 살펴볼 수 있다.[46] 어떤 색깔에 대해 소수의 사람들이 특이한 주장을 할 때(예를 들어 다수가 파란색이라고 말하는 것을 녹색이라고 말할 때), 사람들은 공개적인 자리에서는 대체로 다수의 판단대로 진술하지만, 개인적으로는 소수의 사람들이 진술한 내용에 큰 영향을 받는다는 사실이 실험을 통해 발견되었기 때문이다. 동성애자의 권리에 반대하건 옹호하건 상관없이 사람들은 공개적으로는 다수의 사람들이 가진 견해대로 진술을 하겠지만, 내심으로나 사적인 자리에서 진술할 때에는 소수의 의견에 동조한다는 연구도 관심을 끈다. 유사한 발견이 외국인과 낙태에 대한 태도에서도 나타났다.[47]

그러나 소수 의견에 대한 사적인 동의는 소수 의견이 아웃사이더들의 주장으로 인식될 경우 현저하게 줄어든다. 따라서 소수의 주장이 "동성애자 대학생"들의 주장이나 "국제 페미니스트 그룹이 조직한 '밤길 되찾기' 운동"• 등의 일환으로 인식될 때보다는 좀 더 중립적인 주장으로 인식될 때 더 많은 설득력을 발휘한다.[48] 마찬가지로, 사회적으로 외집단••으로 간주되는 소수집단의 경우 그들의 영향력은 직접적인 상호 작용보다는 간접적인 상호 작용을 통해 좀 더 많은 효과를 발휘한다.

다수의 영향은 동조를 낳고 소수의 영향은 변화를 가져온다는 말이 있다.[49] 이 말은 사람들이 다수에 복종하기는 하지만, 다수가 진정으로 그들을 납득시키지 못한다는 것을 의미한다. 나아가 사람들은 적어도 몇몇 경우에 소수가 옳았다는 점을 인정한다는 것이다. 물론 우리는 이런 주장이 지나치게 단순한 주장이라는 점을 앞서 살펴보았다. 사람들이 다수에 동조하는 이유는 대체로 다수가 정보를 제공하기 때문이다. 따라서 다수도 당연히 변화를 가져올 수 있다. 그러나 소수의 사람들이 일관된 주장을 할 경우 설득력을 지닐 수 있다.[50] 만약 소수의 구성원들이 동요하거나 자신들의 입장을 확고하고 분명하게 견지하지 못한다면, 그들의 영향력은 감소할 것이다. 소수의 규모 역시 중요하다. "소수가 오직 한 명이라면 미치광이나 바보로 취급될 수 있지만, 좀 더 많은 사람이 소수로서 활동하게 되면 이런 반응은 사라진다."[51]

---

● 밤길 되찾기(Take Back the Night) 운동 | 이 운동은 1973년 독일에서 시작되었으며, 1978년 미국을 거쳐 캐나다, 인도, 남미와 유럽 각지에서 전개되고 있다. 이 운동은 여성에 대한 강간이나, 학대, 살해 등의 폭력에 대항해 그 가해자를 처벌하고 그런 폭력을 근절하기 위해 시작되었다. 밤길을 되찾자는 표현은 남성에 의한 그런 폭력들이 주로 밤에 이루어진다는 점에 착안한 일종의 상징적 표현이라고 볼 수 있다.

● ● 외집단(outgroup) | 규범이나 가치, 습관, 태도 따위에 있어서 자신과 공통성이 없는 타인들로 구성되어 불쾌감과 대립감을 불러일으키는 집단. 미국의 사회학자 윌리엄 그레이엄 섬너(W. G. Sumner)가 분류한 집단 개념의 하나다.

## 충격적인 실험들

셰리프와 애쉬의 실험에서는 어떤 개인도 전문적 지식을 가지고 있지 않았다. 마찬가지로, 집단의 어떤 구성원도 탁월한 측정 능력이나 좋은 시력을 가지고 있지 않았다. 그러나 우리 자신의 경험으로 미루어 볼 때, 만약 실험 공모자 가운데 누군가가 특별히 옳은 것처럼 보인다면 그 사람의 판단에 동조하고 따라서 잘못을 저지르는 경향이 좀 더 많을 것이라고 예상할 수 있다. 수학 문제에 대한 답에서 일반인들은 수학자의 판단을 따를 것으로 기대할 수 있다.[52] 핵물리학 관련 문제에서 핵물리학자가 일반인들의 생각을 따르는 경우는 없을 것이다.

실제로 몇몇 실험에서 실험가는 피실험자들에게 공모자들의 의견이 올바른 것(실제로는 거짓)이라고 알려 줌으로써 전문적 지식이 실험 집단의 동조 정도에 어떤 효과를 미치는지를 측정했고, 피실험자들의 응답에서 동조가 증대된 것을 발견했다.[53] 만약 사람들이 집단 구성원 가운데 누군가를 전문가라고 생각한다면, 그의 의견을 따르게 될 것이다. 지금부터 현대 사회과학에서 가장 유명하고 충격적인 실험 가운데 몇 가지를 검토해 보자.[54]

심리학자인 스탠리 밀그램Stanley Milgram의 실험은 동조를 주위 동료의 판단과 연관시키는 것이 아니라 실험가의 의지와 관련시킨다. 이 실험은 인간을 실험 대상으로 했다는 점에서, 그 의도가 좋든 나쁘든 오늘날에는 거의 재현될 수 없다. 그러나 그 실험은 사회적 영향력이 단지 사실에 대한 판단뿐만 아니라, 도덕적 판단에도 영향을 미친다는 점을 보여 주었기 때문에 매우 중요한 실험이었다. 물론 이 책의 궁극적인 목적은 그런 실험들이 정치, 법과 같은 커다란 사회적 쟁점들과 어떤 관련이 있는가를 살펴보는 것이다. 그러나 그 실험은 그 자체로서도 살펴볼 만한 가치가 있다.

밀그램의 실험에서는 실험 대상자에게 옆방에 앉아 있는 사람에게 전기 충격을 가하도록 했다. 밀그램은 실험 대상자들에게 그 실험은 전기 충격이 기억력에 미치는 효과를 시험하는 것이라고 거짓으로 알려 주었다. 실험 대상자들은 몰랐지만, 전기 충격의 희생자는 밀그램의 공모자였고 충격이 실제로 가해지지도 않았다. 가상의 충격 발생기가 충격의 정도를 알려 주었는데, 그 기계는 15볼트에서 450볼트에 이르는 30단계로 구성되어 있었고, '약한 충격'에서부터 '위험: 강한 충격'까지 그 단계가 글자로 표시되어 있었다. 실험이 진행됨에 따라, 실험가는 공모자가 틀린 답을 말할 때마다 더욱 강한 전기 충격을 가하도록 요구했고, 이런 전기 충격의 강도는 '위험: 가혹한 충격'의 수준인 400볼트를 넘나들었다.

실험 대상자들은 20세에서 50세까지의 남성 40명으로 이루어져 있었다. 그들은 기술자, 고등학교 선생님, 우체국 직원 등과 같은 다양한 직업을 가지고 있었다. 그들은 참여의 대가로 4달러 50센트를 받았고 실험에 얼마나 참여하느냐에 상관없이 그 돈을 받을 수 있었다. 이때 사용된 '기억 시험'은 한 쌍의 단어를 기억하는 것이었다. 공모자(학습자)가 저지른 모든 실수에는 그에 대한 대가로 전기 충격이 가해졌고 실험이 진행됨에 따라 전기 충격의 단계는 높아졌다. 실험이 실제로 벌어지는 것처럼 보이게끔 하기 위해, 실험을 시작할 때 실험 대상자들은 가장 낮은 단계의 전기 충격을 실제로 체험하게 했다. 그러면서 밀그램은 실험 대상자에게 그런 충격이 위험하지는 않다 — "비록 충격이 매우 고통스러울 수는 있지만, 어떤 신체 조직에도 해가 되지 않는다"[55] — 고 알려 주었다.

첫 번째 실험에서, 희생자(학습자)는 300볼트의 충격까지는 어떤 움직임도 보이지 않았다. 그러나 300볼트의 충격이 주어졌을 때, 희생자는 자신이 묶여 있는 방의 벽에 대고 발버둥을 쳤다. 300 볼트 이후에, 희생자는 잠시 어떤 질문에도 답하지 않았다가 315볼트의 충격이 가해지고 나서야 다시 벽에 대고 발길질을 했다. 그 이후에 실험 대상자는 어떤 소리도 듣지 못했지만, 실험은 400볼트 이상까지 계속 진행되었다. 만약 실험 대상자가 더는 실험을 하지 못하겠다고 이야기를 하면, 밀그램은 "계속하세요"나 "상관없어요. 계속해야 해요"라고 말하며 실험을 독려했지만,[56] 그렇다고 해서 밀그램이 자신의 독려를 따르지 않는다고 해서 실험 대상자를 제재한 것은 아니다.

이 실험이 진행될 때, 실험 대상자들은 어떻게 했을까? 사람들은 대체로 대부분의 사람들이 마지막 단계까지 전기 충격을 가하지 않을 것이며, 195볼트 정도의 '매우 강한 충격'이 그 한계일 것이라고 예상했다.[57] 그러나 밀그램 실험에서, 40명의 실험 대상자는 모두 300볼트 이상까지 전기 충격을 가했다. 충격 최대치의 평균은 405볼트였다. 대다수의 실험 대상자들 — 40명 가운데 26명, 곧 65 퍼센트 — 은 450볼트의 충격, 즉 "위험: 강한 충격"의 두 단계 아래까지 전기 충격을 가했다.[58]

첫 번째 실험에 변화를 주었을 때, 좀 더 놀랄 만한 결과가 나왔

| 밀그램의 실험 사례 | 두 번째 실험에 참가한 프레드 프로치(50세, 평범한 일반인)

180볼트

……

실험 대상자 | 더는 못하겠어요. 저 사람이 저기서 죽게 내버려 둘 수는 없어요. 저 사람이 외치는
 소리가 들리시죠?

실험자 | 앞서 말씀드렸듯이 충격이 고통스러울 수는 있지만 ……

실험 대상자 | 그래도 저 사람이 소리를 지르고 있잖아요. 도대체 어떤 일이 생긴 거지요?

실험자 | (사무적인 말투로) 실험을 계속해 주셔야 합니다.

실험 대상자 | 아, 그렇지만, 저 사람에게 계속 고통을 줄 수는 없어요. ……

실험자 | 그가 괴로워하든 상관없이 우리는 계속해야 합니다.

실험 대상자 | 저는 책임을 지기 싫어요. 저 사람이 계속 소리를 지르네요.

 ……

실험자 | 모든 책임은 제가 집니다. 계속해 주십시오.

실험 대상자 | 좋습니다. 다음 단어는 '느린-걸음, 트럭, 춤, 음악'입니다. 대답해 주세요.

 (벨소리-틀렸다는 의미)

 …… 틀렸습니다. 정답은 '춤'입니다. (195볼트의 충격을 가한다.)

희생자 | (소리를 지르며) 여기서 내보내 주세요. 심장이 이상해요!

실험자 | 계속해 주십시오.

 ……

희생자 | 으윽, 음 ……

실험자 | 계속해 주십시오.

희생자 | 여기서 내보내 주세요. 당신은 저를 여기에 계속 묶어 둘 권리가 없어요. 저를 내보내 줘요.
 심장이 이상해요. 내보내 줘요!

실험 대상자 | 보셨죠. 그가 소리를 지르고 있어요. 들리시죠? 이런, 나도 모르겠어요.

실험자 | 실험상 ……

실험 대상자 | (중간에 끼어들며) 그래야 한다는 것은 알아요. 그러나 내 말은 …… 휴! 그는 무엇 때문에
 이런 고통일 겪어야 하는지 모른다는 겁니다. 이미 195볼트나 되었잖아요!

 (실험은 300볼트 넘어서까지도 계속되었다. 375볼트에 이르자, 희생자는 신음 소리조차 내지 않았다.)

실험 대상자 | 아무래도 그 사람에게 무슨 일이 생긴 것 같아요. 아무 대답도 들리지 않아요. 더 낮은
 전압에서는 소리를 질렀잖아요. 들어가서 그가 괜찮은지 확인 좀 해주세요.

실험자 | (초연하고 차분한 목소리로) 일단 시작하고 나면 그럴 수 없습니다. 계속해 주십시오.

 ……

실험 대상자 | 당신이 모두 책임지겠습니까?

실험자 | 책임은 제가 집니다. 계속해 주십시오.

 (실험 대상자는 목록으로 돌아가서 최대한 빠르게 단어들을 읽기 시작해 450볼트에까지 이르렀다.)

_스탠리 밀그램, 『권위에 대한 복종』, 정태연 옮김, 에코리브르, 2009, 117-123쪽 내용을 다듬고 축약했다.

다. 이 실험에서 희생자는 처음부터 충격의 단계가 높아짐에 따라 통증과 고통을 호소했다.[59] 75볼트에서 105볼트 사이에서 희생자는 끙끙 앓는 소리를 냈고, 120볼트에서 희생자는 실험가에게 전기 충격에 따른 통증을 호소하기 시작했다. 150볼트에서 희생자는 "여기서 나가게 해주세요. 실험을 그만둘래요"라고 소리쳤다.[60] 180볼트에서 희생자는 "고통을 더는 견딜 수 없어요"라고 말했다. 270볼트에서 희생자는 필사적으로 비명을 질렀다. 300볼트에서 희생자는 그가 더는 질문에 대답하지 않을 것이라고 소리쳤다. 315볼트에서 희생자는 격렬하게 비명을 질렀다. 330볼트 이상에서 그는 아무 소리도 내지 않았다.

이렇게 실험을 변화시켰음에도 불구하고 결론에는 큰 차이가 없었다. 40명의 참여자 가운데 25명이 최고 단계까지 전기 충격을 가했고 충격 최대치의 평균은 360볼트를 넘었다. 나아가 실험에 다시 변화를 주어, 공모자(학습자)는 실험이 시작되기 전에 자신의 심장에 이상이 있다고 말했다. 그리고 전기 충격이 계속됨에 따라 심장 때문에 "괴롭다"는 사실을 반복해서 알리며 실험 중단을 요청했다.[61] 그러나 이 역시 실험 대상자들의 행동을 변화시키지 못했다. 여성 역시 이 실험에서 남성과 다르게 행동하지 않았다는 점은 주목할 만하다. 여성들 역시 남성과 별반 다르지 않았다.

밀그램 자신은 그의 실험 결과를 권위에 대한 복종과 관련이 있는 것으로 설명했는데, 이는 나치 지배하에서 독일인들의 행위를 연상케 했다. 실제로 밀그램은 부분적으로는 홀로코스트가 어떻게 일어날 수 있었는가를 이해하기 위해 그런 실험을 시행했다.[62] 밀그램은 무고한 사람들에게 커다란 고통을 가하더라도 일반인들은 명령에 따를 것이라고 결론을 내렸다. 의심할 바 없이 맹목적 복종은 그런 상황의 일부분이다. 그러나 다른 설명 또한 가능하다.[63]

경험이 많은 과학자가 주도하는 학술 실험에 참여하도록 초대된 실험 대상자들은 실험가가 실험의 전반적인 상황을 충분히 알고 있다고 생각하기에 그의 지시에 잘 따를 것이다. 만약 실험가가 실험 대상자들에게 실험을 계속할 것을 요구한다면, 대부분의 실험 대상자들은 희생자(학습자)에게 가해지는 고통이 해로운 것이 아니고, 그런 실험이 사회에 중요한 이득을 가져올 것이라고 믿을 것이다. 이런 설명에 따르면, 실험가는 특별한 지식을 가진 사람이다. 그리고 이런 상황에서 실험 대상자들은 양심의 가책을 느끼지 않을 터인데, 그것은 맹목적인 복종 때문이 아니라, 양심의 가책을 느낄 이유가 없다는 그들의 판단 때문이다. 그런 판단은 만약 실험이 진짜로 문제가 있는 것이라면 실험가가 실험 대상자에게 그것을 하도록 요구하지는 않았을 것이라는 믿음에 기초한다.

요약하면, 밀그램의 실험 대상자들은 그 분야의 진정한 전문가가 전달하는 신호, 즉 정보의 신호에 반응했다고 볼 수 있다. 따라서 실험 대상자의 행태와 히틀러 치하의 독일인들의 행태 사이의 공통점에 대한 밀그램의 주장은 잘못된 것이었다. 실험 대상자들은 독재자에게 복종하고 있었던 것이 아니라, 그들이 믿을 수 있다고 생각하는 신뢰할 수 있고 좋은 신념을 가진 누군가에게 반응했을 뿐이기 때문이다. 물론 이론적으로나 실천적으로 지도자에게 복종하는 것과 전문가를 믿는 것을 구분하는 것이 쉬운 일은 아니다. 내가 말하고 싶은 것은, 실험 대상자들의 복종이 맹목적이고 이유가 없는 것이 아니었다는 사실이다. 그것은 실험 대상자들이 실험가가 그들에게 새디즘sadism과 같은 것을 요구하거나 아무 이유 없이 전기 충격을 가하라고 요구하지는 않았을 것이라고 생각하게끔 만든 상황과 관련되어 있다.

복종의 근거를 설명하는 후속 연구는 나의 이런 주장을 뒷받침한다.[64] 이 연구에서 사람들은 밀그램 실험을 녹화한 테이프를 보고 왜 실험 대상자들이 밀그램의 실험에 동조했는지를 설명했다. 전문적 지식에 대한 복종이 가장 높은 순위를 차지했다. 물론 이것이 가장 정확한 해석은 아닐지 모른다. 그러나 밀그램이 최초의 실험에 변화를 주었을 때 나타난 결과들 역시 나의 주장을 뒷받침한다.[65] 세 명으로 구성된 새로운 실험에서, 두 명의 실험 대상자들(이들은 실제로는 밀그램의 공모자였다)은 특정한 단계(한 명은 150볼트, 다른한 명은 210볼트) 이상으로 전기 충격을 가하는 것을 거부했다. 그 경우에, 압도적인 다수의 실험 대상자들 — 92.5퍼센트 — 이 전기 충격을 높이라는 실험가의 요구를 거부했다. 이것은 밀그램이 복종의 수준을 낮추기 위해 실험에 도입한 다양한 변화 가운데 가장 효과적인 것이었다.

왜 동료의 도전과 이견이 그처럼 강력한 영향력을 발휘했는가? 앞서 살펴본 애쉬의 실험에서 실험 대상자들은 공모자들 가운데 누군가가 자신들을 지지했을 경우 덜 동조하게 되었다는 점을 상기해 보자. 밀그램의 새로운 실험은 이와 유사한 결과를 보여 주었다. 또한 애쉬의 실험에서 그런 공모자가 단 한 명만 있더라도 실험 대상자들은 자신이 실제로 본 것을 말할 수 있게 되었다는 점을 상기해 보자. 마찬가지로 밀그램의 실험에서 실험 대상자들이 양심에 따라 행동한 이유는 바로 양심에 입각해 행동한 동료 때문이었다. 여기서 우리는 자신의 양심에 따라 행동하는 한두 명의 다른 목소리가 다른 사람들도 그들의 양심에 따라 판단하고 행동할 수 있게 만든다는 점을 이해할 수 있다.

밀그램은 또 다른 실험에서 인간 본성에 관한 중요한 사실을 입증했다. 실험가로부터의 어떤 조언이나 요구도 없다면, 그리고 어떤 외부 영향력도 없다면, 실험 대상자들의 도덕적 판단은 분명했다. 즉 매우 낮은 단계 이상으로는 전기 충격을 가하지 않는다는 것이다.[66] 실제로 그런 도덕적 판단은 애쉬의 실험 대상자들이 스스로 선분의 길이를 결정했을 때 내렸던 분명하고 올바른 판단과 다를 바 없는 것이었다. 밀그램의 실험에서 실험 대상자들에 대한 영향력은 실험가 자신의 확고한 입장 — 전기 충격이 계속되어야 하고 신체에 어떤 영구적인 손상도 입히지 않을 것이라는 — 에서 나왔다. 그러나 실험 대상자의 동료가 그 실험에 이의를 제기했을 때, 그것으로부터 나오는 정보는 실험가의 지위를 효과적으로 제약했다. 이 경우에 실험 대상자들은 자신의 도덕적 판단에 의지하거나 동료가 전달하는 도덕적 신호를 따를 것이다.

이것으로부터 얻을 수 있는 교훈은 분명하다. 즉 도덕적 판단이 불분명한 상황에서 대부분의 사람들은 그런 판단과 관련해 위험을 평가할 능력이 있는 전문가의 영향을 받는다는 것이다. 그러나 합리적인 사람들의 도덕적 판단이 전문가의 판단에 이의를 제기할 때, 대부분의 사람들은 전문가를 따르려 하지 않는다는 것을 보여주었다. 그들은 양심이 지시하는 바에 따라 행동했다. 여기서 우리는 10대 청소년들 사이에서나 전쟁터에서 잔혹한 행위들이 왜 일어나는지에 대한 실마리를 얻을 수 있다. 다음 장에서 살펴보겠지만, 법에 대한 복종 역시 이와 비슷한 특성이 있다.

## 경찰과 자백

평범한 시민들은 밀그램의 실험가와 같은 권위를 가진 인물을 종종 상대해야 한다. 경찰관은 그런 권위를 지닌 인물의 대표적인 예다. 밀그램이 맞는다면, 경찰관은 그가 원하는 것을 사람들이 하도록 하는 엄청난 권력이 있음에 틀림없다. 물론 대부분의 경우, 경찰에 협력하는 것은 선하고 가치 있는 일이다. 그러나 여기에는 위험도 있다. 위증의 가능성을 생각해 보라. 위증은 심각한 결과를 초래할 수도 있다.[67]

밀그램의 실험에 기초해 이루어진 하나의 예시적인 실험은 이 점을 입증한다.[68] 이 실험에서 실험가는 실험 대상자들에게 컴퓨터를 사용해 몇 가지 작업을 하도록 지시했다. 또한 그들에게 'Alt' 키는 누르지 말도록 했는데, 만약 그들이 그렇게 하면 컴퓨터가 망가지기 때문이라는 것이 그 이유였다. 어느 누구도 그 키를 누르지 않았다. 그러나 어느 순간에 컴퓨터는 망가졌고 실험가는 실험 대상자들이 'Alt' 키를 눌렀다고 책망했다. 그런 후에 실험가는 실험 대상자들에게 그들의 잘못을 자백하라고 요구했다. 거의 70퍼센트의 실험 대상자들이 사실이 아닌데도 잘못했다고 고백했다! 그 키를 누르는 것을 보았다는 거짓 목격자의 증언이 있을 경우, 90퍼센트 이상의 실험 대상자들이 'Alt' 키를 눌렀다고 고백했고, 그런 증거 없이는 35퍼센트에서 65퍼센트 사이의 실험 대상자들이 'Alt' 키를 눌렀다고 고백했다.

물론 실험은 실제의 삶과 다르다. 현실에서는 잘못을 저지르지 않았음에도 고백 때문에 실제로 감옥에 갈 수도 있기 때문이다. 혹여 위증을 했더라도 가족이나 친구, 심지어는 변호사의 보호를 받을 수도 있다. 그러나 우리는 평범한 사람들이 완전히 결백할 때조차도 그들이 (심각한) 범죄에 연루되어 있다는 점에 동의하도록 만들 수 있다. 나는 미국의 감옥에는 그런 사람들이 적어도 수백, 많게는 수천 명이 있다고 추정한다. 전 세계적으로 감옥에는 그와 같은 사람들이 수없이 많이 수감되어 있을 것이다.

2장

법에

(불)복종하기

장애인을 위한 주차 공간에 차를 주차하거나 흡연이 금지된 공공장소에서 담배를 피우는 사람은 별로 없다. 그러나 마리화나와 코카인의 복용을 금지하거나 성적 관계를 규제하는 법들은 좀처럼 지켜지지 않는다. 사람들은 언제 법에 복종하는 걸까? 언제 적극적으로 법을 집행할 필요가 있는 것일까?

나는 수년 전에 시카고에 있는 내 사무실 근처에 차를 주차하면서, 몇 가지 실마리를 얻었다. 내가 주차를 막 끝냈을 때, 낯선 사람이 잔뜩 화가 난 채로 다가와 "장애인을 위한 주차 공간에 주차하는 것은 불법"이라며 언성을 높였다. 말할 필요도 없이 나는 수치심을 느꼈다. 사실 내가 차를 세운 곳은 장애인 주차 공간이 아니라 바로 그 옆이었다. 그럼에도 불구하고, 여기서 배울 수 있는 교훈은 장애인을 위해 마련한 주차 공간에 일반인이 주차했을 경우, 사람들은 대부분 그런 불법행위에 대해 큰소리로 야단칠 준비가 되어 있다는 점이다. 물론 대부분의 사람들은 장애인을 위한 주차 공간에 차를 세우지는 않을 것이다. 그러나 다른 곳에서는 법을 곧잘 어기곤 하는 사람들 역시 그곳에는 차를 세우지 않을 터인데, 그 이유 가운데 하나는 그들이 내게 언성을 높였던 낯선 사람과 유쾌하지 않은 경험을 할지 모른다고 생각하기 때문이다. 사람들이 장애인을 위한 주차 공간에 주차하지 않는 부분적인 이유는 바로 그런 낯선 사람들과 마주치기를 꺼려하기 때문이다.

최근 학계에서는, 법 위반에 대한 실제적인 처벌을 통해 행위를 직접적으로 억제하는 규제적 기능과는 달리, 법의 표현적 기능 — [어떤 행위가 위법인지를_옮긴이] '진술하는' 법의 역할 — 에 대한 논의가 활발해지고 있다.[1] 법의 표현적 기능에 대한 강조는 왜 그리고 언제 사람들이 법에 동조하는가를 설명하는 기존의 영향력 있는 설명들에 의문을 제기해 왔다. 경제학자들과 경제적인 요인을 강조하는 법률가들은 법을 위반했을 때 당하게 될 처벌의 가능성과 처벌의 강도라는 두 가지 변수를 강조하는 경향이 있다. 경제학자의 관점에서, 인간은 활동의 '비용'에 반응한다는 점에서 합리적이다. 범죄를 저질렀을 때 치러야 할 비용을 높이는 방법 가운데 하나는 가혹한 처벌을 하는 것이다. 처벌이 가혹해지면 준법의 확률 역시 증가한다. 범죄의 비용을 높이는 다른 방법은 범죄자의 색출과 체포 가능성을 높이는 것이다. 그런 가능성이 커지면, 사람들은 더 철저히 법을 지킬 것이다. 이 논의에 따르면, 법을 준수하게 하기 위해서는 정부가 처벌을 강화하거나, 처벌에 따르는 고통을 증대시키거나, 혹은 그 둘 다를 해야 할 것이다. 반면에 사회학자와 심리학자들은 법이 공정하다고 사람들이 믿느냐 그렇지 않느냐를 변수로 강조한다.[2] 만약 사람들이 법의 취지가 공정하다고 생각한다면 준법의 수준은 증가할 것이다. 과정 또한 중요하다. 만약 법의 제정 및 집행과 관련된 절차가 공정성의 요구를 충족시킨다면, 준법의 수준 역시 증가할 것이다.

두 가지 설명 모두 상당 부분 참이다. 그러나 그 어떤 것도 완전하지는 않다. 몇몇 상황에서는 처벌의 가혹함과 그 가능성의 증가가 사람들에게 큰 영향을 주지 못한다. 이스라엘에서는 테러리스트에게 사형을 선고하지 않는데, 이는 사형이 테러를 막지 못하고 오히려 그것을 조장할 수도 있기 때문이다. 만약 정부가 순교자, 반체제 인사, 그리고 조직 폭력배들을 과도하게 잡아들이려 한다면, 그들이 법을 위반할 가능성은 더욱 증가할 수도 있다. 다른 한편, 사람들은 종종 법이 공정하다고 믿지 않더라도 법을 지킨다. 때때로 우리는 명백히 불공정한 법을 지키는데 그 이유는 우리가 처벌을 두려워하거나 다른 사람들을 실망시키거나 화나게 하고 싶지 않기 때문이다. 기존의 전형적인 설명들이 간과하는 것은 행위에 대한 사회적 영향과 관련되어 있다.

이 장에서 나는 세 가지 주장을 제기하기 위해 동조라는 개념을 사용할 것이다. 첫째, 특정한 법의 제정은 표현 기능이 있으며, 이로 말미암아 사람들은 그 법을 지키게 된다. 법의 제정은 우리가 해야 할 일이 무엇인지 그리고 우리가 해야 할 일들에 대해 다른 사람들이 어떻게 생각하고 있는지를 알려 주기 때문이다. 이런 경우 우리는 법이 행위를 강제하지 않더라도 법을 지킬 것이다. 둘째로, 법적 표현은 대체로 위법 여부가 매우 가시적인 경우에 가장 효과적이다. 가시성이 중요한 이유는 대부분의 사람은 자신의 위법행위가 가시화되어서 다른 사람들의 분노를 사는 것을 원치 않기 때문이다. 셋째로, 법적 표현은 만약 사람들이 법을 위반함으로써 이득을 얻거나 그 법을 위반했을지라도 처벌되지 않는 소집단 공동체sub-community에 속해 있다면 효과를 발휘하기 힘들 것이다.

소집단 공동체의 존재는 법의 효능을 떨어뜨릴 수 있다. 소집단 공동체 내의 동료들이 법을 제대로 지키지 않는다면, 법 위반이 만연하게 될 것이다. 이런 법의 위반은 사람들이 원하는 바를 법이 금지한다고 생각할 때, 특히 광범위하게 일어날 것이다. 미국에서는 많은 사람이 금지된 약물을 복용한다. 그 이유 가운데 하나는 금지된 약물을 복용하는 동료들이 많기 때문이다. 마틴 루터 킹은 수십만 명의 사람들에게 법을 위반하도록 영감을 불어넣을 수 있었고, 그런 영감은 부분적으로는 사람들이 결속되어 있었기 때문에 가능했다. 도덕적인 분노는 시민 불복종이 발생하고 그것이 광범위하게 퍼져 나가는 데 있어 중요한 역할을 한다. 그러나 동조 효과 역시 중요하다. 실제로 도덕적 분노 그 자체는 사회적 영향에 의해 고양된다.

따라서 법적 강제에 의존하지 않고도 정부가 준법의 수준을 광범위하게 높일 수 있는 방법을 살펴보기 위해서는 — 그리고 언제 강제가 불가피한가를 살펴보기 위해서는 — 사회적 영향에 대해 이해하는 것이 많은 도움이 될 것이다. 사회적 영향에 대한 이해는 많은 영역에서 그 유용성을 입증할 수 있다. 탈세를 예로 들어 보자. 미국 정부는 탈세로 말미암아 매년 수천억 달러의 적자를 본다. 그리고 그 결과 평균적인 미국인은 세법을 지키지 않는 사람들 때문에 생긴 적자를 메우기 위해 매년 1,600달러 이상을 지불한다. 나는 이런 상황을 개선할 수 있는 몇 가지 제안을 할 것이다. 그런 제안들은 다양한 사회 문제에 적용될 수도 있을 것이다. 나는 또한 언제 법이 사회규범과 어긋나게 되며, 어떤 경우에 법이 강제되지 않는지, 그리고 어떤 경우에 법이 사람들을 괴롭히거나 수치심을 주는 도구가 되는지를 살펴볼 것이다.

## 신호로서의 법

강제적 법 집행이 간혹 있긴 하지만, 대개의 경우 준법은 자율적으로 이뤄진다.[3] 사람들은 경찰의 제재를 두려워하지 않을 때에도 법을 지킨다. 법에 표현적 기능이 있다는 것은 바로 이런 의미에서인데, 법이 공표되면, 그것이 법이라는 바로 그 이유 때문에, 효력을 발휘한다.

이런 효력은 법이 ― 동조 효과를 만드는 것과 동일한 ― 두 가지 중요한 신호를 보내기 때문에 발생한다. 첫째로, 만약 현명한 사람들이 법을 만들었다면, 그리고 그렇게 만들어진 법이 특정 행위를 금지한다면, 그런 행위가 해롭고 그것을 진정으로 금지해야 한다고 믿을 만한 이유가 있다. 둘째로, 법이 특정 행위를 금지할 때, 시민들은 그 행위가 금지되어야 한다고 동료 시민들이 생각한다는 점을 믿는다. 어느 경우에라도 현명한 사람들은 법이 그들에게 요구하는 것을 해야 할 이유를 알고 있다. 물론 몇몇 사람들은 그런 법의 신호를 받아들이지 않을 것이다. 식견이 높은 시민들은 그 법이 그들에게 무언가 몰상식한 짓을 하도록 요구한다고 생각할 수도 있다. 그들은 또한 대부분의 사람들이나 그들이 가장 아끼는 사람들이 실제로는 법을 지키지 않는다고 생각할 수도 있다. 그러나 만약 이런 사례들이 늘 있는 것이 아니라 예외적이라면, 우리는 왜 법이 심지어 어느 누구도 그것을 강제하지 않는다 할지라도 행위에 영향을 미치는가를 좀 더 잘 이해할 수 있을 것이다. 또한 우리는 왜 사람들이 자신들과 가장 밀접하게 결합되어 있는 지역 수준에서 제정된 법을 잘 지키는 경향이 있는지에 대해서도 이해할 수 있다. 만약 당신의 이웃이나 당신과 같은 도시에 사는 사람들이 법을 제정한다면, 당신은 그 법이 당신이 소중하게 여기는 사람들의 생각을 반영한다고 생각할 것이다.

이 점에 비추어, 지역 수준에서, 공공장소 흡연을 금지한 법에 대한 경험적 연구를 살펴보자.[4] 이 연구가 주는 교훈은 법을 엄격하게 집행하지 않을지라도 사람들은 법을 지킨다는 것이다. 이 연구는 캘리포니아의 세 도시 — 버클리, 리치먼드, 오클랜드 — 에서는 공공장소에서 흡연을 하다가 적발된 사례가 매우 적었다는 점을 발견했다. 버클리에서는 보건국 직원이 위반 딱지도 발급할 필요가 없을 정도로 위반 사례가 거의 없었다. 리치먼드의 식당가에서 법률 준수는 거의 100퍼센트에 가까웠고, 사무실에서의 법 준수율은 75~85퍼센트를 상회했다. 법 준수의 수준은 오클랜드에서도 매우 높았는데, "거의 모든 단골손님이 흡연자인 아시아계 공동체의 몇몇 식당"만이 예외였다.[5] 높은 수준의 법 준수는 또한 사무실, 고등학교, 그리고 패스트푸드점에서도 발견되었다. 매사추세츠 주에 있는 케임브리지와 위니펙, 마니토바와 같은 도시들이 포함된 다른 연구들 역시 공공장소에서 흡연을 금지하는 것이 거의 전적으로 개인들 스스로의 강제에 의해 이루어졌다는 점을 발견했다.

이런 증거는 법을 공표하는 것이 애쉬의 실험에서 공모자들이 피실험자에게 만장일치로 자신들의 견해를 표명했을 때와 동일한 효과를 낼 수 있다는 점을 보여 준다. 법이 공공장소에서의 흡연을 금지할 경우, 그런 공표는 공공장소에서 흡연하는 것이 잘못된 행위라는 정보를 전달한다. 또한 그 법은 대부분의 사람들이 공공장소에서의 흡연을 잘못된 행위라고 믿는다는 것을 제시한다는 점에서 중요하다. 그리고 만약 대부분의 사람들이 공공장소에서의 흡연을 잘못된 행위라고 생각한다면, 흡연자들은 공공장소에서 흡연을 삼갈 것으로 보이는데, 그 이유는 그들이 흡연으로 말미암아 트집 잡히거나 비난받는 것을 원치 않기 때문이다.

법을 강제하지 않더라도 사람들이 그 법을 준수하는 주된 이유는 사적인 강제의 가능성 때문이다. 만약 법 위반이 매우 가시적이고, 일반인들의 분노를 초래할 위험이 있다면, 사람들은 불가피하게 법을 준수할 수밖에 없다. "음주 운전, 마약 복용, 탈세 등과 같은 위반과는 달리, 공공장소에서 흡연을 금지하는 규정을 위반하는 것은 곳곳에 있는 자기주장이 강하고 사적으로 그 규정을 강제할 동기가 아주 강한 사람들 — 담배 연기를 싫어하는 비흡연자들 — 에게 상대적으로 가시적이다."[6] 몇몇 경우에, 그 법은 심지어 어떤 제재가 없더라도, 상당한 정도의 권위를 지니고 있었던 밀그램 실험에서의 실험가와 동일한 위치에 있다고 할 수 있다. 실험가의 권위가 전문적 지식에서 나오는 것이라면, 법이 가진 권위 역시 마찬가지다.

기본적으로 법은 사회적 **규범**을 관리하는 것이라 할 수 있다. 그런 법들은 큰 비용을 들이지 않고도 사회규범을 관리할 수 있다. 성희롱이나 흡연 문제에서, 법은 대중들로부터 광범위한 동의를 이끌어 낸 것으로 보인다. 나아가 그 문제의 범위를 크게 확장한 것으로도 보인다. 여기서 요점은 법이 공중public의 규범이나 가치관에 비해 앞서 있었지만, 그렇다고 너무 앞서 나가 있지는 않았다는 점이

법적 표현은 대체로 위법 여부가 매우 가시적인 경우에 가장 효과적이다. 가시성이 중요한 이유는 대부분의 사람은 자신의 위법행위가 가시화되어서 다른 사람들의 분노를 사는 것을 원치 않기 때문이다.

다. 만약 법이 공중에 비해 앞서 있지 않다면, 어떤 것도 확대되지 않았을 것이고, 결국 법은 아무런 영향도 미치지 못할 것이다. 그러나 거꾸로 법이 공중에 비해 너무 앞서 있다면, 적극적인 제재 없이는 효력을 발휘할 수 없을 것이다. 게다가 공중에 비해 너무 앞서 나아간 법은 바로 그 이유 때문에 적극적으로 강제되지 않는 경향이 있다. 예컨대 검찰과 배심원들은 공중이 처벌에 동의하지 않을 경우에는 사람들을 처벌하지 않으려는 경향이 있다.[7] 법은 당대의 사람들이 갖고 있는 가치관보다는 앞서 있지만, 너무 많이 앞서 있지 않을 때 가장 효과적이다.

이제까지 나는 법을 위반할 수 있는 사람의 관점에서 나타날 수 있는 상황을 강조해 왔다. 그러나 법은 스스로 그것을 지키는 사람에게도 역시 영향을 미친다. 흡연을 금지하는 법이 없다면, 공공장소에서의 흡연에 반대하는 사람들은 담배 연기가 그들을 짜증나게 할지라도 적극적으로 불평을 털어놓지는 않을 것이다. 공공장소에서 흡연을 금지하는 법은 흡연을 반대하는 사람들이 옳고 그들의 믿음이 그 사회에서 일반적으로 공유되고 있다는 점을 제시함으로써 그들을 격려하는 것으로 보인다. 법이 자신들 편이라면, 공공장소에서의 흡연에 대해 지적하는 사람들이 자신들의 선호를 흡연자들에게 성가시게 강요하는 오지랖 넓은 참견꾼으로 비치지 않을 것이다. 만약 법의 뒷받침을 받는다면, 과속이나 음주 운전, 공공장소에서의 흡연에 대해 불만을 가진 사람들은 자신의 불평이 좀 더 정당한 것이라고 생각하게 될 것이다.

물론 이것이 전부는 아니다. 법은 법이라는 바로 그 이유 때문에 사람들 사이에서 높은 도덕적 권위를 가진다. 법이 가진 도덕적 권위는 사람들 사이에서 널리 공유되고는 있지만 법으로는 제정되지 않은 견해들보다 더 많은 권위를 누린다. 만약 이것이 사실이라면, 법의 권위는 애쉬의 실험에서 공모자들이 가지고 있던 권위보다 더 많은 권위를 가질 것이고, 아마도 밀그램의 실험에서 실험가가 가졌던 권위보다 더 큰 권위를 가질 것이다. 그러나 법이 가진 도덕적 권위는 내가 강조해 왔던 사회적 영향과의 연관성 속에서 이해하지 않는 한, 충분히 이해할 수 없다.

이는 다음과 같은 점을 시사한다. 즉 법이 가진 표현적 기능의 효과는 시민들이 해야 할 것과 하지 말아야 할 것에 관해 법이 적절한 정보를 전달한다고 사람들이 생각하느냐 그렇지 않으냐에 달려 있다는 것이다. 이런 조건들은 민주주의 체제에서 가장 잘 충족되는 경향이 있으며, 독재 체제에서 가장 충족되지 않는 경향이 있다. 따라서 민주주의 국가에서는 강제가 아닌 동조에 의존할 수 있다. 민주주의 체제에서, 사람들은 대체로 법에는 동료 시민들의 판단이 담겨 있다는 점을 알고 있다. 만약 그 체제가 진정으로 민주적이라면, 사람들은 법이 독단적인 엘리트들이 자의적으로 부과하는 것이 아님을 알고 있다. 그러나 독재자가 포고령을 선포할 때, 사람들은 대체로 그것이 독재자의 의지만을 대표한다고 생각한다. 독재자가 현명하다고 인정받지 못한다면 그가 선포한 명령은 시민들에게 행동 규범으로 작동하지 못할 것이다. 따라서 독재자는 민주적인 지도자들보다 더 많은 총과 몽둥이, 스파이와 경찰을 필요로 한다. 시민들은 좀처럼 독재자가 선포한 법을 지키려 하지 않을 것이다. 독재자의 명령은 좀처럼 실행되지 않을 것이다. 명령을 실행하기 위해서는 공포정치가 필요하다. 나아가 만약 사람들이 자신들이 공정하다고 인식하는 법에 동조하는 경향이 있다면, 독재자들은 또 다른 문제에 봉착한다. 독재 체제에서 사는 사람들은 법이 그들을 공정하게 대우하고 있다고 믿지 않을 것이며, 따라서 법에 대한 불복종이 만연할 것이기 때문이다.

이런 상황에서 독재자는 어떻게 할까? 만약 독재자가 자의적이고 무자비한 처벌을 통해 사람들을 공포에 떨게 할 수 있다면, 법에 대한 준수는 증가할 것이다. 만약 독재자가 사적인 법 집행인과 밀고자들을 만들어 낼 수 있다면 동조의 가능성은 더욱 증대할 것이다. 이 점에서 우리는 히틀러, 스탈린, 후세인, 그리고 역사에 등장하는 대부분의 독재자들이 법을 집행하는 데 있어서 왜 일반 시민들을 활용할 필요가 있었는지를 이해할 수 있다. 독재 체제에서 법은 사람들이 실제로 생각하는 바를 알려 주지 못하기 때문에, 법은 오직 사람들이 서로를 감시하고 당국에 고발할 것이라는 공포 속에서만 집행될 수 있었다.

그러나 민주정과 독재정을 너무 엄격하게 구분해서는 안 된다. 심지어 민주정에서조차도 몇몇 법은 누군가가 일방적으로 부과한 것으로 비치기도 하고, 시민이라면 무엇을 해야만 하는지 혹은 다른 사람들은 어떻게 생각하는지에 대한 척도로 기능할 수 있을 만한 충분한 권위를 가지고 있지 않은 것처럼 보일 수도 있다. 이 점은 좀 더 중요한 질문을 제기한다.

## 왜 그리고 언제

사회적 규범을 관리하는 일이 강력한 제재 없이도 이뤄질 때는 언제일까? 규범 관리는 언제 실패하는 것일까? 법을 지킬 것인지 말 것인지를 고민하는 합리적 시민의 입장에서 출발해 보자. 분석을 위해 그 시민이 특정 사례들에서 법에 복종할 의무를 도덕적으로 느끼지 않는다고 가정해 보자. 법은 과속, 절도, 공공장소에서의 흡연, 상해, 조세 포탈, 사유지에서의 정치적 시위, 헤로인의 사용 등을 금지할 수 있다. 그 시민은 아마도 다음의 사항들을 고려할 것이다.

- 제재의 가능성
- 제재 시 처벌의 정도
- 위반이 평판에 미치는 비용(법률 위반으로 말미암아 다른 사람들이 자신을 싫어하거나 배척한다면 사람들은 법을 위반하지 않을 것이다).
- 위반이 평판에 미치는 이익(사람들은 만약 법을 위반해서 다른 사람들의 존경을 얻게 된다면, 그렇게 할 것이다).
- 법 준수에 따르는 신체적 이익(아마도 담배를 끊는 것은 건강에 이로울 것이다).
- 법 준수에 따르는 신체적 비용(아마도 담배를 피우면 즐거울 것이지만, 담배를 끊으면 불편할 것이다).

만약 정부가 이런 변수 가운데 어떤 것을 변경할 수 있다면, 좀 더 많은 사람들이 법을 준수하도록 할 수 있을 것이다. 이 글의 목적상, 특히 세 번째와 네 번째 사항이 중요하다. 왜냐하면 이런 요소들은 [공적인 법 집행이 아닌 다양한 개인, 시민들에 의한_옮긴이] 사적인 제재의 범위와 그 속성을 이해할 수 있는 핵심 변수이기 때문이다. 애쉬의 실험에서 사람들의 답을 익명으로 처리했을 경우, 그리고 사람들이 정답을 말하면 금전적 보상을 주었을 경우, 동조와 실수의 정도가 많이 줄어들었다는 점을 상기해 보자. 이런 발견은 사회적 맥락에서 보았을 때 그렇게 크지 않은 변화라 하더라도 동조의 압력을 줄일 수 있다는 점을 보여 준다.

나는 공공장소에서 담배를 피우는 것은 가시성이 높고 따라서 사적인 제재가 쉽게 일어날 수 있다는 점을 강조해 왔다.[8] 반대로 조세 위반이나 성희롱은 잘 드러나지 않는 경향이 있다. 이런 이유 때문에, 탈세나 성희롱을 저지르는 사람들은 공개적으로 망신을 당할 위험에 대해 그리 심각하게 염려할 필요가 없다. 이런 비가시성은 법 위반이 광범위하게 일어날 가능성을 증가시킨다. 동시에 만약 불복종에 대한 동료들이나 주변 시민들의 사적인 지지가 있다면 법의 표현적 기능은 심지어 유명무실해질 수도 있다. 사람들은 처벌의 가능성이 있고, 심지어 그 가능성이 클 것 같더라도 "일탈적 하위문화●"가 그들을 지지하고 그들의 위반에 대해 보상한다면, 사회규범이나 법을 위반할 것이다.[9] 조직 폭력배, 마리화나 상용자, 일부다처제주의자, 그리고 심지어 테러리스트를 생각해 보자. 이런

---

● 하위문화 | 어떤 사회의 전체적인 문화 또는 주요한 문화에 대비되는 개념으로, 어떤 사회에서 일반적으로 볼 수 있는 행동 양식과 가치관을 전체로서의 문화라고 할 때, 그 전체적 문화의 내부에 존재하면서 어떤 점에서는 독자적 특질을 나타내는 부분적 문화를 말한다.

사례들에서, 위반자들은 밀그램의 실험에서 동료의 지지를 받았던 실험 대상자들의 상황과 대체로 비슷하다. 적어도 그들이 법을 위반하는 이유가 어떤 원칙이나 자기 이익과 같은 강력한 근거에 토대를 두고 있다면 특히 그러하다. 만약 사람들이 법을 상식에 어긋나는 것으로 치부한다면, 위반에 대한 사적인 지지는 애쉬의 실험에서 이성의 목소리와 동일한 역할을 할 수 있다.

모든 이질적인 사회에는 다양한 하위문화가 있는데, 몇몇 하위문화 안에서는 법을 위반함으로써 존경을 받거나 심지어는 법을 위반한 사람의 위상이 높아지는 경우도 있다. 만약 사람들이 법을 위반한 후나 처벌받은 후에 따돌림을 당할 것이라고 생각한다면, 그들은 법을 위반한 후나 처벌받은 후라도 이전과 동일하게 대우를 받거나 심지어는 보상을 받을 것이라고 예측하는 사람들보다는 법을 적게 위반할 것이다.[10] 이질적인 사회는 또한 법에 동조하는 사람들을 조롱하고, 배척하며, 심지어는 그들에게 폭력을 가하는 하위문화를 가지고 있다. 마약 복용과 조직 폭력은 때때로 법 위반에 대한 동료들의 기대와 보상 때문에 발생한다. 간헐적으로만 집행되는 법은 그런 공동체에서는 별 의미가 없을 터인데, 그 이유는 법 위반에 대한 주변 동료들의 사적인 제재가 결여되어 있고, 법에 대한 동조에 반하는 사회적 압력이 강하게 작용하기 때문이다. 상당수의 테러리스트는 동조주의자들이다. 그들이 법을 위반하는 이유는 법이 표현적 힘을 가지고 있지 않고 동료들이 법의 위반을 강하게 강요하기 때문이다.

이 점에 비추어 보면, 많은 사람들이 왜 장애인 주차 지역에 차를 주차하지 않거나, 공공장소에서 흡연을 하지 않는지를 설명할 수 있으며, 반대로 성희롱이나 탈세가 광범위하게 이뤄지는지를 쉽게 이해할 수 있다. 그리고 시민 불복종 — 양심의 이유로 법을 위반하는 것 — 현상에 대해서도 좀 더 쉽게 이해할 수 있다. 시민 불복종에 관여하는 사람들이 비판적 대중에 영향을 미칠 때, 법은 무엇을 해야 하는가에 대한 지침으로서, 그리고 (합리적인) 사람들이 무엇을 해야 한다고 생각하는가에 대한 지침으로서의 권위를 상실한다. 법에 복종하지 않는 사람들의 권위가 법의 권위를 압도한다. 마틴 루터 킹이 요구한 시민 불복종을 사람들이 받아들였던 부분적인 이유는 공동체에 속한 사람들이 시민 불복종을 비판하기보다는 오히려 칭송했기 때문이었다.

### 준법의 수준을 높이기

어떻게 정부는 법률 위반이 비가시적이고 광범위하게 퍼져 있는 곤란한 상황에 대처할 것인가? 어떻게 정부는 폭행, 구타, 강간 및 살인뿐만 아니라 조세 포탈과 불법 약물 사용을 금지하는 법을 준수하도록 할 수 있을 것인가? 그런 법 위반에 대해 좀 더 적극적인 제재와 단호한 처벌을 가하는 것이 필수적이며 바람직하다고 답하려는 유혹이 있다. 그 답이 잘못된 것은 아니지만, 법에 의한 강제를 강조하는 것은 장점이 별로 없다. 정치적 동기에서 비롯된 폭력에 강력한 법 집행을 통해 대응하고자 한다면, 이는 오히려 더 많은 폭력을 불러일으킬 수 있다. 국가의 권위에 도전하는 사람들을 국가가 강하게 억누르려 하면 할수록, 그들은 더욱 강하게 법을 위반하려고 할 수 있다. 왜냐하면 그들은 순교자가 될 수 있기 때문이다. 이스라엘이 테러리스트에게 사형을 구형하지 않는 부분적인 이유가 바로 여기에 있다는 점을 상기해 보자. 그러나 이와 동일한 문제가 그다지 심각하지 않은 영역에서도 발생한다. 예들 들어 세금을 낮추기 위해 소득을 줄여 신고하는 사람들 가운데 몇몇, 특히 그들이 속한 소집단 공동체가 그들을 지지한다면, 처벌의 위험 때문에 그런 불법행위를 저지르는 것을 주저하지는 않을 것이다. 조세 포탈자들에 대한 적극적인 처벌은 그 효과가 그다지 크지 않은 반면에, 심지어 조세 포탈을 증대시킬 수 있음을 제시하는 실제 증거들이 있다.[11]

그렇다면 다른 무엇을 할 수 있을까? 내 가설은 다음과 같다. 즉 많은 경우에 법에 대한 준수는 상당수의 사람들이 이미 법을 준수하고 있다는 것을 사람들에게 알려 주는 것만으로도 증가할 수 있다는 것이다.

실험의 증거는 이런 가설을 훌륭하게 뒷받침한다.[12] 그 실험의 주제는 자선 기부와 같이 사회적으로 바람직한 행위에 많은 사람들이 참여하도록 하는 방법에 대한 것이었다. 먼저 사람들에게 다음과 같은 질문을 던졌다. "연중 모금 행사의 일환으로, 심장협회를 위해 자선금을 모금하고 있습니다. 기부를 하시겠습니까?" 그다음으로 사람들에게 다음과 같은 질문을 던졌다. "연중 모금 행사의 일환으로, 심장협회를 위해 자선금을 모금하고 있습니다. 여기 보시면 알겠지만, 다른 주민들도 이미 많은 기부를 했습니다. [여기서 실험가는 사람들에게 기부한 사람들의 명단을 보여 주었다.] 기부를 하시겠습니까?" 두 번째 질문에서, 73퍼센트의 사람들이 기부에 응했던 반면에, 첫 번째 질문에서는 43퍼센트의 사람들만이 기부에 응했다. 기부자의 수와 기부금의 규모가 증가함에 따라 동조는 증가했다. 나는 법에 대한 준수가 심장협회에 기부하라는 요청에 대한 동조와 유사하다고 믿는다. 만약 그렇다면 동조 효과는 법률의 준수를 증대하는 데 사용될 수 있을 것이다.

실제로 납세자들은 대부분의 사람이 세금을 자발적으로 낸다고 믿으면 세법을 좀 더 준수하는 것으로 보인다. 그리고 세금을 내지 않는 사람들이 광범위하게 퍼져 있다고 믿는다면 세금을 내려하지 않을 것이다. 미네소타에서의 실제 실험은 이 점을 증명했다.[13] 사람들이 처벌의 위험에 대해 이야기를 들었을 때, 준법의 수준은 별다른 변화를 보이지 않았다. 그러나 90퍼센트 이상의 시민이 세법을 지킨다는 이야기를 들었을 때, 준법의 수준은 증가했다. 그 법을 위반한 사람들은 자신의 행위가 대다수 동료 시민들의 행위에 비추어 나쁘다는 점을 배우고 부끄러워했다. 이는 "모든 사람이 그렇게 한다"라는 사실이 법이나 도덕을 위반하는 사람에게 영향을 미친다는 점을 보여 주는 것이다. 만약 모든 사람이 그렇게 하지 않는다는 점을 보여 준다면, 사람들은 다른 사람들이 그렇게 한다는 [법을 위반한다는_옮긴이] 이유로 그들의 행위를 정당화할 수 없을 것이고 동조는 증가할 것이다.

유사한 사례를 미국의 대학 교정에서 찾아볼 수 있는데, 여기에는 폭음이라는 심각한 문제가 있었다. 이런 문제를 줄이고자 고안된 대부분의 시도는 실망스럽게도 실패했다. 그러나 하나의 놀랄 만한 사실을 고려해 보자. 폭음을 하는 성향이 있는 학생들은 일반적으로 폭음족의 숫자가 실제보다도 많을 것이라고 생각한다. 그들은 폭음이 예외가 아니라 하나의 규범으로 광범위하게 퍼져 있다고 믿는다. 그러나 폭음하는 학생이 놀랄 만큼 적다는 실제 수치를 알게 되었을 때, 그들이 계속해서 폭음을 하는 경향은 훨씬 덜했다.[14] 실제로 이것은 대학 교정에서 폭음을 줄이는 데 성공했던 유일한 방법이었다.

이런 사실들은 또한 미국 역사에서 가장 성공적인 환경 프로그램 가운데 하나를 설명하는 데 도움이 된다. 1988년에 제정된 '화학물질 배출량 조사 제도'●에 관한 법이 바로 그것이다. 그 법의 본래 취지는 회사 스스로 자신들이 배출하는 독성 물질을 밝히도록 하는 것이었다. 놀랍게도 그 법은 1988년에서 1995년 사이에 독성 물질의 배출을 45퍼센트나 감소시켰다. 왜 이 프로그램은 그와 같은 효과를 낳았을까? 중요한 이유 가운데 하나는 언론이 가장 독성 물질을 많이 배출하는 위반자를 집중 조명함으로써 그들로 하여금 독성 물질 배출을 줄이는 방향으로 나아가도록 했다는 점이다.[15] 기업들로서는 자신이 악명 높은 기업 가운데 하나로 선정되는 걸

●화학물질 배출량 조사 제도(Toxics Release Inventory, TRI) | 화학물질의 제조 또는 사용 과정에서 환경(대기·수계·토양)으로 배출되거나 폐수와 폐기물에 섞여 나가는 화학물질의 양을 사업자 스스로 파악하도록 함으로써, 사업자로 하여금 원료 물질의 손실을 줄이고 환경오염을 최소화하려는 자발적인 노력을 유도하는 제도. OECD의 PRTR(Pollutant Release and Transfer Registers) 규정에 따라 현재 미국, 영국, 프랑스, 한국 등이 이 제도를 시행하고 있다.

매우 두려워했다.

　이런 사례들은 많은 가능성을 보여 준다. 이런 사례들은 동조가 어떻게 일어나는지를 이해하는 데 도움이 되며, 다른 사람들의 행동에 대한 정보가 알려진다면 위법적이거나 위험한 행위를 줄일 수 있다는 점을 시사한다. 또한 여기에는 다른 목소리를 내는 사람들이 어떻게 지배적인 규범이나 심지어는 법에 불복종할 수 있는가에 관한 실마리가 있다. 만약 법이 광범위하게 준수되지 않는다고 사람들이 생각한다면, 그들은 법을 준수하지 않을 것이다. 사람들이 법이 불공정하다고 생각하는 곳에서는 극단적인 경우에 한 명의 다른 목소리를 내는 사람이, 법을 지키기보다는 양심에 따르도록 사람들을 이끌 수 있다.

## 사문화

오래되고 시대에 맞지 않는 법의 경우는 어떤가? 현재의 사회적 가치들에 어울리지 않는 법의 경우는 어떤가? 이는 영미법에서 이따금 등장하는 하나의 유용한 원리와 관련되어 있다. 그 원리가 바로 사문화死文化다. 즉 그것은 현재 지지를 받지 못하고 있거나 이따금 차별적으로 적용되는 오래된 법의 효력을 소멸시키는 것이다. 결혼한 사람들이 피임약을 사용하는 것을 금지한 코네티컷 주의 법은 많은 사람에게 프라이버시 침해로서 간주되었음에도 계속해서 존재했다. 그 법은 수십 년 전에 제정된 법률로서, 현재의 코네티컷 주 유권자의 관점을 더는 대표하지 않았다.[16] 더 나아가 이 법은 미국민들이 가진 견해에도 뒤떨어져 있었다. 법이 지나칠 정도로 시대에 뒤떨어져 있을 때 ― 사람들이 갖고 있는 가치관에 비해 ― 그 법이 적용되는 사례가 드물고 임의적이라는 사실에 비추어 본다면 코네티컷 주 정부가 그런 법을 행사할 권한을 계속해서 가져야만 하는가에 대해 질문하는 것은 의미 있는 일이다.[17] 사문화라는 개념은 극단적인 상황에서 그런 법이 더는 사적 행위를 통제할 수 없다는 점을 보여 준다.

그렇다면 법원에 이런 권위를 부여해야 할까? 답은 분명치 않다. 판사들은 법이 실제로 시대에 맞지 않는가를 결정할 수단들을 지니고 있지 않다. 그러나 판사들은 때때로 법이 더는 공적 신념에 부합하지 않는다는 점을 이해하고 있으며, 이런 이해는 그들이 판결을 내리는 데 일정한 역할을 한다. 결혼한 상태에서 피임약의 사용을 금지하는 법이 프라이버시를 침해한다고 소송을 제기했던 '그리스월드 대 코네티컷 주의 소송'● 건에 대한 연방대법원의 판결을 고려해 보자.[18] 연방대법원의 판결은 코네티컷 주에서 결혼한 사람

---

● 그리스월드(Griswold) 대 코네티컷 주의 소송 | 1961년 가을 코네티컷 주 가족계획협회의 전무로 재직하고 있던 그리스월드는 그해 11월 1일 예일대 의대 교수인 벅스턴(G. Buxton) 박사와 함께 뉴헤이번 가족계획정보센터를 개설해, 기혼 부부를 대상으로 피임 방법에 관한 정보 및 조언을 제공했다. 이에 뉴헤이번 경찰 당국은 그해 11월 10일 코네티컷 주의 피임금지법에 따라 이 센터를 폐쇄하도록 명하는 동시에 이들 두 사람을 기소했다. 이들은 주법원에서 각각 100달러의 벌금형을 선고받은 후 주대법원에서 유죄판결이 확정되자, 코네티컷 주의 피임금지법은 수정헌법 제14조에 위배된다는 이유로 연방대법원에 상고했다. 4년 뒤인 1965년 연방대법원은 이들의 주장을 받아들여, 피임을 '부부의 프라이버시'로 인정했다.

들이 피임약을 상당한 정도로 사용하고 있다는 사실을 바탕으로 결정되었다. 연방대법원은 그 법이 국민들의 신념 및 행위에 걸맞지 않는, 학대와 차별을 위한 주요한 도구였다는 점을 알고 있었다.

법이 시민들의 가치를 더는 반영하지 않는다면, 사람들은 법적 강제 없이는 복종하지 않을 것이다. 그리고 법이 사람들의 가치와 너무 차이가 나서 민주주의에서 더는 강제될 수 없을 때, 그것은 정당성legitimacy을 상실한다. 이 경우 그런 행위를 규제할 방법은 전혀 없게 된다.

# 3장

## 무리지어
## 다니기

**사람은 물론 양이 아니다.** 하지만 양처럼 무리를 짓는 경향이 있다. 이제 나는 사회적 영향력이 어떻게 사회적 쏠림 현상을 낳는지를 살펴볼 텐데, 이 쏠림 현상은 대규모의 사회적 움직임을 의미한다. 그 속에서 많은 사람이 결과적으로 무엇인가를 생각하게 되거나 무엇인가를 하게 되는데, 그 이유는 몇몇 '초기 주동자들'의 신념이나 행위가 다른 사람들에게 엄청난 영향을 끼치기 때문이다.[1]

쏠림 현상은 사실이나 가치에 대한 판단과 관련될 수 있다. 그런 현상은 시민 단체에서뿐만 아니라 의회, 정당, 종교 집단, 그리고 법정에서도 일어난다. 게다가 사람들이 정서적 유대에 기초해 똘똘 뭉쳐 있을 때, 쏠림 현상이 일어날 가능성은 커진다. 때때로 도덕적 판단 역시 쏠림 현상에 따라 내려지는 경우도 있다. 정치가나 유명 인사가 갑작스럽게 비난과 조롱의 대상이 될 때, 이는 주로 쏠림 현상과 관련되어 있다. 흔히 사회적 위험과 관련된 영역에서 쏠림 현상이 나타나는데, 사람들은 실제 지식 때문이 아니라 다른 사람들이 가지고 있는 공포 때문에 특정한 대상을 두려워하게 된다.

첫 판결이 그다음 재판에서 특정한 결과를 이끌어 내고 궁극적으로는 모든 법원이 독자적인 판결을 내리기보다는 다른 법원이 내린 판결에 따라 획일적으로 판결을 내린다면, 판례의 체계 역시 쏠림 현상을 낳을 수 있다.[2] 사법부의 일치된 판결은 어떤 사안에 대해 사법부가 일치된 판단을 하고 있음을 시사할 수도 있지만, 이는 오해일 수도 있다. 특히 만약 대부분의 법원이 다른 법원에서 내린 선행 판결에 영향을, 그것도 매우 결정적인 영향을 받았다면 그러하다. 판사가 나그네쥐●는 아니지만, 판사들은 서로 따라 하는 경향이 있는 것으로 보인다.

쏠림 현상은 그 자체로 좋거나 나쁜 것이 아니다. 때때로 사람들은 그런 현상 때문에 위험이나 도덕 혹은 법에 대해 적절한 판단을 내린다. 남아프리카공화국에서의 인종차별 정책은 부분적으로는 쏠림 현상 때문에 철폐되었다. 공산주의의 몰락은 이와 유사한 역동성을 보여 주었고 미국에서의 시민권 운동 역시 마찬가지였다. 문제는 바로 그런 과정을 통해 사람들이 잘못을 저지르거나 잘못된 일을 하게 될 수도 있다는 점이다. 그러나 이렇게 말하는 것은 너무 앞서 나가는 것일 수도 있다. 먼저 이런 현상이 나타나는 기본적인 원리부터 살펴보도록 하자.

### 정보 쏠림 현상

정보의 쏠림 현상이 발생하는 경우, 사람들은 자신이 가진 정보나 판단을 따르지 않는다. 대신에 다른 사람들이 전달하는 신호를 토대로 결정한다. 이런 상황이 발생하면, 수많은 사람이 만들어 내는 행위는 사회에 어떤 새로운 정보를 제공하지 않는다. 이론적으로 보면, 수많은 사람의 행위는 단지 최초의 몇몇 사람들의 행위를 따

---

●나그네쥐(Lemming) | 몇 년마다 크게 증식해 이동하므로 나그네쥐라고도 한다. 집단을 이루고 직선적으로 이동해 호수나 바다에 집단으로 빠져 죽는 일도 있다. 흔히 군중심리에 따라 움직이는 사람을 의미하기도 한다.

르고 있을 뿐이라고 할 수도 있다.

문제는 수많은 사람이 자신의 독자적인 지식과 판단에 따라 무엇인가에 대해 말하거나 어떤 특정한 행동을 한다고 착각할 때 발생한다. 수많은 법학 교수들이 미국 대통령의 행위가 헌법을 위반했다고 주장할 수 있다. 그러나 아마도 그들 대부분은 헌법 전문가가 아니며 거의 모든 교수가 소수의 다른 교수들을 따르고 있을 것이다. 일군의 노벨상 수상자들이 정부에 무엇을 하라거나 그만두라고 요구할 수 있다. 그러나 그 문제에 대한 전문가는 그들 가운데서도 소수일 것이다. 만약 수많은 사람이 스스로 독자적인 판단에 따라 행동하고 있음에도 쏠림 현상이 발생한다면, 이런 쏠림 현상은 좀처럼 막기 어려울 것이다. 물론 사람들은 다른 사람들의 행위와 주장을 통해 전달된 정보에 의해서만 영향을 받는 것은 아니다. 사람들은 다른 사람들이 자신에 대해 어떻게 생각하고 평가하는지에 의해서도 영향을 받는다. 이 문제에 대해서는 다음 장에서 살펴볼 것이다. 일단 이 장에서는 정보가 가진 영향력에 집중해 보자.

단순한 사례. 전문가들 사이에서조차, 그리고 실제로 의사들 사이에서도 쏠림 현상은 흔하게 발생한다. "대부분의 의사들이 최신 의료 지식을 아는 것은 아니다. 따라서 그들은 과거나 현재의 관행에 의존할 수밖에 없는데, 이런 의존 때문에 잘못된 수술과 처방이 있을 수 있다."[3] 저명한 의학 잡지인 『뉴잉글랜드 의학 저널』*New England Journal of Medicine*에 실린 한 논문은 "밴드웨건 병"●에 대해 연구했는데, 그 병에 걸리면 의사들은 마치 "나그네쥐"처럼 행동한다. "간헐적으로 찾아오는 이해하기 어려운 전염성 강한 열정이 특정한 병명과 처방을 강요하는데, 그 주된 이유는 모든 사람들이 동일한 짓을 하고 있기 때문이다."[4]

편도선 절제와 같은 수술이 과학적 근거가 별로 없음에도 광범위하게 시술되고 있다는 사실은 쏠림 현상이 실제로 나타나고 있다는 것을 보여 주는 좋은 증거일 것이다.[5] 법은 여기서도 이런 쏠림 현상이 나타나는 데에 중요한 역할을 한다. 소송에 대한 공포는 방어적 진료를 낳는다. 방어적 — 그리고 값비싼 — 진료는 대체로 환자에게 거의 소용이 없거나 도움이 되지 않지만, 의료 과실에 대한 소송을 막는 데 필수적이라는 인식 때문에 시행된다. 의사들은 의술에 대해 많은 것을 알고 있지만, 법에 대해서는 거의 아는 바가 없다. 쏠림 현상과 같은 과정은 종종 법적 문제를 일으키지 않으려면 어떻게 해야만 하는가에 관한 잘못된 정보를 퍼뜨린다. 그리고 몇몇 의사들이 그런 쏠림 현상에 가담하면서 쉽게 확산된다. 이 점은 셰리프의 실험과 관련이 있다. 셰리프의 실험은 권위 있는 정보가 부족한 상태에서 개인들이 집단적인 과정을 통해 특이하지만 확고한 규범을 발전시킬 수 있다는 점을 보여 주었다. 나는 의사들이 자신의 평판에 신경을 쓴다는 사실을 언급하지 않았다. 우리가 나중에 살펴보게 될 것처럼, 평판은 쏠림 현상을 가져올 수 있고, 어

---

● 밴드웨건 효과(band-wagon effect) | 서부 개척 시대 역마차가 와서 북을 두드리면 사람들이 많이 몰려들고 특정한 물건을 다수가 사게 되면 단지 구경 나왔던 사람도 덩달아 그 물건을 구매하게 되는 효과를 말한다. 이른바 '친구 따라 강남 가기'를 말한다.

떤 경우에는 내가 지금 묘사하고 있는 영향력을 강화시킬 수 있다.

의사에게 해당하는 것은 법률가, 기술자, 국회의원, 관료, 판사, 투자자, 그리고 학자들에게도 해당한다.[6] 특히 규모가 작고, 외부와의 접촉이 드물며, 정서와 우정이라는 끈에 얽매여 있는 모임에서 쏠림 현상이 어떻게 진행되는지는 쉽게 예측할 수 있다. 한 가지 사례를 검토해 보자. 앨버타는 지구온난화가 심각한 문제라고 주장한다. 배리는 확실하지는 않지만, 앨버타의 신념에 영향을 받아 결국 그녀의 판단에 동의한다. 앨버타, 배리와 이야기한 후 찰스는 그들과 같은 의견을 갖게 되는데, 이것은 다니엘로 하여금 그들이 공유하는 판단을 거부하지 못하게 한다. 생각이 비슷한 사람들로 구성된 작은 집단이 특정한 위험에 초점을 맞추거나 다른 집단을 두려워하고 증오한다면, 이는 대체로 쏠림 현상 때문이다.

앞선 판례로 인한 쏠림 현상. 가설적인 유비를 통해 살펴보자. '테러와의 전쟁을 위해 정부에 포괄적인 권한을 부여하는 새로운 법 아래에서의 시민적 자유'라는 어려운 문제를 둘러싸고 법률가와 시민들이 서로 다른 입장으로 갈라서 있다. 그 문제를 판결하고자 열린 1심 재판은 그 문제가 매우 까다로운 문제임을 발견했지만 어쨌든 정부에 유리하게 판결했다. 2심 재판의 판사들은 대체로 정부가 잘못되었다고 믿었지만, 앞선 1심 재판의 판결에 영향을 받아 정부에 우호적인 방향으로 의견이 기울게 되었다. 결국 항소심에서는 1심의 판결을 따랐다. 3심 재판부는 정부에 반하는 판결을 내리고 싶은 경향이 있지만, 앞선 두 번의 판결이 가진 무게감으로 이를 거부할 확신이 부족했다. 그 결과 궁극적으로 모든 판결은 일치하게 된다. 더 나아가 모든 법정이 일치된 판단을 내렸기 때문에 연방대법원은 그 문제에 관해 재심을 하는 것이 불필요하다고 생각하게 된다.

나는 이런 일련의 상황들이 비일비재하다고 믿는다. 특히 전문적인 분야에서 법정은 서로의 판결을 따르는 경향이 있는데, 때로는 이것이 잘못을 야기한다. 그 이유는 한 법정이 다른 법정의 판결에 동의하지 않는 것에 불편함을 느끼기 때문이 아니라, 이전 법정의 판결이 옳았을 수도 있고, 그것에 동의하는 것이 동료들로부터의 반발을 최소화하는 것이기 때문이다. 물론 앞선 판례가 항상 쏠림 현상을 발생시키는 것은 아니며, 항소 법정 간의 갈등은 미국의 법체계 내에서도 발생한다.[7] 그 이유 가운데 하나는 하급 법원이 잘못을 저질렀다는 확신을 상급 법원이 가지고 있기 때문이다. 그러나 몇몇 쏠림 현상은 피할 수 없다. 더 나쁜 점은, 쏠림 현상이 발생한 연후에는 이와 같은 쏠림 현상이 왜 발생했는지를 파악하는 것이 어려울 수 있다는 점이다.

그렇다면 무엇을 해야만 하는가? 한 가지 분명한 점은 판사들이 앞선 판결에 주의를 기울여야 한다는 것이다. 만약 당신이 아프고 재진을 받으려 한다면, 그리고 당신이 이전과는 다른 처방을 진정으로 원한다면, 당신은 초진의 결과를 새로운 의사에게 밝혀서는 안 된다. 항소 법정 역시 마찬가지로 이전 법정의 판결이 그 법정의 독자적인 판단에 근거하고 있지 않을 가능성에 대해 면밀히 살펴보아야 한다. 여기서 다수의 항소 법정들이 만장일치로 판결한 결정을 연방대법원이 거부하는 경우가 있다는 점을 고려해 보자. 어떻게 그처럼 많은 하급 법원들이 잘못된 판결을 내릴 수 있었을까? 하나의 가능성은 그들이 독자적으로 판결을 내리지 않았다는 점이다. 앞선 판례로 말미암아 나타나는 쏠림 현상은 만장일치에 그 책임이 있을 수도 있다.

법률 체계의 경우, 하급 법원들 사이에서 의견의 일치를 낳는 쏠림 현상은 자기-강화적일 뿐만 아니라 자기-폐쇄적이라는 점에서 위험하다. 물론 자기-강화적이고 자기-폐쇄적인 쏠림 현상은 비단 사법부만의 고유한 문제가 아니다. 많은 (공적·사적) 집단과 조직들이 동일한 위험에 직면해 있다.

합리성과 오류. 이제까지 논의한 것처럼, 정보의 쏠림 현상에서 각 참여자는 전적으로 합리적이다. 사람들은 제한된 정보만을 가졌을 경우 행동해야 하는 바대로 행동한다. 그러나 내가 시사했듯이, 쏠림 현상의 참여자들은 장님이 장님을 인도하고 있다는 점을, 즉 앞선 결정조차도 다른 사람들의 결정을 따른 것이었을 뿐 독자적인 정보를 제공하지 않는다는 점을 이해하지 못할 수 있다. 소수의 사람들이 내린 독자적인 판단에 수많은 사람이 쏠림 현상으로 인해 동참할 수도 있다. 쏠림 현상을 바라보는 관찰자들도 과도한 판단을 내릴 수 있다. 즉 각 개인이 독자적으로 판단했다는 잘못된 결론을 내릴 수 있다.

하나의 논쟁적인 질문을 검토해 보자. 만약 과학자 대부분이 지구온난화를 심각한 문제로 생각한다고 가정해 보자. 그들의 생각이 틀릴 수도 있을까? 답은 그들이 틀릴 수도 있다는 것이다. 특히 그

누군가 거리 한복판에서 허공을 바라보았다. 주변 사람들은 아무런 관심도 기울이지 않았다. 그러나 세 명이 모여 허공을 바라보자, 주변 사람들이 하나둘 모이기 시작했다. 그리고 모두 함께 허공을 바라보았다.

들이 스스로 알고 있는 정보에 의존하지 않고 다른 사람들이 전달한 신호를 따른다면 말이다. 그리고 종종 사람들은 쏠림 현상을 일련의 분리되고 독립적인 판단들과 혼동하는 경향이 있다. 예를 들어 2001년에 수백 명의 법학 교수들은 헌법에 근거해 테러리스트로 의심받는 사람들을 군사 재판에 회부하도록 한 부시 대통령의 결정을 비판하는 성명서에 서명했다. 서명자의 수는 매우 인상적이었다. 그러나 만약 우리가 성명서에 서명한 사람들이 대부분 문제가 되었던 난해한 법적 쟁점에 대해 아주 적은 지식마저도 가지고 있지 않다는 사실을 고려하면 확실히 그렇게 인상적인 것은 아니다. 그들은 단지 피상적으로는 믿을 만하지만 실제로는 별다른 정보가 없는 다른 사람들의 판단을 따르고 있었던 것이다.

이 사례는 정보의 쏠림 현상이 심각한 위험을 가져올 수 있다는 점을 제시한다. 사람들은 잘못되거나 해로운 혹은 위험한 길로 쉽사리 모이는데, 그 이유는 사람들이 자신이 갖고 있는 정보를 밝히고 그것에 기초해 행위하는 데 실패하기 때문이다.[8] 이것은 사람들의 공포가 종종 현실과 괴리되는 이유이기도 하다. 우리 가운데 많은 사람이 위험 폐기물의 유기나 비행기 여행, 혹은 유전자 조작 식품에 대해 두려워한다. 그러나 그 모든 것들이 반드시 그렇게 큰 위험을 야기하는 것은 아니다. 우리 가운데 많은 사람이 실내 공기 오염, 비만, 자외선 노출, 스포츠 유틸리티 차량, 그리고 잘못된 식이 요법과 관련된 위험들에 대해 거의 관심을 기울이지 않는다. 그러나 이 모든 것들은 심각한 위험을 낳을 수 있다. 수많은 미국인이 살충제에 대해서는 걱정하지만, 유기농 식품과 건강 보조 식품에 대해서는 염려하지 않는다. 그러나 유기농 식품은 때때로 벌레, 거름, 곰팡이 포자, 그리고 독소와 같은 오염 물질을 함유하고 있고 건강 보조 식품 가운데 일부는 심각한 부작용을 일으킬 수도 있다. 이런 모든 경우에 쏠림 현상의 효과는 공포에 영향을 미치는데, 그런 쏠림 현상의 효과 속에서 다른 사람들의 신념과 선택은 우리 각자에게 영향을 미친다. 그리고 큰 실수를 낳을 수 있다.

실험 증거. 쏠림 현상은 실험 환경에서 쉽게 조성될 수 있다. 몇몇 실험들은 상세하고 좀 더 전문적이지만, 이런 실험들을 통해 네 가지의 일반적인 교훈을 이끌어 낼 수 있다.

- 사람들은 대체로 자신이 가진 정보를 무시하고 그들의 선임자가 제공한 정보를 따를 것이다.
- 사람들은 선임자들이 특히 적절한 정보를 갖고 있는지에 관해 주의를 기울인다. 선임자보다 좀 더 많은 정보를 가진 사람들은 쏠림 현상을 분쇄할 수 있다.
- 가장 흥미로운 점은 다음과 같다. 즉 개인의 올바른 결정이 아니라 그들이 속한 집단이 내린 올바른 결정 때문에 보상을 받는다면 쏠림 현상은 크게 줄어들 것이다.
- 올바른 결정을 한 사람이 아니라, 다수의 결정을 따른 사람에게 보상이 주어질 경우 쏠림 현상과 그에 따른 실수는 급격히 증가한다. 실제 세계에서 우리는 때때로 올바르기 때문이 아니라 다른 사람들이 한 것을 했기 때문에 보상을 받는다. 그런 보상 체계는 개인과 집단 모두

를 잘못된 방향으로 이끄는 경향이 있다.

살펴보겠지만, 이런 일반적인 교훈들은 정책과 법에 중요한 교훈을 준다. 교훈의 요점은 이견이 중요하다는 것이다. 그런 교훈들은 사람들이 동조를 대가로 보상을 받을 때 잘못이 가장 잘 일어날 수 있다는 점을 보여 준다. 반대로 사람들이 집단과 제도가 올바른 결정을 하도록 도움으로써 보상을 받는다면 그런 잘못이 현저하게 감소할 수 있다는 점을 보여 준다.

리사 앤더슨Lisa Anderson과 찰스 홀트Charles Holt가 행한 단순한 실험에서, 실험 대상자들은 자신들이 꺼낸 공의 색깔을 토대로 그 실험에서 사용되고 있는 항아리가 한 개의 흰색 공과 두 개의 빨간색 공을 포함하고 있는 A 항아리인지, 혹은 두 개의 흰색 공과 한 개의 빨간색 공을 포함하고 있는 B 항아리인지를 판단했다.[9] 올바른 결정을 내린 실험 대상자들은 2달러를 받았다. 각 과정에서 실험 대상자는 항아리에서 한 번에 한 개의 공을 꺼낸다. 그렇게 공을 꺼낸 후에 실험·대상자는 공의 색깔은 무엇이며, 두 항아리 가운데 어디에서 자신이 공을 꺼냈다고 생각하는지를 기록했다. 실험 대상자는 실험 집단에 자신이 어떤 색깔의 공을 꺼냈는가를 알려 주진 않았지만, 어떤 항아리(A인지 B인지)에서 공을 꺼냈다고 생각했는지에 대해서는 알려 주었다. 그 후에 항아리에 공을 다시 넣고 다음 실험 대상자가 동일한 과정을 반복했다. 이 과정은 모든 실험 대상자가 공을 꺼내고, 어떤 항아리인지를 결정하는 전 과정을 마칠 때까지 계속되었다. 모든 참여자가 공을 꺼내고 자신의 결정을 기록한 후에, 실험가는 실제로 어떤 항아리가 실험에 사용되었는지를 알려주었다. 만약 실험 대상자가 오직 자신의 개인적 정보를 토대로 어떤 항아리가 사용되었는가를 선택했다면(즉, 자신이 꺼낸 공의 색깔을 토대로 항아리를 선택했다면), 그가 올바른 선택을 할 확률은 66.7퍼센트가 되었을 것이다. 이 실험의 핵심은 실험 대상자가 그보다 먼저 실험을 했던 사람들이 선택한 것과 자신이 선택한 것이 모순될 때, 어떤 결정을 내리는가를 알아보기 위한 것이었고, 그런 결정이 쏠림 현상과 잘못된 판단으로 귀결될 수 있을 것인가에 관해 조사하는 것이었다.

어떤 일이 벌어졌을까? 쏠림 현상이 종종 발생했고, 이는 잘못된 판단으로 이어졌다. 개인들이 어떻게 판단했는지가 밝혀진 후에, 사람들은 때때로 자신의 선택과는 다르지만 다수의 사람들이 선택한 것과 일치하는 결정을 내렸다.[10] 진행 과정의 77퍼센트 이상에서 쏠림 현상이 발생했고, 개인의 선택 가운데 15퍼센트는 "자신이 알고 있는 신호"[자신이 꺼낸 공의 색깔_옮긴이], 즉 자신이 가진 정보를 드러내지[즉, 그 자신의 판단과 일치하는 결정을 내리지_옮긴이] 못했다. 한 실험자가 꺼낸 공의 색깔(예를 들어 빨간색 공)이 그 이전 사람의 결정(예를 들어 B 항아리)과 모순되는 사례를 검토해 보자. 이 경우, 두 번째로 공을 꺼낸 실험 대상자의 11퍼센트가량 — 다수는 아니지만, 쏠림 현상을 확인하는 데 충분한 — 이 첫 번째 실험 대상자의 결정[어떤 항아리가 사용되었는지에 대한_옮긴이]에 따라 결정했다. 그리고 한 개인이 꺼낸 공의 색깔이 두 명 이상의 앞선 실험 대상자들이 내린 결정과 모순될 때, 그 개인의 결정은 앞선 실험 대상자들의 결정을 따르는 경향이 있었다. 주목할 만한 점은 대부분의 결정이 실험 대상자들이 이용할 수 있는 정보[예컨대 개인이 꺼낸 공의 색깔과 앞선 피실험자의 결정_옮긴이]에 토대를 둔 합리적 결정이었지만, 그럼에도 불구하고 잘못된 쏠림 현상이 발생했다는 사실이다.[11] 부정확한 결과를 산출하는 정보의 쏠림 현상은 도표를 통해 살펴볼 수 있다(사용된 항아리는 두 개의 흰 공과 한 개의 빨간색 공이 들어 있는 B 항아리였다).[12]

| 실험 대상자 | | 1 | 2 | 3 | 4 | 5 | 6 |
|---|---|---|---|---|---|---|---|
| 자신이 꺼낸 공의 색 | | a | a | b | b | b | b |
| 결정 | | A | A | A | A | A | A |

물론 여기서 주목할 점은 개인적인 정보의 총량[자신만의 판단_옮긴이] — 네 개의 흰색 공(b)과 두 개의 빨간색 공(a) — 으로 판단했을 경우 항아리 B가 사용되었다는 판단을 얻을 수 있었을 것이라는 점이다. 그러나 처음 두 번의 결정이 합리적[왜냐하면 처음 두 사람은 빨간색 공을 꺼냈기 때문에, A 항아리가 사용되었다고 판단할 합리적 근거가 있었기 때문_옮긴이]이긴 했지만, 잘못된 판단을 산출하면서 모든 사람들이 동일하게 결정하도록 했다. 앤더슨과 홀트가 설명하는 것처럼, "최초의 부정확한 신호로 말미암아 잘못된 결정이 시작되었는데, 이 잘못된 결정은 이후에 계속된 좀 더 정확한 신호로도 중단되지 않았다."[13] 이런 결과는 특히 제3자에 의한 개입이 없는 고립된 집단에서 실제적·도덕적·법적 이슈들에 대한 결정이 어떻게 이루어질 수 있는가를 직접적으로 보여 준다.

행위, 대화 그리고 결과. 위에서 논의된 실험에는 대화가 포함되지 않았다. 사람들은 신호를 제공하지만, 왜 자신이 그와 같은 신호를 보냈는가를 설명하지 않았다. 이것은 정보의 쏠림 현상에서 나타나는 일반적인 특징이다. 따라 하는 사람들은 설명이나 대화보다는 행위에 반응한다. 그들은 관찰을 통해 다른 사람들로부터 정보를 얻는다. 쏠림 현상이 주식시장에서 일어날 때, 투자자들은 이전 투자자들의 결정을 살펴보지만, 왜 그들이 그런 결정을 했는가는 살피지 않는다. 그리고 의사들은 다른 의사들이 내리는 처방을 관찰할 뿐이지, 왜 그들이 그런 처방을 내렸는지 살피지 않는다. 일견, 이런 사실은 사람들이 이유를 이야기하지 않고 이유를 서로 교환하지 않을 때 쏠림 현상이 일어날 것이라는 점을 제시하는 것으로 보인다. 예를 들어 법학 교수인 에릭 탈리Eric Talley는 판사들 사이에서는 쏠림 현상이 나타나지 않는 경향이 있다고 주장했는데, 그 이유 가운데 하나는 판사들이 문서 형태로 자신의 견해를 제시하고 따라서 그들의 견해는 대체로 명확하게 나타나기 때문이라는 것이다.[14]

사람들이 자신이 내린 판단과 결정의 이유를 제시할 경우 잘못된 쏠림 현상이 덜 나타날 것이라는 점은 맞다. 만약 사람들이 스스로 자신이 왜 그런 판단을 내렸는지를 설명하고 다른 사람들이 그 설명에 질문할 수 있다면, 설명과 대답이 적절하지 않을 경우, 사람들은 그런 설명과 대답을 따르려 하지 않는 경향이 있다. 만약 동료들이 어떤 식당에 가본 적이 있으며, 음식이 언제나 맛있었다고 말한다면, 이야기를 들은 사람이 그 식당에 갈 가능성이 크다. 사람들은 만약 그들의 동료가 "단지 느낌이 좋아서 혹은 회사 이름이 좋아서" 투자 결정을 했다고 말한다면 동료의 투자 결정을 따르지는 않을 것이다. 사법부의 경우, 상급 법원은 하급 법원의 판결 근거를 검토하고 평가할 수 있다. 그리고 그 근거가 확실치 않다면 하급 법원의 판결을 따르지 않을 것이다. 확실한 근거는 잘못된 쏠림 현상이 일어나지 않도록 한다.

그러나 이런 사실이 과장되어서는 안 된다. 어떤 판사들의 견해는 불충분하고 모호할 수 있다. 즉 판결 그 자체 이상의 정보를 제공하지 않을 수도 있다. 결정에 대한 다양한 설명 역시 마찬가지다 (시카고의 한 지역 라디오 쇼는 시청자들에게 방송된 노래를 좋아하는지 싫어하는지 질문했다. 더불어 왜 그 노래를 좋아하는지 혹은 싫어하는지 질문했다. 가장 흔한 설명은 "듣기 좋아서"나 "듣기에 별로여서"였다). 대화가 항상 정보를 제공하는 것도 아니다. 누군가가 왜 어떤 영화나 의사, 혹은 자동차를 선택했는가를 설명하려고 할지라도 그것을 듣는 사람들은 그의 선택이 그들 자신의 선택과 어떻게 관련되어 있는지, 혹은 심지어는 관련이 있어야만 하는지에 관해 판단하지 못할 수도 있다.[15] 그리고 설명이 분명한 경우에도, 사람들은 잘못된 쏠림 현상에 빠져들 수 있다. 그 이유는 다른 사람들의 판단을 부정할 정도로 자신이 많은 정보를 가지고 있다고 확신할 수 없기 때문이다. 한 법원은 다른 법원의 판결을 따를 수 있는데, 그 이유는 단순히 그 이전 법원의 판결과 법적 소견이 그럴듯하기 때문이다.

그러나 사람들이 행위 그 자체뿐만 아니라 행위의 결과까지도 알 수 있다면 잘못된 쏠림 현상을 막을 수 있지 않을까? 가장 좋은 경우는 뒤따르는 사람들이 어떤 행위를 통해 최종적으로 얻을 수 있는 이익에 대해 알 때다. 그들은 투자가 높은 수익을 올렸는지, 치료가 효과적이었는지, 휴가가 즐거웠는지에 대해 알 수 있다. 일견, 사람들이 선택의 결과가 어떤지 알고 있다면 잘못된 쏠림 현상은 급격히 감소할 것이다. 이런 좋은 조건에서 사람들은 결과가 좋은 것을 선택할 것이고 결과가 나쁜 것은 선택하지 않을 것이다. 일반적으로 잘못된 쏠림 현상은 이런 방식으로 줄일 수 있다. 그러나 불행히도 쏠림 현상은 사람들이 결과를 알고 있을 때에도 발생할 수 있다.[16] 이것을 설명하려면 약간의 기술적인 문제를 설명해야 한다. 여기서 세부적인 사항에까지 관심을 기울일 필요는 없다.[17] 요점은 결과를 이해할 수 있다고 해도 잘못된 쏠림 현상이 일어나는 것을 완전히 막지는 못한다는 것이다.


## 쏠림 현상과 이견

잘못된 쏠림 현상의 위험을 줄일 수 있는 방법이 있을까? 정치적 타협이 그런 위험을 감소시키거나 증가시킬 수 있을까? 가장 중요한 점은 견문이 넓은 사람들이 쏠림 현상을 중지시킬 수 있다는 것이다. 올바른 결정을 내린 집단의 성원에게 보상이 주어질 때 쏠림 현상은 덜 일어날 것이다. 그리고 다수의 견해에 동조했을 때 보상이 주어진다면, 쏠림 현상과 실수가 일어날 가능성이 크다.

유행 선도자 대 쏠림 파괴자. 실제 세계에서 모든 사람이 동일한 영향력을 행사하는 것은 아니다. "유행 선도자"는 특별한 중요성을 가지고 있다. 저명한 과학자가 지구온난화를 심각한 문제로 선언할 수 있다. 명망 있는 정치가가 적에 맞서 전쟁을 일으켜야 한다고 주장할 수도 있다. 이 경우 그런 말을 하는 사람들은 특별히 강한 정보 신호, 아마도 쏠림 현상을 시작하거나 멈추는 데 충분한 신호를 보낸다.

이제 그런 신호를 따르는 사람들에 대해 살펴보자. 의료 처방 사례에서는 어떤 의사도 이전의 다른 의사들에 비해 자신이 좀 더 많은 정보를 가지고 있다고 생각하거나 그렇다고 믿지 않았다. 그러나 상당수의 사람들은 자신이 많은 정보를 알고 있다고 생각한다. 만약 사람들이 이런 정보들에 주의를 기울인다면 다른 사람들을 무작정 따르지는 않을 것이다. 원리상 좀 더 많은 정보를 가진 사람들은 새롭고 좀 더 나은 것을 제안함으로써 쏠림 현상을 타파할 수 있어야 한다. 위대한 이견 제시자로 알려진 올리버 웬들 홈스● 판사는 판결문을 통해 바로 그처럼 행동했다. 궁극적으로 다른 판사들은, 특히 언론의 자유와 법적 구속의 분야에서 그의 견해를 받아들였고, 그의 견해는 그의 사후에 법이 되었다.

마크 윌링거Marc Willinger와 앤서니 지젤메이어Anthony Ziegelmeyer는 재치 있는 연구를 통해 좀 더 많은 정보를 가진 사람들이 과연 쏠림

---

● 올리버 웬들 홈스(Oliver Wendell Holmes) | 미국 역사상 가장 영향력 있는 대법관으로, 미국 대법원에서 30년간 대법관직을 지냈다. 정확하고 간결한 판결 견해로 그의 판결은 많은 이들에게 쉽고 설득력 있게 다가갔으며, 오늘날 그의 견해는 판사와 학자들 사이에 가장 많이 인용되고 있기도 하다. 쉔크 대 미합중국(Schenck v. United States) 소송에서 수정헌법 1조에 규정된 시민들의 권리(종교, 표현, 집회 등의 자유)를 법원이 제한하고자 할 때, "분명하고도 현존하는 위험"(a clear and present danger)이라는 기준을 제시한 것으로 유명하다.

현상을 깰 수 있을지 시험했다.[18] 이 연구는 연속해서 두 차례의 동일한 결정(예를 들어 앞선 두 사람이 "항아리 A"를 선택)이 있은 이후에 공을 꺼내는 첫 실험 대상자에게 선택권 — 즉, 이 경우 실험 대상자는 각각 두 번 공을 꺼낼 수 있었다 — 을 부여했다는 점만 제외하면 대체로 앞서 설명한 항아리 실험과 동일했다. 그 실험 대상자가 두 번에 걸쳐 어떤 공을 꺼냈는지는 다른 실험 대상자들 모두에게 알려졌다. 가장 단순한 발견은 이런 "메커니즘"이 실제로 쏠림 현상의 수를 감소시켰다는 점이다. 따라서 결정은 상당히 개선되었다. 그러나 완벽하지는 않았다. 몇몇 경우에서 쏠림 현상이 발견되었기 때문이다. 우려할 만한 결과는 그들이 부정확한 쏠림 현상을 발생시켰다는 점이다. 도표를 살펴보자. 실제로 사용된 항아리는 두 개의 빨간색 공과 한

| 실험 대상자 | 1 | 2 | 3 | 4 | 5 | 6 |
|---|---|---|---|---|---|---|
| 자신이 꺼낸 공의 색 | a | a | b,a | b | b | b |
| 결정 | A | A | A | B | B | B |

개의 흰색 공이 들어 있는 항아리 A였다.

　　이런 우려할 만한 양상은 의심할 바 없이 실제 세계와 유사성을 가지고 있는데, 사람들은 종종 정보가 모호하고 군중을 따르는 것이 이치에 맞더라도 자신이 가진 정보를 지나치게 중시하곤 한다. 물론 그럼에도 중요한 사실은, 좀 더 많은 정보를 가진 사람들이 다른 사람들의 신호에 좀 더 적게 반응하며, 좀 더 많은 영향력을 행사한다는 점이다.

　　더 많은 지식을 가지고 있지 않은 유행 선도자들의 경우는 어떤가? 또는 실제보다도 자신이 더 많은 정보와 지식을 가지고 있다고 생각하는 사람의 경우는 어떤가? 우리는 실제로 쏠림 현상을 일으

키는 자칭 전문가들 ─ 다이어트나 건강식, 혹은 대체 의학이나 경제 동향, 또는 국가 안보에 관한 ─ 을 떠올릴 수 있다. 여기서 위험은 사람들이 전문가로 자처하는 사람들에게 부당한 권위를 부여하게 될 것이라는 점이다. 결과적으로 사람들은 잘못된 행동을 하거나 심지어는 병을 얻고 죽음에 이를 수도 있다. 사회는 어떻게 스스로를 방어할 수 있을까? 가장 간단한 답은 사람들이 시민적 자유, 자유 시장, 그리고 전문가로 일컬어지는 사람들을 회의적으로 바라보는 문화 등을 통해서다. 언론의 자유와 자유 시장 체제에서는 일반적으로 통용되는 잘못된 권위의 정체를 폭로하는 것이 가능하다.

강제적 권위를 지닌 지도자들. 몇몇 지도자들은 좀 더 많은 정보만을 가진 것이 아니다. 그들은 실질적인 권위를 지니고 있다. 때에 따라 그들은 이견을 제시하는 사람들을 처벌할 수 있는 힘을 가지고 있다. 강제력을 가진 지도자들이 쏠림 현상을 일으킨다면, 쏠림 현상은 당연히 좀 더 쉽게 일어날 것이다. 벌거벗은 임금님의 우화는 단순한 쏠림 현상에 관한 이야기가 아니다. 임금님은 어쨌든 임금님이고 진실을 말하는 사람은 임금님의 노여움을 감수해야 했다. 지도자들이 처할 수 있는 가장 큰 위험은 공적·사적 제도들을 통치할 때 이에 필요한 좋은 정보를 얻지 못하는 것이다. 독재자들은 잔혹할 뿐만 아니라 쉽게 잘못을 저지르곤 한다. 그 이유는 그들이 정보를 거의 얻을 수 없기 때문이다. 대통령에서부터 경찰 수뇌부에 이르기까지 강제적인 권위를 가진 사람들은 다양한 시각을 장려하고 그들 스스로가 폭넓은 견해를 접하는 편이 훨씬 낫다.

다수결의 원리: 개인의 올바른 선택보다는 집단의 올바른 선택에 보상하기. 집단이 내린 올바른 결정에 대해 보상을 하는 제도는 쏠림 현상에 어떤 영향을 미칠까? 어떤 한 개인의 복지가 그 자신의 결정이 아니라 집단의 결정에 달린 상황을 생각해 보자. 어떤 일이 일어날까? 이런 상황에서는 실수와 쏠림 현상이 모두 극적으로 감소할 것이다. 그 이유는 집단의 결정을 통해 개인이 복지를 얻는다면, 사람들은 자신이 실제로 알고 있는 것을 자신이 속한 집단에 적극적으로 알릴 가능성이 매우 크기 때문이다.

안젤라 헝Angela Hung과 찰스 프랏Charles Plott은 항아리 실험에 흥미로운 변화를 주었는데, 올바른 집단 결정에 대해 실험 대상자들은 2달러를 받았고 잘못된 집단 결정에 대해서는 실험 대상자들에게 2달러의 벌금이 부과되었다. 그리고 집단 결정은 다수결의 원리에 따라 결정되었다.[19] 개인의 올바른 결정에 대해서는 어떤 보상이나 벌칙도 없었다. 그 결과 실험 과정의 39퍼센트에서만 쏠림 현상이 발생했다. 실험의 92퍼센트에서 사람들의 결정은 자신이 꺼낸 공의 색깔과 일치했다. 사람들은 자신이 알고 있는 정보를 있는 그대로 드러내고, 집단의 결과는 이렇게 드러난 정보를 바탕으로 다수결에 따라 결정되었다. 하나의 예로서, 도표를 검토해 보자. 이 표는 다수결의 원리 실험에서 쏠림 현상이 발생하지 않는 시기를 보여 준다(실제로 사용된 항아리는 A다).[20]

| 실험 대상자 | 1 | 2 | 3 | 4 | 5 | 6 | 7 | 8 | 9 |
|---|---|---|---|---|---|---|---|---|---|
| 자신이 꺼낸 공의 색 | a | a | a | a | b | a | a | a | b |
| 결정 | A | A | A | A | B | A | A | A | B |

다수결의 원리라는 체계에서 쏠림 현상이 눈에 띄게 줄어든 사실을 어떻게 설명할 수 있을까? 그 답은 개인이 자신의 올바른 결정으로부터는 아무것도 얻을 것이 없지만 올바른 집단 결정으로부터는 모든 것을 얻을 수 있다는 점을 알고 있었기 때문이다. 결과적으로 자신이 본 것을 정확하게 말하는 것은 개인의 이익과도 부합하는데, 왜냐하면 각 개인이 자신이 가진 정보를 정확히 드러내는 것이 집단이 올바른 결정을 내리는 데 도움이 되기 때문이다. 한 집단이 많은 수의 구성원을 가지고 있고, 각 구성원이 자신이 알고 있는 사실을 그대로 발표한다고 가정해 보자. 통계상, 이런 상황에서 다수의 입장은 압도적으로 올바른 결정을 낳는 경향이 있다(이 실험에 참여한 사람들은 바로 그 점을 정확히 이해하고 있었다).

다수결의 원리가 좀 더 나은 결과를 가져온다는 점을 설명하기 위해, 집단의 결정 과정에서 사람들이 이타적이라거나 혹은 사리사욕에 덜 관심을 갖는다고 말하는 것은 불필요하거나 심지어 도움이 되지 않는다. 반대로 이기심을 통해 사람들의 행태를 적절히 설명할 수 있다. 만약 누군가가 자신의 올바른 결정 때문에 보상을 받는다면, 그리고 그가 자신의 보상에만 주의를 기울인다면, 그는 자신이 옳을 가능성에만 주의를 기울여야 하고, 자신이 다른 사람들에게 주는 신호에는 개의치 말아야 한다. 만약 그가 보낸 신호가 다른 사람들을 잘못 인도하더라도, (그가 이타적이 아니라면) 그는 이 점에 대해 전혀 걱정하지 않을 것이다. 그런 신호는 정보의 외부 효과인데, 이는 좋건 나쁘건 다른 사람에게 영향을 주지만, 당신 자신의 이익에는 영향을 미치지 않는다.[21] 내가 조금 전에 묘사했던 다수결의 원리(집단이 올바른 선택을 했을 경우 당신이 보상을 받는)와 비교해 보자. 그런 조건에서 그는 정확한 신호를 보내는 데 관해 많은 주의를 기울여야만 하는데, 왜냐하면 부정확한 신호는 집단이 올바른 선택에 도달할 가능성을 감소시킬 것이기 때문이다. 그리고 여기서 그는 자신의 결정이 집단에 도움이 되는 신호를 제공하는 경우를 제외하고 자신의 결정의 정확성에 관해 신경을 쓸 필요가 없다. 따라서 쏠림 현상은 반드시 감소하고 사람들이 올바른 집단 결정에 대해 보상을 받을 때 올바른 결과는 증대한다.

여기에는 좀 더 일반적인 요점이 있다. 쏠림 현상에 참여하는 것은 전적으로 현명한 일일 수 있다. 특히 다양한 정보를 가지고 있지 않다면 말이다. 우리는 다른 사람들을 따라 함으로써 이익을 챙길 수 있다. 그러나 동시에 우리는 다른 사람들에게 이익을 주지는 못하는데, 그 이유는 우리가 알고 있는 것을 밝히지 않기 때문이다. 실제로 우리는 다른 사람들에게 잘못된 신호를 제공함으로써 심지어 그들에게 적극적으로 해를 입힐 수도 있다. 좀 더 구체적으로 살펴보기 위해 의료 사례로 되돌아가 보자. 어떤 특정 처방이 위험하기는 하지만, 상당수의 의사가 그 치료법을 처방했다는 사실은 이 처방이 올바르다는 점을 보여 준다고 생각하는 의사가 있다고 가정해 보자. 대부분의 의사가 이전에 다른 의사들이 처방했던 것을 다시 처방함으로써, 그리고 그 자신의 정보가 다른 정보에 비해 상대적으로 약하다는 점을 발견함으로써, 적어도 그 자신의 정보가 그에게 제한적이거나 불완전한 것처럼 보인다면, 그 의사는 진정으로 현명하게 행위하고 있는 것처럼 보인다. 따라서 정보를 많이 가지고 있지 않은 사람들이 자신들이 알고 있는 것을 밝히거나 그들이 알고 있는 것을 토대로 행동하는 것은 심지어 그런 행동들이 실제로 다른 사람들에게 이익이 되더라도 합리적인 것은 아니다. 그러나 집단에는 그런 정보가 필요하다. 여기에 애쉬의 동조 실험과 분명한 유사점이 있는데, 그 실험에서 상당수의 사람이 자신이 실제로 본 것을 밝히지 않았고 따라서 그들은 집단이 얻을 수 있는 정보를 드러내지 않았다.

이견을 예찬하기. 독재 국가는 이견을 가진 사람들을 처벌하고 때로는 죽이기까지 한다. 미국을 포함한 자유로운 사회에서조차 이견을 가진 사람들은 종종 충성심이 없거나 심지어는 사회의 적으로 묘사된다. 자유로운 국가는 사람들이 원하는 것을 말하도록 허용하지만 사회적 압력은 동조를 요구하고 때때로 이런 압력은 매우 강력하다. 이견을 제시하는 사람들은 따돌림을 당하거나 직장에서 쫓겨날 수도 있다. 물론 이것은 이견을 제시하는 사람들에게는 나쁜 일이다. 그러나 진정한 희생자는 자신에게 필요한 정보와 견해를 제공받지 못한 사람들이다. 이 점은 전쟁과 평화의 시기 모두에서 유효하다. 법정에서 잘못된 쏠림 현상이 가져올 수 있는 위험을 생각해 보자. 우리는 이제 왜 법정에서 이견을 제시하는 사람들을 올바르게 평가해야 하는지 이해할 수 있다. 그들은 다수의 결정에 대해 꼬치꼬치 따지고 아마도 궁극적으로는 그것이 기각될 가능성을 증대시킨다. 미국의 연방대법원 내에서, 다른 목소리에 기반을 둔 견해는 130차례 이상이나 법이 되었다.

이런 주장은 제도를 어떻게 조직해야 하는가에 관한 몇 가지 함의를 내포하고 있다. 개인이 집단에 자신이 가진 정보를 제공할 동기를 부여하는 체계에서 좀 더 좋은 결과를 기대할 수 있다. 이런 동기를 어떻게 부여할 수 있을까? 한 가지 방법은 사람들에게 자신이 알고 있는 정보를 밝히더라도 해를 입거나 처벌받지 않는다는 점을 확신시키는 것이다. 회사는 피고용자에게 회사가 내부고발자를 환영하며 잘못된 관행에 관한 정보를 공개하는 사람이나 좀 더 나은 방식을 제안하는 사람을 처벌하지 않을 것이라고 알려 줄 수 있다. 또한 공무원은 부하 직원들에게 자신이 이견을 환영하고 새로운 아이디어에 대해서는 보상할 것이라는 점을 분명히 밝힐 수도 있다. 또한 조직 내의 다양한 부서에서 정책을 검토하도록 함으로써, 다양한 정보가 조직 내에서 유통될 수 있는 가능성을 높이는 방법도 있다.

어떤 경우든, 개인의 복지가 집단의 결정에 달렸다는 점을 알고 있는 다수결 원리의 체계는 중요한 이점을 가지고 있다. 전쟁에 개입해야 할지 혹은 지구온난화의 원인인 온실가스를 감소시키는 조약(하지만 이를 위해서는 많은 비용이 들어간다)에 서명할 것인지에 관한 결정을 고려해 보자. 만약 사람들이 그들 자신의 복지가 집단의 올바른 결정에 달렸다는 점을 알고 있다면, 그들은 자신들이 알고 있는 것에 대해 좀 더 많이 이야기할 것이고 이것은 모두에게 좋을 것이다. 사적이건 공적이건 잘 작동하는 조직들은 이런 통찰로부터 이득을 얻을 수 있다. 우리는 심지어 시민적 책임의 본성에 관해서도 제안할 수 있다. 의혹이 있는 경우, 시민들은 군중에 동의하기보다는 그들이 알고 있는 것을 밝혀야 한다. 이런 종류의 행태가 일부의 사람들을 화나게 할 수도 있다. 사태를 올바른 방향으로 바꾸고자 하는 개인들의 관점에서 이것은 최상이 아닐 수도 있다. 그러나 모든 관련된 정보를 취합하고자 하는 집단이나 국가의 관점에서 이것은 좋은 일이다.

나는 집단의 구성원들이 많은 것을 알고 있고 그들이 알고 있는 것을 모든 사람에게 말하도록 하는 것을 어떻게 보장할 것인가에 대해 강조해 왔다. 그러나 집단이 좀 더 많은 정보를 찾고자 하는 구성원들을 필요로 한다고 가정해 보자. 여기서 문제는 정보를 얻는 데 소요되는 모든 비용을 개별 구성원들이 부담하는 반면, 구성원들은 그 이득 가운데 일부만을 얻을 수 있다는 점이다. 집단이 잘 기능하기 위해서는 사람들로 하여금 올바른 정보를 찾는 과정에 참여하도록 촉진할 수 있는 방안을 발견하는 것이 필요하다.

침묵이 금일 때. 나는 자신이 알고 있는 정보를 드러내는 것이 집단에 이익이 되는 사례들을 강조해 왔다. 그러나 여기에는 또 다른 가능성이 있다.[22] 만약 집단의 구성원들이 혼란스럽거나 잘못된 정보를 밝힌다면, 그들은 경쟁자나 적을 도울 수도 있다. 또한 그들[예컨대 내부고발자_옮긴이]은 허심탄회한 토론이 이뤄지는 것을 어렵게 만들 수도 있는데, 왜냐하면 어떤 논의든 그것이 공개될 수 있다는 점을 모두가 알고 있기 때문이다. 이를 위해서는 내부 고발을 막는 강력한 규범이 필요할 수도 있다. 나아가 만약 집단의 몇몇 구성원들이 잘못된 관행에 연루되어 있다면, 그런 사실을 폭로하는 것은 집단의 구성원들에게 상처를 줄 수도 있다. 가톨릭교회에서 성적

학대에 관해 침묵한 것은 분명히 이런 우려 때문이다.

여기서 중요한 것은 다음이다. 그것은 내가 강조하고 있는 문제, 즉 공중에게 이익이 되는 정확한 정보를 밝히는 데 실패하는 문제가 침묵이 공적 이익과 부합하는 많은 사례에서 제기된 문제와 아주 유사한 구조를 갖는다는 점을 인식하는 일이다. 폭로가 불확실한 정보를 퍼뜨린다면, 그리고 특히 그 자체로 쏠림 현상을 가져온다면, 그것 역시 해로울 수 있다. 이 글은 정보를 폭로하는 데 실패한 경우에 초점을 맞추고 있기 때문에, 침묵이 금인 상황에 크게 관심을 기울이지는 않을 것이다. 그러나 이런 상황에 대한 기본적인 분석은 여기서의 분석과 크게 다르지는 않을 것이다.

정보를 넘어서. 사람들은 대체로 정보가 부족하기는 하지만 나름대로의 선호와 가치관을 가지고 있다. 그들은 사형제 폐지를 원할 수도 있다. 그들은 페미니즘 운동이 "너무 멀리" 나아갔다고 믿을 수도 있다. 그러나 그런 경우 사람들은 자신들이 가진 견해를 밝히지 않을 수도 있다. 그 이유는 동조에 대한 압력 때문이다. 나는 민주적 실천의 관점에서 이것 역시 문제라는 점을 제시해 왔다. 대부분의 경우에 사람들이 원하는 것과 그들이 가치를 두고 있는 것을 밝히는 것이 사회적으로 중요하다. 항아리 실험에서 개인적으로 알고 있는 사실을 밝히는 것이 집단이 올바른 결정을 내리는 데 중요했다면, 사람들 각자가 가지고 있는 선호와 가치관을 밝히는 것은 사회가 올바른 결정을 내리는 데 있어 중요하다. 다른 영역에서와 마찬가지로 여론의 영역에서, 대부분의 사람들은 다른 사람들이 집단적으로 가지고 있는 생각을 거부하길 꺼린다. 어떻게 그처럼 많은 분별 있는 사람들이 노예제도나 인종차별 정책을 받아들일 수 있었을까? 공산주의는 단지 경찰과 총을 통해서뿐만 아니라 많은 사람으로 하여금 자본주의 체제가 공산주의보다 더 나쁘다고 생각하게 했기에 체제를 유지할 수 있었다. 좋은 가치뿐만 아니라 나쁜 가치 역시 사회적 영향력을 통해 유지된다. 그러나 이 점을 이해하려면 또 다른 유형의 쏠림 현상을 고찰할 필요가 있다.

# 4장

## 이웃은 어떤 생각을 할까?

**상당수의 쏠림 현상이** 정보와 관련되어 있다. 그러나 1장에서 우리는 다른 사람들의 행위가 무엇이 옳은지에 대한 정보를 전달할 뿐만 아니라 그들이 어떤 생각을 하는지에 관한 정보 역시 전달한다는 점을 살펴보았다. 주변 사람들의 평가에 신경을 많이 쓰는 사람들은 이 두 가지 이유 모두 때문에 다른 사람들의 판단과 행동을 따른다. 이 점에 비추어, 우리는 다른 사람들이 자신을 어떻게 평가하는지에 대한 생각으로 말미암아 쏠림 현상이 발생할 수 있다는 것을 상상해 볼 수 있다.[1]

다른 사람들이 자신을 어떻게 평가하는지에 신경을 쓰는 사람들은, 무엇이 옳은지(또는 옳을 것인지) 알고 있음에도 불구하고, 다른 사람들 사이에서 좋은 평판을 유지하고자 주변 사람들의 판단을 따른다. 때로는 확신이 있음에도 불구하고 좋은 평판을 유지하고픈 바람에서 쏠림 현상의 포로가 되어 침묵하는 사람들도 있다. 이처럼 이견이나 불만을 가지고 있음에도 불구하고 침묵하는 다수로 말미암아 '인기가 없거나 사회적 역기능을 초래하는 규범들이 사라지지 않고 계속 유지'된다.[2] 다른 사람들의 분노를 두려워해 사람들은 개인적으로 몹시 혐오하는 판단, 실천, 그리고 가치들을 공개적으로 거부하지 못할 수 있다. 많은 사람이 개인적으로는 생각이 다름에도 불구하고 정치적 정설들을 따른다. 수많은 여성이 성적 학대를 당하고 있음에도 그들은 대체로 그런 학대에 침묵하는데, 그 이유는 그들이 공개적인 비판을 제기했을 때 나타날 수 있는 결과를 두려워하기 때문이다. 오늘날 얼마나 많은 관행들이 이와 같은 범주에 해당하는지를 생각해 보는 것은 흥미로운 일이다. 그

다른 사람들이 자신을 어떻게 평가하는지에 신경을 쓰는 사람들은, 무엇이 옳은지(또는 옳을 것인지)
알고 있음에도 불구하고, 다른 사람들 사이에서 좋은 평판을 유지하고자 주변 사람들의 판단을 따
른다. 때로는 확신이 있음에도 불구하고 좋은 평판을 유지하고픈 바람에서 쏠림 현상의 포로가 되
어 침묵하는 사람들도 있다.

런 관행들은 해로운 결과를 초래하며, 상당수의 사람들이 이런 사실을 알고 있지만, 피해를 본 사람들 대부분이 공개적으로 그런 관행들에 이의를 제기하면 고초를 겪을 것이라고 믿기 때문에 유지된다.

앤디는 지구온난화가 심각한 문제라고 생각한다. 그리고 바바라는 앤디의 견해에 동의를 표했다. 그런데 바바라가 앤디의 생각에 동의한 이유가, 앤디의 생각이 바람직하다고 생각하기 때문이 아니라 앤디에게 환경 보호에 무지하거나 무관심한 것처럼 보이기 싫어서라고 가정해 보자. 만약 앤디와 바바라가 모두 지구온난화는 심각한 문제라고 생각하는 것 같다면, 신시아는 적어도 공개적으로는 그들의 의견에 이의를 제기하지 않을 것이다. 오히려 그들과 같은 판단을 할 수도 있다. 왜냐하면 신시아는 그 판단이 옳다고 믿기 때문이 아니라 그들이 그녀에게 나쁜 감정을 품게 되는 것을 원하지 않거나 그들이 그녀에 대해 가진 좋은 평판을 잃고 싶지 않기 때문이다. 이런 과정을 통해 우리는 다른 사람들로부터 좋은 평판을 받고 싶은 심리가 어떻게 쏠림 현상을 만들어 내는지 쉽게 이해할 수 있다. 앤디, 바바라, 그리고 신시아가 일단 그 문제에 관해 공통의 입장을 가지게 되면, 그들의 친구인 데이비드는 그들이 틀렸다고 생각할지라도 그들의 입장에 반론을 제기하지는 않을 것이다. 앤디, 바바라, 그리고 신시아의 견해는 그런 견해가 올바를 것이라는 정보를 전달한다. 그러나 심지어 데이비드는 그들이 틀렸다고 생각하고, 나아가 자신의 생각을 뒷받침할 만한 정보를 가지고 있다 할지라도, 공개적으로 자신의 생각을 이야기하지는 않을 것이다. 이런 설명을 통해, 우리는 어떻게 "정치적 올바름"을 위한 운동이 가능했는지를 이해할 수 있다. 집단 결정이 이루어지는 실제 세계에서는 공개적으로 표명된 주장들이 독자적인 지식의 산물인지, 정보 쏠림 현상에의 참여인지, 혹은 평판의 압력 때문에 생긴 것인지 판단하기가 어렵다. 많은 경우, 청취자들과 관찰자들은 다른 사람들의 행위가 그 나름의 독자적인 정보에 기반을 두고 있다고 생각한다. 하지만 이는 다소 과장된 판단이다.

다른 사람들이 자신을 어떻게 생각하는지로 말미암아 나타나는 쏠림 현상은 앞서 설명한 항아리 실험에 변화를 준 또 다른 실험을 통해 살펴볼 수 있다.[3] 형과 프랏이 행한 이 실험에서 사람들은 올바른 결정에 대해 25센트를 받았지만 다수의 결정과 일치하는 결정에 대해서는 75센트를 받았다. 또한 잘못된 답변, 다수의 결정과 다른 답변은 처벌을 받았는데, 잘못된 결정을 내린 사람에게는 25센트가 벌금으로 부과되었으며, 집단의 결정과 일치하지 않는 결정을 내린 사람에게는 75센트를 벌금으로 부과했다.

이 실험에서 쏠림 현상은 거의 모든 상황에서 나타났다. 거의 모든 실험 과정(96.7퍼센트)에서 쏠림 현상이 나타났고 35.3퍼센트의 사람들이 최종적으로 선택한 항아리는 자신들이 뽑은 공의 색과 일치하지 않았다. 그리고 자신의 판단이 자신보다 먼저 항아리를 선택한 사람의 판단과 일치하지 않을 때, 72.2퍼센트의 사람들이 자신의 판단이 아니라 앞서 선택한 사람의 판단을 따랐다. 동조와 쏠림 현상의 극적인 예로서, 한 차례의 실험을 묘사한 도표를 검토해 보자(실제로 사용된 항아리는 B였다).[4]

| 실험 대상자 | 1 | 2 | 3 | 4 | 5 | 6 | 7 | 8 | 9 | 10 |
|---|---|---|---|---|---|---|---|---|---|---|
| 자신이 꺼낸 공의 색 | a | b | a | b | a | b | a | b | a | b |
| 결정 | A | A | A | A | A | A | A | A | A | A |

이 실험은 만약 올바른 판단에 대해서만 보상하는 것이 아니라, 다른 사람의 선택과 같은 선택을 했을 경우 보상이 주어지면, 나쁜 결과가 벌어질 수 있음을 보여 준다. 그런 보상은 좀 더 많은 현금이나 승진과 같은 금전적인 것이거나, 구성원들과의 좀 더 긴밀한 관계와 같은 비금전적인 것일 수도 있다. 물론 실제 세계에서 사람들은 종종 동조하지 않는다는 이유로 처벌을 받고 동조 덕택에 보상을 받는다. 조직, 집단, 그리고 정부는 대체로 조직 내에서의 화합을 높이 평가하고 기존 관행을 따르지 않는 사람들은 불협화음을 만들어 낸다고 판단하는 경향이 있다. 대체로 올바름보다는 "조직에 머무는" 것이 좀 더 중요한 것으로 간주된다.

만약 동조하는 사람에게 큰 보상이 주어진다면 잘못된 쏠림 현상은 증가할 것이다. 왜냐하면 다른 사람들이 하는 것을 하려는 동기가 올바른 것을 하려는 동기를 압도하거나 대체할 것이기 때문이다. 그 효과는 동조의 동기에 달려 있게 될 것이다. 만약 사람들이 다수의 행동을 따르지 않아서 생명에 위협을 느끼거나 직장을 잃는다면, 대부분의 사람들은 다수의 판단과 행동을 따를 것이다. 만약 사람들이 다른 사람들의 판단이나 행동을 따를 경우 처벌을 받는다면, 또는 독자적인 행위에 대해 보상을 받는다면, 동조는 훨씬 줄어들 것이다. 그런 상황에서는 쏠림 현상이 대폭 줄어들거나 사라질 수도 있다. 물론 특정 문화나 민족은 독자적인 판단과 행동을 소중히 여기고, 거꾸로 이를 배척하기도 한다. 비록 이 글에서는 주로 동조 현상이 발생하는 상황에 대해 주로 다루고 있지만, 반대로 독자적인 판단이나 행동이 존중되는 상황에 대해서도 몇 가지 살펴볼 것이다.

만약 동조에 보상이 주어질 경우, 은폐된 진실을 최초로 폭로하는 사람이나 이견을 제시하는 사람들에게 이는 매우 불리할 수 있는데, 왜냐하면 그들은 "(다른 사람들의) 이목을 끌고 개별적으로 신원이 확인되며 쉽게 보복당하기 때문에, 특히 높은 비용을 감수해야 한다."[5] 그리고 만약 최초로 이견을 제시한 사람의 목소리가 꺾이게 되면, 다른 목소리들 역시 사라질 것이다. 그러나 폭로를 하는 사람이나 이견을 제시하는 사람들의 수가 일정한 수준에 도달하면 하나의 "티핑 포인트"●가 될 수 있는데, 이 수준에서 사람들의 행위에 대규모의 변화가 나타난다.[6] 실제로 한 명의 폭로자나 회의론자가 사람들이 광범위하게 공유하고 있는 신화를 무너트림으로써 새로운 일련의 사건들을 일으킬 수도 있다. 동유럽 공산주의의 붕괴는 대체로 이런 과정과 상당히 밀접하게 관련되어 있다. 공산주의가 유지될 수 있었던 부분적인 이유 가운데 하나는 사람들이 대

---

● 티핑 포인트(tipping point) | 이전에는 좀처럼 발생하지 않던 현상이 갑자기 일반적인 현상이 되는 사건을 의미한다. 1960년대 미국 사회학에서 쓰이기 시작한 용어로, 백인 거주 지역에 흑인들이 거주하기 시작하면, 어느 순간 백인들이 갑자기 그 지역을 떠나는 현상을 설명하기 위해 사용되었다. 이 용어는 현재 사회학뿐만 아니라 경제학, 정치학, 심리학 등 사회과학 전반에서 광범위하게 사용되고 있다.

체로 체제에 도전하는 것을 원치 않았을 것이고 반역자는 처벌을 받을 것이라고 생각했기 때문이었다. 그러나 시위가 광범위하게 벌어지고, 나아가 더 광범위하게 번질 것처럼 보이자마자 쏠림 현상이 발생했고, 궁극적으로는 비폭력 혁명을 낳았다.[7]

문제는 이런 과정을 시작하기가 매우 어려울 수 있다는 점이다. 만약 최초의 폭로자가 사회적·법적 처벌을 받게 되면 이는 특히 그러하다. 여기서 우리는 지극히 순진하거나 용감해서 자신이 본 것을 정확하게 말할 수 있는 사람들의 유익한 역할을 이해할 수 있다. 여기에는 셀 수 없는 예들이 있다. 남아프리카공화국에서 인종차별 정책에 도전했던 사람들, 대표적으로 데즈먼드 투투 대주교●를 상기해 보자. 우리는 심지어 사회 부적응자와 불평불만이 많은 사람의 유익한 역할에 대해서도 이해할 수 있는데, 이들은 그동안 무시되었던 사실과 관점을 다른 사람들에게 전달하는 공적 역할을 한다. 이런 소질을 지닌 몇몇 불평불만자들, 특히 청개구리들[주류의 의견에 반대를 일삼는 사람들_옮긴이]이 쏠림 현상을 감소시킬 수도 있다.[8]

다른 사람들로부터 좋은 평판을 받고 싶어 하는 욕망 때문에 발

---

● 데즈먼드 투투(Desmond Mpilo Tutu, 1931~ ) 대주교 | 남아프리카공화국의 성직자. 흑인으로서는 최초로 남아프리카공화국의 성공회 대주교를 역임했으며, 1980년대 남아프리카공화국의 인종차별 정책에 대항해 투쟁한 공로로 1984년 노벨평화상을 수상하기도 했다. 인종차별 정책이 폐지된 이후에는 남아프리카공화국의 인종적 다양성을 넘어 정치적·사회적 통합을 이루기 위해 무지개 민족(rainbow nation)이라는 용어를 만들어 내기도 했다.

생하는 쏠림 현상은 정부 내의 모든 부서에서 발생한다. 만일 국회의원이 선거에서 승리하고자 한다면, 그들은 좋은 평판을 유지하기 위해 쏠림 현상에 참여할 것이다. 국회의원들이 쏠림 현상에 참여한다는 증거는 많은데, 이는 부분적으로 그들이 다수의 판단이나 행동을 따라 하거나, 자신이 신뢰하는 동료들의 판단이나 행동을 따라 하기 때문이다. 따라서 국회의원들은 자신들이 듣고 있는 바로 그 목소리를 증폭시킨다.[9] 때때로 의회에서 쏠림 현상이 나타나는 것은 정보 때문이다. 만약 다른 사람들이 어떤 법안을 옹호한다면, 그 법안은 중요한 것이 아닐까?(이 질문과 관련된 문제는 다른 사람들 역시 쏠림 현상의 와중에 있을 수도 있다는 점이다). 그러나 때때로 국회의원들은 좋은 평판을 유지하고자 쏠림 현상에 참여한다. 만약 사람들 대부분이 특정한 법안을 옹호한다면, 그 법안에 반대표를 던지는 것은 선거에서 치명적인 손해를 입을 수도 있다는 것을 의미하지 않겠는가? 몇몇 경우에 대부분의 국회의원들이 어떤 법안을 지지하는 이유는 그 법안에 대해서 초기에 반대한 의원을 발견하기 어렵기 때문이다. 만약 어떤 법안이 상정되었을 초기에 이 법안을 반대하는 사람들이 있었고 그들이 공개적으로 목소리를 냈다면, 좀 더 많은 의원들이 그런 반대자들과 함께할 수도 있었을 것이다.

이 점은 왜 공화당 의원들이 헌법상에 하자가 있었던 클린턴 대통령에 대한 탄핵에 거의 만장일치로 찬성했는가를 해명하는 데 도움을 준다. 탄핵에 찬성한 공화당 의원들 가운데 상당수가 개인적으로는 탄핵에 많은 하자가 있다는 점을 인정했다. 탄핵에 찬성했던 의원들 가운데 몇몇은 탄핵이 옳다고 생각했기 때문이 아니라 거의 모든 공화당 의원이 탄핵에 찬성할 것처럼 보였기 때문에 그렇게 했다. 그리고 당론에서 이탈한 사람들은 공화당 내의 극단주의자로부터 보복이라는 적잖은 위험을 감수해야 했다. 따라서 탄핵에 반대하는 어떤 티핑 포인트에도 도달하지 못했다. 이것은 양정당 내부에서, 때로는 의회 전체에서 종종 일어나는 과정의 한 예일 뿐이다. 만약 이견을 제시하는 몇몇 사람들이 목소리를 높인다면, 매우 인기 있는 것처럼 보였던 법안을 타파할 수도 있을 것이다. 따라서 로비스트들은 개인적으로 어떤 사안에 대해 의문을 표시해 왔던 사람들이 자신의 목소리(이견)를 제시하지 못하게 하려고 노력한다. 로비스트들이 두려워하는 점은 만일 로비가 없다면 쏠림 현상이 깨질 수도 있고 제안된 법안이 통과되지 않을 수도 있다는 것이다.

국회의원들이 갑자기 (종종 실재하지 않는) 위험을 다루는 법안에 찬성할 때, 그들은 그런 쏠림 현상에 연루되어 있다. 예를 들어 2002년 7월 미 의회에서 기업의 부패를 다루기 위한 법안들을 제정하려 했던 갑작스런 움직임을 검토해 보자. 의심할 바 없이 상당수 의원들은 자신들이 지지했던 바로 그 법안에 대해 개인적으로 의심을 품고 있었고 그들 가운데 몇몇은 투표한 법안들에 대해 아마도 찬성하지 않았을 것이다. 2002년 충성 서약●에서 "신의 가호

---

● 충성 서약(Pledge of Allegiance) | 미국과 미국 국기에 대한 충성의 약속 혹은 맹세를 의미한다. 공적 행사에서 많이 이루어지며, 특히 공립학교에서 아침 의식으로 거행되기도 한다. 그 의식과 절차, 그리고 내용은 역사적으로 끊임없이 변화해 왔다. 현재 충성 서약

아래"라는 단어의 사용을 삭제해야 한다는 법원의 결정을 미 상원이 만장일치로 부결했을 때 역시 마찬가지의 일이 발생했다. 두 사례에서 몇몇 의원들은 다른 의원들이나 유권자로부터의 좋은 평판을 유지하기 위한 쏠림 현상에 참여했는데, 그들은 자신에 대한 평판에 해가 되는 것을 피하고자 자신들이 가지고 있던 의혹을 억눌러야 했다.

## 긴밀한 정서적 유대, 집단 정체성, 그리고 질식된 이견

구성원들이 정서, 우정, 그리고 유대의 끈으로 긴밀히 연결된 집단에서 심각한 실수가 발생할 수 있다는 나의 초기 주장으로 되돌아가 보자. 그런 집단에 속한 구성원들은 다른 구성원들에게 반대하거나 다른 견해를 밝히는 것을 망설이고 심지어는 그렇게 하지 않을 터인데, 그 이유는 그런 반대와 이견을 밝히는 것이 집단 내부의 규범을 어기는 일이며, 집단을 붕괴시키는 것이 아닌가 하는 두려움 때문이다. 가족은 때때로 이런 방식으로 작동한다. 우리가 투자 클럽의 사례에서 살펴본 것처럼 쏠림 현상과 잘못된 결정들도 이

---

의 내용은 다음과 같다. "본인은 미국의 국기에 대해 충성을 맹세합니다. 또한 신의 가호 아래 자유와 정의를 함께하는 하나의 민족으로서 그 국가가 의미하는 공화국에 대해 충성을 서약합니다." 이 충성 서약은 가슴에 오른손을 얹고 국기를 향해 선 채로 해야 한다. 2002년 6월 제9순회연방항소법원은 맹세문 가운데 '신의 가호 아래'라는 문구가 연방헌법 1조의 '국교 금지' 조항을 위반했다고 판결했다.

런 방식으로 작동할 것이다. 끈끈한 정서에 의존하는 집단은 이견을 질식시키고 개인이 가진 정보와 신념의 공개를 최소화한다. 몇몇 종교 조직이나 정치조직들이 대표적이다. 사회를 파괴하는 동조라는 규범은 자신이 알고 있는 정보를 드러내지 못하고 다른 사람들과 똑같이 말하고 행동하는 경향을 심화시킨다.

바람직한 결정을 도출하기 위한 관점에서 보면, 그와 같은 집단에서 적절한 정보를 가진 사람은, 올바른 결정이 가장 중요하다고 생각한다면, 자신의 생각대로 행동하는 것이 좋다. 더 나아가 집단의 올바른 결정이 가장 중요하다고 생각한다면, 자신이 생각하는 바를 제시하는 것이 좋다. 예를 들어 존슨 행정부에서 베트남전쟁을 확대할 것인가의 문제를 둘러싸고 사회적 압력이 내부의 다른 목소리를 억눌렀던 일에 대해 살펴보자.[10] 전쟁을 확산하려는 정책에 의문을 가지고 있었던 사람들은 "나는 당신이 행정부 내에서 영향력을 상실할까 걱정이다"와 같은 암시를 주변 사람들로부터 받았다.[11] 즉, 행정부 내에서 영향력을 상실할 것이라는, 그리고 "그렇게 되었다"는 딱지가 붙는 것에 대한 두려움은 다른 목소리를 내지 못하도록 하는 강력한 억제력으로 작용했다. 전쟁에 비판적이었던 모이어스는 계속해서 백악관에 남아 있었지만 일종의 "길들여진 목소리"가 되었는데, 존슨 대통령은 그가 회의석상에 들어설 때마다 항상 "자, 여기 폭탄 투하를 멈추자는 분이 왔습니다"라는 말로 그를 맞이했다.[12] 이와 같이 이견을 길들이고 억누르는 것은 토론을 불가능하게 만들었다. 그리고 다수의 의견에 동의하지 않으면 따돌림을 당할 것이라는 인식을 확산시켰다.

"침묵의 정치"에 관해 책을 펴낸 이라크의 마키야에 따르면, 침묵이라는 "기괴한 상황" 속에서 레바논, 요르단, 시리아, 그리고 팔레스타인의 시민들은 후세인이라는 '독재자' 밑에서 후세인의 권력을 옹호하면서 살았다.[13] 마키아는 침묵이 아랍 세계에서 "덜 폭력적이고 좀 더 관용적인 정치의 출현을 가로막은 주요 장애물"이라고 주장한다. 따라서 "아랍 세계 내부에서 일어난 한 아랍 국가의 다른 아랍 국가에 대한 학대에 침묵하는 정치는 오늘날 아랍에 만연해 있는 도덕의 붕괴에 그 책임이 있다. 후세인과 같은 지도자들이 아랍 지식인들에게 침묵을 강요하기도 했지만, 그런 지도자들은 또한 침묵 속에서 생겨났다."[14]

나는 이견을 제시하는 것이 항상 좋은 것은 아니라는 점을 강조해 왔다. 이견을 제시하는 사람들이 틀릴 수도 있다. 이견을 제시했던 사람들 가운데 많은 사람이 역사 속에서 부정적인 일들을 저질렀다는 점을 상기해 보라. 물론 애정과 연민의 끈은 집단 구성원들에게 중요하고, 많은 사람들은 의견의 불일치를 감사히 여기지 않는다. 결혼한 부부 사이에서는, (항상은 아니지만) 가끔씩 의견의 불일치를 줄이는 것이 좋은데, 이를 위해서는 자신이 아는 것과 원하는 것을 말하지 않을 필요도 있다. 때때로 집단이나 조직이 훌륭한 역할보다는 좋은 관계를 중시할 수도 있다. 동조하는 사람들은 의견의 차이나 긴장이 가져오는 곤란한 상황을 회피하려고 한다. 하지만 그로 말미암아 치러야 하는 비용이 만만치 않은 경우도 있다. 이견을 제시하는 사람들이 긴장을 불러올 수도 있지만, 성과를 높일 수도 있다. 만약 집단 구성원들의 중심적인 목적이 사회적 유대를 유지하고 향상시키는 것이라면 동조는 장려될 것이다.

전쟁을 앞두고 있거나 전시 상황에서 다른 목소리를 내는 문제에 대해 검토해 보자. 전쟁을 치르기로 결정한 사람들은 시민들이 진정으로 생각하는 것을 알고 있어야 할 뿐만 아니라 실제적이고 잠재적인 위험에 대해서도 인식하고 있어야만 한다. 전쟁이 현명한 선택인가 혹은 정의로운 일인지를 둘러싸고 시민들 사이에서 의견이 분분할 때, 다른 목소리는 일시적으로는 사회적 유대를 손상시킬 수 있지만, 전쟁을 치를 것인가를 결정하는 데 있어서 없어서는 안 될 요소일 수도 있다. 그러나 특히 전시 동안에는 시민들의 연대의식과 모든 사람들이 공통의 노력을 기울이고 있다는 믿음 역시 중요하다. 이런 믿음은 전쟁을 성공적으로 수행할 수 있는 기회를 증진시킬 수 있다. 그리고 적으로 하여금 그들이 일치단결된 상대와 대면하고 있다는 점을 확신시킴으로써 전쟁에서 승리할 수 있는 가능성은 커지는 것으로 보인다. 다른 목소리를 내는 경향이 있는 사람들은 그들이 다른 관점을 표명할 때 초래할 수 있는 분열이 가치 있는 것인가를 결정해야만 한다.[15] 물론 언론의 자유가 원칙이 될 수는 있지만, 이런 딜레마를 해결할 어떤 단순한 해법이 있는 것은 아니다.

## 다원적 무지와 자기 검열

정보의 쏠림 현상에서 가장 심각한 문제는 집단이 개인들이 가진 정보를 파악하지 못하게 된다는 점이다. 바로 이 문제가 평판을 유지하기 위한 쏠림 현상에서도 발생하는데, 매우 다른 이유에서이긴 하지만, 이 과정에서 사람들은 다른 사람들이 알고 있는 것과 생각하는 것을 배울 수 없게 된다. 사람들은 자신이 틀렸다고 생각하기 때문에 침묵하는 것이 아니라, 자신이 올바르다고 생각하는 것을 표현했을 때 나타날 수 있는 비난을 원치 않기 때문에 침묵한다. 여기에 내재해 있는 문제가 바로 다원적 무지●다. 다원적 무지라는 문제에 직면해 사람들은 다른 사람들이 특정한 생각을 하고 있다고 잘못 가정할 수 있고 이에 따라 그들의 주장이나 행동을 바꾼다.

이런 자기 검열은 심각한 사회적 손실이다. 공산주의가 동유럽에서 유지될 수 있었던 이유는 단지 강제력 때문만이 아니라 대부분의 사람들이 그 정권을 지지한다고 사람들이 잘못 생각했기 때문이었다.[16] 공산주의의 붕괴는 개인들이 가지고 있던 정보가 대규모로 드러났기 때문에 가능했는데, 그런 폭로는 다원적 무지를 다원적 지식과 가까운 무엇인가로 전환시켰다. 우리가 살펴볼 것처럼, 자기 검열은 전쟁에서의 성공을 약화시킬 수 있다. 다른 사람들로부터 좋은 평가를 받고 싶은 욕망이 미치는 압력은 또한 종족적 정체성 형성을 자극하기도 하는데, 이런 정체성 형성의 결과로 한

---

● 다원적 무지 | 어떤 사건 또는 어떤 이슈에 대한 소수의 의견을 다수의 의견이라고 잘못 인식하거나 또는 그 반대로 다수의 의견을 소수의 의견으로 잘못 인식하는 것을 말한다. 1920년대에 플로이드 알포트 등의 사회심리학자들이 다수 집단의 갑작스런 보수화 경향을 설명하기 위해 만들어낸 것이다. "나는 그렇지 않지만 남들은 그렇다"고 지레 짐작하는 게 '다원적 무지'의 전형적인 어법이다.

세대 이전만 해도 거의 중요하지 않았고 상상할 수조차 없었던 집단 간 갈등이 벌어지기도 한다. 공산주의가 붕괴한 이후 동유럽 사회에서 벌어지는 "인종 청소" 현상에 대한 쿠란의 논의를 살펴보자. 그에 따르면 "수십 년 동안 유고슬라비아에서는 다양한 집단이 협력과 공존을 통해 종족적으로 혼합된 환경에서 사회화되었다. 게다가 상당수 사람들이 문화적 다양성이야말로 유고슬라비아가 가진 힘의 원천으로 기꺼이 받아들였다."[17] 집단의 차이가 중요해지게 된 것은 국가가 해체된 직후였다. 각 집단의 구성원들은 주변 사람들로부터 좋은 평가를 받고 싶은 욕망이 만들어 낸 압력 때문에 점차 자신들을 독자적인 인종으로 파악하기 시작했다. 인종 분쟁은 오랫동안 서서히 끓어오른 적대를 반영하는 것으로 간주되지만, 실상 그것은 몇몇 영향력 있는 사람들이 시작한 쏠림 현상 속에서 일어난 매우 가까운 과거의 산물이다.

왜 흑인 학생들은 학교의 구내식당이나 대학 교정에서 흑인 학생들끼리만 어울리는가? 때때로 그 이유는 흑인 학생들이 백인들과 함께 있는 것을 다른 흑인 동료들이 용납하지 않을 것이라는 두려움 때문이다. 이는 그나마 상대적으로 큰 문제가 없는 사례이긴 하지만, 위험한 상황으로도 변할 수 있다. 그리고 만약 특정한 주장과 견해가 사회적으로 금지된다면, 인기가 없는 주장들은 공적 논쟁에서 사라질 것이다. 쿠란이 보여 주는 것처럼, 한때 "생각할 수조차 없었던" 것이 "생각하지 못했던" 것이 될 수도 있다.[18] 원래 금기시되었고, 좀처럼 제기되지 않았던 견해들은 그대로 묻히게 되는데, 그 이유는 그런 견해들이 자기 목소리를 낼 기회를 얻지 못했기 때문이다. 여기서 주변 사람들의 평가에 대해 염려하지 않고 진정으로 자신이 생각하는 것을 말하는 사람들은 종종 그들 자신을 희생하면서 귀중한 공적 역할을 한다.[19]

언론의 자유와 같은 다양한 시민적 자유의 보장은 동조의 압력으로부터 사람들을 보호하기 위한 노력으로 이해할 수 있다. 그 이유는 사적 권리를 보호하기 위해서일 뿐만 아니라 침묵의 위험으로부터 공중을 보호하기 위해서이기도 하다. 조지프 라즈Joseph Raz는 언론 자유의 사회적 가치를 강조한다. "만일 내가 사회적으로는 표현의 자유를 향유하지만 그 권리를 나 자신은 가지고 있지 않은 사회에서 사는 것과, 그런 자유를 가지고 있지 않은 사회에서 나 홀로 표현의 자유를 향유하며 사는 것 가운데 하나를 선택해야 한다면, 나는 주저하지 않고 첫 번째 사회에서 사는 것을 선택할 것이다. 왜냐하면 나 자신의 개인적 이해가 첫 번째 사회에서 좀 더 보장받을 수 있다는 판단 때문이다."[20] 자유로운 언론은 권리를 제대로 사용하지 못하는 사람들에게도 수많은 혜택을 제공한다.

정보의 쏠림 현상이 미치는 범위가 제한적일 수 있는 것과 마찬가지로, 주변 사람들로부터 좋은 평가를 받고 싶은 욕망에서 발생하는 쏠림 현상 역시 지역적으로 제한된 소집단 공동체 내에서만 나타날 수 있다. 미국에서 어떤 집단은 효과가 전혀 없는 의학적 처방이 기적을 일으킬 수 있다고 믿는다. 반면 어떤 집단은 국가 공무원들이나 특정 종교 집단의 신자들이 자신들을 해치려는 음모를 꾸미고 있다고 생각한다. 어떤 집단은 실제로는 존재하지 않는 몇몇 위험이 극히 심각하다고 생각한다. 이는 평판의 쏠림 현상 때문인데, 이로 인해 회의론자들이 말할 수 있는 기회는 강화한다. 물론 정보의 영향력은 평판의 영향력과 상호 작용한다. 예를 들어 남아프리카공화국의 저명한 지도자들이 "후천성면역결핍증AIDS이 실제 질병이 아니며, 가난한 사람들에게 값비싼 약을 팔기 위한 다국적 제약 회사의 음모라고 주장한 적이 있다. 이런 상황에서 나타나는 쏠림 현상은 사회적으로 심각한 손실을 야기했다. 물론 이 쏠림 현상은 대체로 평판이 나빠질 것이라는 두려움 때문에 나타난 것이 아니라 의심스러운 사실을 사람들이 서로 전파하면서 발생한 것이다.[21] 그러나 만약 우리가 평판의 압력이 미치는 영향을 주의 깊게 살펴본다면, 우리는 비슷한 생각을 가진 사람들로 이루어진 여러 공동체들에서 어떤 사실이나 가치판단에 관한 독특한 믿음이 나타나는 중요한 이유를 발견할 수 있다. 종종 그런 차이를 뿌리 깊은 역사적 혹은 문화적 요인들 탓으로 돌리려는 유혹이 있지만, 대부분의 경우 그 실제 원인은 평판의 압력에 기인한다.

물론 정치 지도자들은 종종 그런 압력을 만드는 데에서 중요한 역할을 한다. 만약 지도자들이 어떤 것이 옳다거나 민족이 어떤 행위를 추구해야만 한다고 주장한다면, 시민 대부분은 그것에 대해 다른 목소리를 내려고 하지 않을 것이다. 다른 경우와 마찬가지로, 여기에서도 심각한 사회적 손실이 발생할 수 있다. 이 점에서 시민적 자유를 강력히 보호하는 것은 개인적 권리의 보호뿐만 아니라, 사회적 실수를 막기 위해서도 필수적이라 할 수 있다. 시장체제는 그 어떤 중앙정부보다도 효율적으로 정보를 취합하고 퍼뜨릴 수 있다.[22] 마찬가지로 자유로운 표현과 이견을 보호하는 체계는 사적인 영역과 공적인 영역 모두에서, 정책 입안가의 잘못된 확신과 실수를 막을 수 있는 보호 장치를 제공한다.

일반적으로 쏠림 현상 그 자체는 좋은 것도 그렇다고 나쁜 것도 아니다. 때때로 쏠림 현상의 효과는 사람들을 무척이나 당혹스럽게 만든다. 쏠림 현상은 또한 개인의 판단, 공공 정책, 그리고 법을 왜곡하기도 한다. 이와는 반대로 쏠림 현상은 중요한 문제였지만, 그간 무시되었던 문제들에 대한 관심을 촉발시킴으로써 집단 무관심이나 공적 무관심을 극복할 수 있는 계기를 마련하기도 한다. 노예제도에 반대하는 운동도 남아프리카공화국에서 인종차별주의에 반대하는 운동 등과 마찬가지로 쏠림 현상과 비슷한 특징을 가지고 있다. 마오쩌둥의 문화혁명과 독일에서 나치즘의 성장 역시 마찬가지였다. 물론 쏠림 현상은 대체로 오래 지속되지 못하는데, 그 이유는 사람들이 쏠림 현상에 참여함에도 불구하고, 개인적으로 갖고 있는 정보는 거의 없기 때문이다.


## 폭로자, 이견 제시자, 그리고 청개구리

이견을 제시하는 사람들 사이에도 차이가 있다. 몇몇은 다른 사람들에 비해 좀 더 사회에 유익하다. 이제 우리는 특히 폭로자disclocer와 청개구리contrarians를 구분해야 한다.

다수가 올바른 결정을 내렸을 때 보상을 받는 항아리 실험은 각자가 자신이 알고 있는 정보를 정확하게 밝힐 유인을 제공한다. 바람직한 제도의 중심 목표는 사람들 각자가 자신이 가진 정확한 정보를 충분히 밝히도록 하는 것이다. 적어도 그런 정보를 적은 비용으로 얻을 수 있다면 말이다. 그러나 사람들 사이에 늘 의견이 갈리고, 자신이 생각하는 것만을 고집할 때에는 집단이 좀 더 좋은 결정을 내릴 수 없다. 벌거벗은 임금님의 우화에서 임금님이 사실은 아무것도 걸치지 않고 있다는 점을 폭로한 소년은 회의론자도 아니었고 체제에 불만을 가진 반항아도 아니었다. 반대로 그 소년은 특별한 종류의 이견 제시자다. 그는 폭로자로 자신이 실제로 가지고 있는 정보를 밝혔을 뿐이다. 다수가 올바른 결정을 내렸을 때 보상을 받는 실험은 실험 대상자들에게 그 소년처럼 행동하도록 장려한다.

반대로, 우리는 다른 종류의 사람을 상상할 수 있다. 소위 청개구리들이라고 일컬어지는 이들은 다른 사람들의 판단에 반대를 일삼는 사람들이다. 이런 사람들은 대체로 집단에 도움을 주지 않는 것으로 보인다. 만약 사람들이 누군가를 청개구리로 판단한다면, 그의 발언은 정보적 가치를 별반 갖지 않을 것이다. "이런 종류의 사람은 언제나 다른 사람들의 의견을 인정하지 않는다"고 사람들은 생각할 것이고, 따라서 그와 같은 종류의 이견은 집단에 도움이 되지 않을 것이다.

우리는 실험 공모자가 자신보다 먼저 항아리를 선택한 사람과 무조건 다른 항아리를 선택하는 항아리 실험을 상상해 볼 수 있다. 그런 행태는 쏠림 현상을 감소시키기는 하지만, 개인이나 집단이 저지르는 실수를 줄이지는 못할 것이다. 오히려 반대로 실수를 증대시킬 수도 있다. 나아가 사람들은 종종 청개구리들이 진실만을

우리 사회에서도 많은 사람들이 마치 안데르센의 동화에 나오는 사람들처럼 처신한다. 사실 벌거벗은 임금님 이야기는 지극히 낙관적이다. 안데르센의 이야기에서는 어린아이가 외친 진실이 거짓을 이겼다. 하지만 이런 상황은 매우 비현실적이다. 실제 세계에서, 광범위하게 퍼진 기만은 그렇게 쉽게 물리칠 수 없다. 사실에 관한 잘못된 판단은 계속되고 있으며, 이는 가치에 관해서도 마찬가지다. 부정의, 억압, 집단 폭력이 지속될 수 있는 이유 가운데 하나는 거의 언제나 선량한 사람들이 침묵하기 때문이다.

이야기한다고 생각하는 경향이 있는데, 이는 그들이 통상적인 지식을 받아들이지 않는 독불장군이라는 점에서 그러하다. 이 점에서 폭로자로서 이견을 제시하는 사람은 상을 받을 것이다. 특히 그들이 현재 논의되고 있는 쟁점의 전모를 폭로한다면, 그리고 그들이 실제로 가진 정확한 정보를 보여 준다면 그러하다. 반대로, 반대만 일삼는 사람들이 제시하는 이견은 상을 받을 수도 있고 그렇지 않을 수도 있다. 그들이 제시하는 이견은 좋은 점도 있지만, 나쁜 점도 있다.

우리는 또한 논의에서 누락된 사실을 폭로하는 것은 아니지만, 집단토론에서 누락된 '관점'을 이야기하는 다른 목소리를 생각해 볼 수 있다. 그런 관점들을 이야기하는 사람은 예를 들어 동물의 권리를 보호해야 한다거나, 학교에서 예배가 허락되어야 한다거나, 동성애자의 결혼을 허용해야 한다거나, 누진세가 철폐되어야 한다거나, 사형 제도가 폐지되어야 한다고 주장할 수 있다. 정치와 법의 영역에서 쏠림 현상은 사람들로 하여금 자신이 알고 있는 사실이나 관점에 대해 침묵하도록 만든다. 만약 동조의 압력이 작용한다면, 기업의 이사들은 회사가 처한 진정한 위험에 관해 그들이 알고 있는 것을 말하지 않을 것이다. 주지사의 심복들은 주지사의 정책이 재앙을 가져올 것이라는 점을 말하지 않을 것이다. 많은 사람이 지지하는 전쟁에 대해서는 사람들이 반대하려 하지 않을 것이다. 동조하는 사람들은 자신들이 가진 지식과 자신들이 높게 평가하는 가치를 말하지 않을 것이다. 집단은 어떤 문제와 관련된 사실을 모두 알 필요가 있다. 그러나 사람들이 개인적으로 갖고 있는 의견에 대해서도 모두 알 필요가 있을까?

두 가지 이유에서 그렇다. 첫째, 그런 의견들은 독자적인 중요성을 지니고 있다. 만약 상당수의 시민이 학교 예배를 선호하거나, 사형이 도덕적으로 받아들일 만하지 않다고 믿거나, 전쟁에 반대한다면, 사람들은 그런 사실을 알고 있어야 한다. 다른 조건이 동일할 경우, 개인과 정부는 그들의 동료 시민들이 진정으로 생각하는 것이 무엇인지 알고 있다면 좀 더 나아질 수 있다. 둘째, 이견을 제시하는 사람들은 유익한 진술을 할 수 있다. 동조하는 사람들이나 쏠림 현상에 빠져 있는 사람들, 혹은 동일한 견해를 가진 사람들은 그런 주장들에 귀를 기울일 필요가 있다.


**보상**

동조 실험으로 되돌아가서 그 실험에 다양한 방식으로 변화를 줄 수 있다는 점에 주목해 보자. 만일 금전적인 보상이 오직 동조에 대해서만 주어진다면, 쏠림 현상은 증가할 것이다. 만일 금전적인 보상이 절반으로 줄어든다면, 쏠림 현상은 줄어들 것이다. 물론 혼합된 체계들을 상상해 보는 것 역시 가능하다. 가장 분명한 예는 동조에 대해서 보상을 하고 불응에 대해서는 처벌을 하는 다수결 체계다. 그와 같은 사례들에서 쏠림 현상이 발생할까? 답은 다양한 유인의 크기에 따라 다를 것이다. 만약 집단의 결정이 개인의 복지에 큰 영향을 미친다면, 만약 개인들의 삶이 집단의 올바른 결과에 달려 있다면, 쏠림 현상은 감소할 것이다. 그러나 만약 동조가 최대의 보상을 가져온다면, 쏠림 현상은 필연적으로 발생할 것이다. 올바른 집단 결정의 경우 각 개인이 2달러를 받고 동조하면 25센트를 받는 체계는, 올바른 집단 결정의 경우 25센트를 받고 동조하면 2달러를 받는 체계에 비해서 좀 더 나은 결과를 산출할 것이다.

실제 세계에서 각 집단과 민주주의 국가들은 이런 보상들에 수많은 변화를 준다. 대체로 사람들은 보상이 무엇인지 혹은 그 양이 얼마나 되는지 알지 못한다. 동조에 대한 보상은 단지 배제와 포함이라는 감정과 관련되어 있을 수도 있으며, 때로는 급여, 부차적인 이익, 그리고 승진 기회 등을 의미하기도 한다. 어떤 경우에서든 동조의 압력은 대체로 적은 양의 정보만이 공개되는 결과를 초래한다. 상당수의 임파선 질병 진단에 의문을 제기한 의학자의 이야기를 들어보자. "의사들은 자신들이 생각하고 있는 바를 말하지 않습니다. …… 내가 그렇게 말했다고 당신이 인용한다면, 나는 거의 매장되고 말 거예요."[23] 정치적인 신념 때문에 대학 교정에서 호된 경험을 한 어떤 젊은 미국 보수주의자에 따르면, "단지 몇 개월 동안의 경험만으로 나는 더는 내 의견을 말할 수 없었고, 얼굴에 공허한 미소를 띤 채, 고개를 끄덕이기 시작했습니다. 내가 기독교도라거나 보수주의자라고 사람들에게 말하는 것은 내가 비난의 대상이 된다는 것을 의미했습니다. 바로 그 '열린 마음을 갖고 있다는' 사람들이 다양성을 받아들이지 않는다는 이유로 나를 비난했습니다."[24]

사적인 인터뷰에서 많은 조직 폭력배들은 자신들의 행동에 대해 상당히 불안해했다. 그러나 동조의 압력 때문에 그들은 범죄에 가담하는데, 겉으로는 그들이 조직 활동에 충실하게 복종하는 것으로 비친다. 따라서 대부분의 조직 폭력배들은 다른 동료들이 자신의 행동을 좋게 생각한다고 잘못 생각하게 된다.[25] 토크빌은 19세기 중반에 프랑스 교회가 쇠퇴한 이유를 다음과 같이 설명했다. "자신의 오랜 신앙을 계속 간직하고 있는 사람들은 신자로 남아 있는 사람이 자신들뿐이라는 사실에 두려움을 느끼고 고립을 걱정한 나머지, 일반 대중의 견해에 동조하지도 않으면서 그들과 합류해 버린 것이다. 그 결과 국민 가운데 일부의 감정에 불과한 것이 전체의 의견이 되어 버렸으며, 그 의견에 허황된 겉치레를 마련해 준 장본인들조차 더는 그것을 감당할 수 없게 되어 버렸다."[26] 또 다른 섬뜩한 예로서 보스니아 전쟁 동안에 수많은 사람을 죽였던 살인자의 이야기를 살펴보자. 그는 자신이 죽였던 사람들을 악마로 생각하지 않았다. 거꾸로 그에게 희생된 사람들 대부분이 그의 친구들이었다. 이에 대해 그는 세르비아 공동체의 구성원으로 남으려면 어쩔 수 없었다고 설명했다.[27]

이제까지 논의된 모든 상황에서, 이견을 제시하는 사람들은 위험을 각오하고 이견을 제기했으며 동조하지 않는다는 이유로 처벌을 받았다. 그러나 몇몇 맥락에서, 이견을 제시하는 사람들은 그 자신의 출세를 위해 이견을 제기했을 수도 있고, 이견을 제기하는 것이 출세하기 위한 훌륭한 방식이 될 수도 있다. 광범위하게 퍼져 있는 관행에 도전해 정치적으로 이견을 제시하는 사람들은 그 도전의 결과로 좀 더 저명해지고 성공하게 된다.

물론 몇몇 사람들은 자신의 평판에 관해 크게 신경 쓰지 않으며 정확하게 자신이 생각한 것을 말하고 그것에 입각해 행동한다. 내가 지적하고자 하는 점은 대체로 사람들은 자신과 관련이 있는 다른 사람들 사이에서 좋은 평판을 유지하고 싶어 하며, 다른 사람들 사이에서 좋은 평판을 유지하고 싶어 하는 이런 욕망은 사람들이 갖고 있는 정보가 사회적으로 드러나는 것을 가로막는다는 것이다.

## 얼마만큼의 다른 목소리?

나는 쏠림 현상이 개인이나 집단을 나쁜 방향으로 이끌 수 있다고 주장해 왔다. 또한 적절하지 않은 행위와 믿음에 대항할 수 있는 보호 장치를 제공하기 위해서는, 사람들이 자신의 생각을 밝힐 수 있도록 보장하는 것이 중요하다고 강조해 왔다. 그러나 나는 이견과 불일치가 언제나 좋은 것은 아님을 인정한다. 이견을 제시하는 것이 사회적 유대를 약화시킬 수 있고, 이런 유대의 약화는 때때로 심각한 문제를 야기할 수 있다. 5장에서 우리는 사람들이 서로에게 호감을 갖고 있지 않을 경우에는, 함께 일하기가 힘들다는 점을 살펴보게 될 것이다. 어떤 경우에는 이견을 제시하는 사람들이 간혹 잘못 알고 있거나 비이성적이고, 정당하지 못한 운동을 시작할 수도 있다. 동조의 압력과 잘못된 정보의 쏠림 현상은 대체로 그런 이견의 산물이다. 히틀러와 빈 라덴이 바로 그런 경우이고, 다른 예들 또한 세계 도처에서 발견할 수 있다. 이 같은 사실은 몇몇 중요한 질문을 제기한다. 동조와 이견의 적절한 혼합 비율은 얼마인가? 얼마만큼의 이견이 바람직한가?

불행히도 이런 질문들은 추상적으로 답할 수 없다. "얼마만큼의 이견?"이라는 질문은 단지 "얼마만큼의 음악?"이라는 질문과 마찬가지로, 추상적으로 답할 수 없다. 원칙적으로, 이견을 제시하는 것은 집단 결정의 질을 높이는 방식의 하나로서 가치가 있는 것이기 때문에, 여기에는 두 가지 문제 — 의사 결정의 비용과 실수의 비용 — 가 관련되어 있다. 동조와 쏠림 현상은 의사 결정의 비용을 감소시키는 경향이 있다. 실제로 사람들은 스스로 어떤 쟁점을 꼼꼼히 검토하는 데 필요한 부담을 피하고자 쏠림 현상에 참여하곤 한다. 대부분의 사람들이 특정 상표의 신발을 구매하지 않거나 고기를 먹는 것이 도덕적으로 별 문제가 없다고 생각한다고 가정해 보자. 사람들은 각자가 독자적으로 이 문제를 충분히 검토하기보다는 대다수의 의견을 따르는 것이 좀 더 간편할 것이라고 생각할 것이다. 그러나 우리가 살펴본 바와 같이, 동조와 쏠림 현상은 많은 실수를 낳을 위험이 있고, 때때로 그런 실수는 치명적일 수 있다. 그런 손실을 평가하기 위해, 우리는 (동조에 반하는 것으로서) 폭로와 이견에 의해 얼마나 많은 실수가 줄어들 수 있는가를 계산할 필요가 있고 그런 실수의 규모를 확인할 필요가 있다.

개별적으로 우리 각자가 결정을 내리는 데 필요한 비용과 실수로 말미암아 발생하는 비용에 관해 몇 가지 평가를 한 후에 다른 사람을 따를 것인가 그렇게 하지 않을 것인가를 결정하는 것은 이치에 맞는 일이다. 사회적으로 동조와 이견의 올바른 조합 비율이 어느 정도인지를 판단하기 위해서는 그런 변수들을 포함시켜야 한다. 만약 사람들이 심각한 문제로 생각하지 않는 사안이라면, 동조와 쏠림 현상에 대해 크게 문제 삼을 필요가 없을 터인데, 왜냐하면 그런 동조와 쏠림 현상은 값비싼 실수를 야기하지 않으면서도 의사 결정의 비용을 줄일 수 있기 때문이다. 그러나 어떤 결정이 심각한 이해관계와 관련되어 있을 때, 그리고 정확한 판단이 중요할 때, 다른 사람을 따를 경우 우리는 심각한 위험을 감수해야 한다. 그런 위험의 정도는 최초에 쏠림 현상을 시작했던 사람들이 올바른 판단을 했거나 또는 그들을 따르는 사람들에 비해 좀 더 올바른 판단을 할 수 있는 가능성에 달려 있다. 만약 쏠림 현상을 시작한 사람들이 전문가들이고 실수를 거의 저지르지 않을 가능성이 크다면, 쏠림 현상을 중단시킬 필요는 없을 것이다. 그러나 심지어 전문가들도 잘못 생각할 수 있고, 따라서 일반적으로 쏠림 현상이 진행되는 과정에서 이해관계의 차이가 심각하게 대두한다면 다른 목소리 역시 촉진될 것이다.

그러나 얼마만큼의 이견, 그리고 어떤 종류의 이견이 필요한가. 비슷한 질문을 음악에 대해서도 제기할 수 있음을 상기해 보자. 두 사례에는 모두 "소음"이라는 위험이 공존한다. 만약 한 집단에 매우 다양한 이견이 있다면, 사태는 호전되기보다는 오히려 나빠질 것이다. 그 이유는 의사 결정자들이 대체로 합리적으로 처리할 수 있는 정보보다 많은 정보를 가지고 있고, 따라서 이런 경우에 더 많은 정보를 추가하는 것은 오히려 도움이 되지 않을 수도 있기 때문이다. 이런 상황에서 수많은 이견은 오류의 수와 규모를 감소시키지 않으며, 오히려 의사 결정의 부담과 비용을 증대시킬 수도 있다. 이 점과 관련해 만약 이견을 제시하는 데 아무런 비용도 들지 않는다면, 이런 목소리들이 지나치게 많아져서 별반 가치가 없는 견해와 가치가 있는 목소리를 구분하는 것이 어렵거나 심지어 불가능할 수도 있다는 점에 주목해 보자. 실제로 동조의 압력은 이견을 제시하고자 하는 사람들에게 일종의 장벽을 세움으로써 이견을 적절하게 '여과할' 것이다. 사람들은 오직 자신이 진정으로 무언가 공헌할 만한 것을 가지고 있다고 확신할 때에만 발언할 것이다.

이와 관련해 동조의 압력에 직면할 경우 이견을 제시하는 사람이나 폭로자는 자신이 말하는 것에 강한 확신이 있다는 신호를 보내게 될 것이다. 실제로 감수해야 할 개인적 비용이 높더라도 말을 하는 사람들은 자신이 옳다고 확신하는 것으로 보인다. 만델라가 제기하는 이견은 설득력을 가지는데, 이는 부분적으로는 그가 그런 높은 개인적 비용을 감수하고 말했기 때문이다.

내가 강조한 바와 같이, 이견을 제시하는 사람들이 터무니없는 것을 말하기도 하고 그들이 말한 것이 유익하지 않거나 심지어 해로운 것일 수도 있다. 우리가 장려하는 것은 그런 종류의 이견이 아니라 합리적인 견해, 혹은 올바른 종류의 이견이다. 유익한 결정을 산출하고 잘못된 쏠림 현상의 위험을 줄이려면, 바로 이 점이 근본적인 목표가 되어야 한다.

물론 문제는 어떤 권위자나 입안자도 사전에 어떤 것이 합리적인 견해인가를 확인할 수 있는 위치에 있을 것 같지 않다는 점이다. 소크라테스, 예수, 그리고 갈릴레오의 경우를 생각해 보라. 법의 관점에서 보면, 최상의 규칙은 매우 단순하다. 즉 자유롭게 다른 목소리를 허용하라는 것이다. 사회적 실천의 관점에서는 어떤 단순명쾌

한 규칙이 있는 것은 아니다. 사회적 압력을 통해 무분별하거나 광적이거나 혹은 편집증적인 견해들을 억누르는 것이 적절할 수 있다. 또한 가장 불쾌하고 비인간적인 견해들은 시민성의 규범을 통해 억누르는 것이 바람직할 수도 있다. 동조와 쏠림 현상이 사람들을 유익한 방향으로 이끈다면, 다른 목소리를 촉진할 필요도 없을 것이다. 그러나 이제 문제의 또 다른 측면, 즉 무엇이 잘못된 쏠림 현상의 위험을 극적으로 증대시키는가에 대한 문제로 우리의 관심을 돌려 보자.

## 경제적 인간을 넘어서

이제까지의 논의에서는 사람들이 대체로 합리적이라고 가정했다. 사람들은 다른 사람들의 주장과 행위가 제공하는 정보를 이해하고 자신들의 평판에 관해 신경을 쓴다. 그러나 인간의 합리성에는 '한계'가 있다. 대체로 사람들은 '가용성 어림법'●을 통해 해결하거나 관념상의 지름길을 이용한다. 사람들은 또한 동일한 편견들을 가지고 있다.[28] 경험을 통해 문제를 해결하는 방법과 모든 편견에는 그에 상응하는 쏠림 현상이 존재한다.

---

● 가용성 어림법(availability heuristic) | 어떤 사건(상)에 관련된 사례를 머릿속에 떠올리기 쉬운 정도에 따라 그 사건(상)이 일어날 확률을 평가하는 것을 말한다. 예를 들면, 어떤 동네의 이혼율을 추정하려고 할 때, 우리가 알고 있는 사람들 중에서 몇 쌍이나 이혼했는지를 머릿속에 떠올려 봄으로써 그 동네의 이혼율을 판단한다는 주장이다.

예를 들어 가용성 어림법을 검토해 보자. 사람들은 가용성 어림법, 즉 어떤 사례들이 쉽게 마음속에 떠오르는가를 질문함으로써 개연성에 관한 어려운 질문에 대답한다.[29] 홍수, 지진, 비행기 충돌, 교통 체증, 테러리스트의 공격, 혹은 원자력 발전소에서의 재난이 과연 어느 정도로 발생할까? 통계적 지식이 부족한 사람들은 자신이 알고 있는 사례를 생각하려고 노력한다. 통계적 지식이 부족한 사람들이 이런 가용성 어림법을 사용하는 것은 비합리적인 것이 아니다. 문제는 이런 방식이 심각한 실수를 가져올 수 있다는 점이다. 즉 작은 위험에 대해서는 너무 과도한 공포를 느끼는 반면에, 거대한 위험에 대해서는 무시하는 실수를 저지를 수 있다.[30] 그리고 여론조사와 실제 행태를 살펴보면, 가용성 어림법이 광범위하게 사용되고 있음을 보여 준다. 자연재해에 대처하고자 보험에 가입할 것인지의 여부는 그 사람의 최근 경험에 크게 좌우된다.[31] 만일 홍수가 가까운 과거에 일어나지 않았다면, 홍수에 대비해 보험에 가입하는 사람은 드물 것이다. 지진이 일어난 후에, 지진에 대비하기 위한 보험은 급격하게 증가한다. 그러나 생생한 기억이 사라짐에 따라, 보험 가입 역시 서서히 감소한다.

이 글의 목적상 핵심적인 사실은 가용성 어림법이 사회적 진공상태에서는 작동하지 않는다는 점이다. 사람들이 "떠올릴 수 있는" 사례들은 사회적 상호 작용과 함수관계에 있다. 이런 상호 작용은 그와 관련된 공동체 내에서 어떤 특정한 사례들을 급속하게 퍼뜨리는데, 그런 사례들은 대부분의 사람들이 떠올릴 수 있다. 바닷가에서 수영을 하면서 상어의 공격에 대해 걱정해야 하는가? 어린 여자 아이들이 유괴에 노출되어 있는가? 이 두 사례는 "가용성 쏠림 현상"이라는 것을 보여 주었는데, 이런 현상에서는 어떤 특정 사례가 발생했다는 사실이 사람들 사이에서 입소문을 타고 급속하게 퍼져 나간다.[32] 이 과정은 전형적으로 정보를 수반한다. 어느 해안에서 수영객이 상어의 공격을 받았다는 사례와 어느 뒷골목에서 어린 여자 아이가 유괴되었다는 사건은 언론을 통해 수백만 명의 사람들에게 빠르게 전달된다. 그러나 이 과정에서도 평판의 압력역시 핵심적인 역할을 수행한다. 대체로 사람들은 어떤 사례는 오해이며, 따라서 그런 사례가 흔히 발생하는 일이 아니기 때문에 괜한 공포를 느낄 필요는 없다고 말하기를 꺼린다. 오해를 바로잡으려고 노력하는 사람은 어리석거나 인정이 없는 사람으로 취급받을수 있으며, 따라서 그런 공적 비난을 피하고자 하는 바람에서 사람들은 침묵하게 된다.

가용성 쏠림 현상은 도처에서 발생한다. 이런 현상은 자연재해에 대처하고자 보험에 가입하는 이유를 설명할 수 있다.[33] 쏠림 현상의 효과는 위험 폐기물에 관해 광범위하게 퍼져 있는 공적인 근심을 설명할 수 있다. 최근에 가용성 쏠림 현상은 상어의 공격이나 어린 여성의 유괴뿐만 아니라 살충제, 비행기 충돌, 저격수의 공격, 그리고 학교에서의 총기 사고와 같은 공포를 자극했다. 2002년 가을에, 미국의 수도인 워싱턴에서 발생한 한 저격수에 의한 무차별적인 공격은 사람들의 행태에 큰 변화를 가져왔다. 심지어 통계상으로는 각 개인이 그와 같은 위험에 처할 가능성이 아주 적고, 사람들이 일상에서 직면하는 여타의 위험보다 크지 않았지만, 이런 사실들이 사람들 사이에서 나타난 행태상의 변화를 막지는 못했다. 광우병에 대한 쏠림 현상의 효과로 인해 유럽에서는 소고기 생산 지역이 크게 바뀌었다. 2001년 9월 11일의 테러리스트 공격은 다양한 쏠림 현상을 발생시켰는데, 사람들은 앞으로도 다양한 공격이 있을 것이라고 두려워했다. 탄저병에 대한 공포는 오직 하나의 작은 사례일 뿐이다.

이런 모든 사례에서 가용성 쏠림 현상이 과도하거나 부적절한 반작용을 이끌었던 것은 아니다. 거꾸로 그런 쏠림 현상은 심각하지만 무시되어 왔던 문제들에 대해 공적 관심을 끌 수 있는 유익한 효과를 가지고 있기도 했다. 내가 주장하고 싶은 점은, 가용성 어림법과 쏠림 현상의 효과 사이의 상호 작용을 파악함으로써 공적 반작용의 강도를 가장 잘 이해할 수 있다는 것이다. 문제는 그런 상호 작용으로 말미암아 불가피하게 큰 실수가 발생하는데, 그 이유는 가용성 어림법이 일반적으로 도움이 되기는 하지만 많은 경우에 효과가 없기 때문이다.

다른 곳에서와 마찬가지로 여기서도 이견은 중요한 교정 수단이 될 수 있다. 조직과 정부의 문제는 어떻게 하면 이견을 제시할 때 감수해야 하는 비용을 낮출 수 있느냐, 혹은 심지어 어떻게 보상할 수 있느냐에 있다. 이견을 제시하는 사람들이 그 자신을 위해서가 아니라 다른 사람들의 이익을 위해서 그렇게 한다면 특히 그러하다.

## 무엇을 떠올릴 수 있는가?

실제 세계에서 가용성 어림법을 사용하는 데 관심이 있는 사람들에게는 하나의 흥미로운 퍼즐이 있다. 다양한 맥락에서 여러 가지 이미지를 "떠올릴 수[이용할 수_옮긴이] 있다." 총기 폭력의 문제를 검토해 보자. 우리는 총의 존재 자체가 많은 사람을 죽음으로 이끄는 사례를 쉽게 발견할 수 있다. 우리는 법을 따르는 시민이 범죄자에 대항하고자 총을 사용해 스스로를 보호할 수 있었던 사례들 역시 발견할 수 있다.[34] 이런 모순된 사례들 가운데, 어떤 사례가 특히 유용하고 그것이 누구에게 유용한가? 환경 문제에 동일한 질문을 던질 수 있다. 심각한 환경 재난은 많은 경우에 그것에 대한 초기의 경고를 무시했기 때문에 발생한다. 이런 사실은 심각해 보이지 않을 수도 있는 위험에 대해서도 적극적으로 대처해 보호 수단을 강구할 필요성이 있음을 시사한다. 그러나 다른 많은 경우에, 정부는 결과적으로 작거나 실제적으로는 크지 않은 위험을 줄이는 데 상당한 시간과 노력을 허비한다. 어떤 사람들은 환경 문제를 무시함에 따라 발생한 재난을 떠올린다. 그러나 다른 사람들은 환경 문제에 병적으로 집착하는 사례들로 말미암은 병폐를 떠올린다. 사람들은 왜 이러저러한 종류의 사례들을 떠올리게 되었을까?

그 답은 정보와 평판의 사회적 영향력에 있다. 언론과 이익집단의 행태는 극히 중요하다. 만약 언론이 총 때문에 생긴 폭력의 사례나 정부가 사소한 환경 위험에 지나치게 반응하는 사례를 보도한다면, 이런 것들은 이용 가능하게 될 사례가 된다. 이익집단은 그들이 생각하기에 대표적인 사례들로 사람들의 관심을 끌려고 노력한다. 정치가들 역시 마찬가지다. 로널드 레이건은 그 방면의 대가였다. "복지 여왕"●에 대한 그의 이야기는 어떻게 미국의 복지 체계가 일할 동기를 파괴해 왔는가를 이야기해 주는 증거로서 많은 사람이 인용했다. 공적 이익집단 역시 비슷한 전략을 사용한다. 어떻게 국세청이 납세자를 가혹하게 다루었는가 또는 어떻게 정부가 예술을 검열하려고 시도했는가에 관한 흥미로운 이야기들은 하나의 일관된 주장보다도 훨씬 효과적일 수 있다.

물론 이것이 그런 상황의 전부를 보여 주는 것은 아니다. 우리가 알고 있는 것의 대부분은 친구와 동료로부터 얻은 것이고, 이것은 그 자체로 실수를 일으킬 수 있다. 만약 우리 친구들이 이야기들을 퍼트리고 있다면, 우리는 범죄율이 실제 이상으로 심각하다거나, 전자레인지가 암의 원인이 된다거나, 어떤 종교를 믿는 사람들은 악마이며 특히 폭력을 사용하는 경향이 있다고 믿을 수도 있다. 좀 더 나아가 우리의 믿음과 지향은 우리가 쉽게 떠올릴 수 있는 것들의 산물이다. 그러나 우리가 쉽게 떠올리는 것들은 또한 우리의 신념과 지향의 산물이다. 사람들은 종종 이러저러한 사례들을 일반적인 현상의 실제 사례로서 파악하는 경향이 있다. 이런 경향은 무엇이 이용 가능한지를 결정하는 데 있어서 문제가 된다. 총기를 규제하는 것에 반대하는 사람들은 총이 범죄를 막는 데 도움이 되었

---

● 복지 여왕(welfare queen) | 1976년 공화당 대통령 후보 선출 과정에서 로널드 레이건이 사용했던 용어로, 레이건은 사회복지 혜택을 받으며 캐딜락의 모는 여성을 사례로 들며, 미국 사회복지 체계의 난맥상과 함께 민주당의 복지 확대 정책을 비판했다.

던 사례들에 초점을 맞추는 것 같다. 환경주의자들을 싫어하는 경향이 있는 사람들은 환경주의자들의 주장이 어리석었고 과장되었던 사례들을 찾아내고 기억하려 할 것이다. 그리고 이러저러한 경향을 가진 사람들은 일반적으로 마음이 맞는 사람들을 찾을 것이기 때문에, 경향과 이용 가능성 간에는 밀접한 관련이 있게 될 것이다. 만약 당신이 특정한 사유에 호감이 있다면, 당신은 비슷한 사유를 가진 사람들을 찾으려 할 것이고, 이용 가능한 사례들은 그런 사람들의 경향을 자연히 뒷받침할 것이다.

그 결과는 경향과 이용 가능한 사례들이 상호 강화하는 일종의 순환이 될 수 있다. 이런 순환은 만약 그것이 집단으로 하여금 잘못된 생각을 받아들이게 한다면 악순환으로 판명될 수 있다. 여기서도 또한 다른 목소리를 내는 것은 하나의 핵심적인 구제 수단이 될 수 있다.

# 5장

# 언론의
# 자유

언론의 자유는 무분별한 쏠림 현상을 막을 수 있는 핵심적인 보호 수단이다. 언론의 자유는 정부가 시민들에게 순응을 요구하거나 정부가 사회로부터 격리되는 것을 막는다는 점에서, 또한 일반적으로 시민들을 자신이 동의하지 않거나 원치 않는, 심지어는 공격적인 견해들 — 웬들 홈스 판사가 "우리가 혐오하는 그리고 죽음의 냄새를 풍기는 표현들"[1]이라고 부른 것 — 로부터 보호함으로써 이견이 숨 쉴 수 있는 공간을 열어 놓는다. 표현의 자유는 집단과 사회가 어떤 방향으로 움직일 때, 그것이 바람직한 이유들 때문일 가능성을 증가시킨다.

홈스가 언론의 자유를 역설했을 때, 그 역시 처음에는 한 명의 이견 제시자에 불과했다. 그러나 궁극적으로는 그가 옹호했던 바로 그 입장이 미국의 법이 되었다. 홈스의 입장은 제2차 세계대전 중에 작성된 연방대법원의 자유로운 의견에 대한 판결에서 승인되었다.[2] 그 판결에서, 대법원은 아이들에게 국기에 경의를 표하도록 명령한 주법이 헌법에 위배된다고 판결함으로써, 언론의 자유 원칙을 옹호했다.＊ 민주주의의 미래 그 자체가 위험에 처해 있을 때 내려진 연방대법원의 이 결정에 대해 잠시 살펴볼 필요가 있다. 연방

---

＊1942년 웨스트버지니아 주 교육위원회는 공립·사립학교에 '국기에 대한 맹세'를 강제하는 결의안을 채택해, 맹세에 참여하지 않는 학생들에게 퇴학 처분을 내리고 맹세를 하지 않는 한 재입학을 불허했다. 그러나 이 조처는 얼마 안 돼 대법원의 심판을 받았다. 연방대법원은 "특정 신념을 말 또는 행동으로 고백하도록 시민에게 강요할 수 없다"며 이 조처가 연방헌법에 위배된다고 판결했다.

대법원은 미국의 적인 파시스트들을 직접 겨냥해 다음과 같이 판결의 이유를 설명했다. "강제적인 의견 통일은 오직 묘지에서나 가능할 뿐이다." 그리고 다음과 같은 유명한 문구를 덧붙였다. "우리의 헌법이라는 성좌에서 만약 어떤 고정된 별이 있다면, 그것은 어떤 공직자도 정치, 민족주의, 종교 혹은 여타의 문제에 대해 무엇이 정설定說인지를 정할 수 없고, 특정 신념을 말 또는 행동으로 고백하도록 시민에게 강요할 수 없다. 예외를 허용해야 할 어떤 상황이 있다 해도, 지금 우리가 그런 상황에 처해 있는 것은 아니다."

만일 동조와 쏠림 현상이 초래할 수 있는 위험에 주의를 기울인다면, 우리는 공식적인 정설을 금지하는 것이 사적인 목적뿐만 아니라 공적인 목적도 보호할 것이라는 점을 쉽게 이해할 수 있다. 이것은 정부가 큰 실수를 범할 가능성을 줄인다. 언론의 자유라는 원칙은 정부가 공적으로 인정하지 않는 견해 때문에 사람들이 처벌받는 것을 금한다. 언론의 자유는 사회적 영향력이 개인의 행동과 신념에 영향을 미침에 따라 발생할 수 있는 실수와 병리 현상을 막을 수 있는 핵심적인 보호 수단을 제공한다. 동시에 표현의 자유는 국가 지도자와 시민 사이의 간극을 줄이고, 이를 통해 지도자에 대한 시민의 감시를 촉진했다. 수정헌법 1조를 작성한 메디슨은 표현의 자유가 갖고 있는 이런 측면을 "반정부적 선동 행위를 금지하는 선동방지법"●에 반대하기 위해 사용했다. 메디슨은 "공직자를 선

---

●선동방지법(Sedition Act) | 원래의 정확한 명칭은 외국인 및 선동에 대한 방지법(Alien

출할 권리는 …… 자유롭고 책임 있는 정부의 본질"이며, "이런 권리가 가진 가치와 유효성은 특정의 지식에 의존하는 데, 그런 지식은 공적 신뢰를 얻기 위해 경쟁하는 후보자들에 대한 비교 검증을 통해 얻을 수 있다"[3]고 주장했다.

그렇다면 언론의 자유라는 원칙은 특히 무엇을 필요로 하는가? 잘 알려져 있듯이, 그 원칙은 정부가 찬성하지 않는 발언에 대한 '검열'을 금지한다. 정부는 흔히 정치적 이의 제기, 상업 광고, 혹은 노골적인 성적 표현 등을 처벌하려 한다. 대부분의 경우 그런 것들에 대한 처벌은 용납될 수 없다. 문제는 정부가 통제하려고 하는 언론을 제한하는 데 정당한, 그리고 충분히 중요한 이유를 가지고 있는가 그렇지 않은가다. 자유로운 사회에서는 장차 위험하거나 해로운 것으로 판명날 것이라는 이유로 정부가 그런 표현들을 제한할 수 없다. 심지어 중대한 위기 상황에서조차도 검열이 정당화될 수 있는 것은 아니다. 이견을 가지고 있는 사람들은 평화로운 시기나 전시 모두에서 공식적인 정책을 비판할 수 있다. 그런 비판적 언론이 일반적으로 인정된 신념을 거부하도록 (혹은 잘못된 신념을 받아들

---

and Sedition Acts). 1798년 미국 의회의 연방주의자들에 의해 통과되었고 존 애덤스 (John Adams) 대통령이 비준했다. 이 법에 대한 옹호자들은 적성국들의 시민들로부터 미국을 보호하고 연방정부를 약화시키고자하는 반정부적 공격을 중단시키기 위해 필요하다고 주장했다. 그러나 공화주의자들은 그 법이 위헌적이고 행정부에 대한 비판을 억누르며, 각 주의 독자적인 권리를 침해한다는 이유로 반대했다. 이 법은 제퍼슨에 의해 위헌적이라는 이유로 대부분 폐지되었지만, 이 법에 포함된 외국인 적에 대한 법(Alien Enemies Act)은 현재까지도 유지되고 있다.

다수는 동조를 낳고, 소수는 혁신을 낳는다. 이 점에서 한 사람의 이견이 사회를 올바른 방향으로 이끌 수 있다. 언론의 자유는 사회적 영향이 개인의 행동과 신념에 영향을 미침에 따라 발생할 수 있는 실수와 병리 현상을 막을 수 있는 핵심적인 보호 수단이다.

이도록) 사람들을 선동할 것으로 보인다는 정부의 판단만으로는 충분치 않다. 관료들은 사람들이 그런 선동에 의해 설득될 것이라는 점을 근거로 언론을 통제할 수 없다. 만약 정부가 언론을 통제하려고 한다면, 언론이 불법행위를 저지르거나 그렇게 할 의도가 있다는 점을 보여 주어야만 한다.[4] 이는 좀처럼 드문 일로, 예를 들어 누군가가 중앙정보부를 위해 일하는 비밀 요원들을 위험에 빠뜨리기 위해 그들의 이름을 폭로하는 경우가 바로 그런 경우에 해당한다. 그러나 이런 아주 엄격한 기준에서조차도 언론은 정부의 통제에 종속되지 않는다.

물론 언론의 자유라는 권리는 정치의 영역을 넘어 확장된다. 그러나 그 권리의 핵심은 정견의 차이와 이견을 보호하기 위한 것이다. 이런 방식으로 그것은 민주주의적 자기 통치의 기초를 제공한다. 정치적 이견을 보호하는 것은 개인적으로는 바로 그 사람을 보호하는 것이기도 하지만, 이는 또한 이런 이견을 통해 혜택을 볼 수 있는 수많은 사람들을 보호하기 위한 것이기도 하다. 누군가가 정부의 사기나 기만을 폭로할 때, 그런 폭로로 이익을 얻는 사람은 공중이지 그런 기만을 폭로한 사람이 아니다. 내부고발자들에 대한 법적 보호는 정보의 자유로운 흐름을 보장하기 위한 노력일 뿐이다.

이 점에 관해 『펜타곤 백서』Pentagon Papers의 사례를 검토해 보자.[5] 1969년과 1970년에 국무성의 전직 관료인 다니엘 엘즈버그Daniel Ellsberg는 베트남전쟁에 관한 극비 연구를 빼돌렸다. 이 연구는 미국의 인도차이나 정책이 어떻게 형성되었는가를 조사한 것이었다. 47권이나 되는 이 연구에는 비밀 외교 협상과 군사 작전에 관한 사항들이 포함되어 있었다. 엘즈버그는 이 『펜타곤 백서』를 상원외교위원회 의장인 윌리엄 풀브라이트William Fulbright 의원에게 전달했고, 나중에는 『뉴욕 타임즈』와 『워싱턴 포스트』에도 전달했는데, 이 두 신문은 발췌문을 신문에 게재하려고 했다. 엘즈버그는 전형적인 내부고발자였다. 그는 정부가 시민들에게 거짓말을 했고 『펜타곤 백서』를 유출하는 것이 그런 거짓말을 바로잡는 일이라고 믿었다. 이에 대해 정부는 깊은 우려를 표명했다. 관료들은 그런 내부고발이 정부의 협상력을 떨어뜨릴 수 있으며, 따라서 전쟁을 오래 끌게 해 불필요한 전사자를 수없이 양산할 것이라고 주장했다. 이런 이유로 정부는 그것의 출간을 금지하려고 했다.

연방대법원은 5 대 4로 정부의 주장을 기각했다. 휴고 블랙Hugo Black 판사는 정부가 "국민에게 아주 중요한 소식을 출간하지 못하도록" 할 수 없다고 판결했다. 그는 다음과 같이 덧붙였다. "정부가 언론을 검열할 권한은 없으며 언론은 영원히 정부의 검열로부터 자유로울 것이다. 언론은 정부의 비밀을 폭로할 수 있으며 이를 국민에게 알릴 수 있도록 보호받는다." 대체로 전시에 판사들은 대통령에게 이처럼 강경한 입장을 취하지는 않는다. 연방대법원이 다른 판사들로 구성되어 있었다면, 이와 같은 용기를 보여 주지 않았을 수도 있다. 그러나 이 사건은 정부의 우려가 정당하지 않다는 점을 보여 주었다. 『펜타곤 백서』의 출간으로 명확한 해악이 발생하지는 않았다. 수십 년 후에, 『펜타곤 백서』의 사례는 내부 고발과 다른 목소리를 헌법으로 보호했던 상징적인 사례가 되었다.

## 어떤 입장도 차별받아서는 안 된다

이견의 중요성을 제대로 평가하게 되면, 우리는 언론의 자유를 보장한 법의 "핵심"이 무엇인가를 좀 더 잘 이해할 수 있다. 그것은 어떤 관점에 대해서라도 정부가 차별해서는 안 된다는 것이다. 이런 차별 금지를 정확히 이해하기 위해, 언론에 대한 다른 세 가지 제한들을 검토해 보자.

- 길거리에서는 확성기를 단 트럭이나 "귀에 거슬리는 소음"을 내는 기타 장비들을 사용할 수 없다.[6]
- 지하철에는 어떤 정치 광고도 설치할 수 없다.
- 누구도 미국 정부의 반테러 정책을 비판할 수 없다.

첫 번째 제한은 중립적인 내용인데, 그것은 언론의 내용을 통제하는 게 아니라는 점에서 그러하다. 이 법은 공화당원과 민주당원, 광고주와 정치가, 약사와 전도사에게 동등하게 적용된다. 정부는 호불호에 따라 언론을 차별하지 않는다. 반대로 두 번째 제한은 내용에 기초해 있다. 이 법이 적용되는지 그렇지 않은지를 알려면, 언론의 내용에 대해 알 필요가 있다. 즉 상업 광고는 허용되지만, 정치 광고는 금지된다. 그러나 두 번째 제한은 관점에 대해서는 중립적이라는 점에 주의하자. 즉 법의 적용은 말하는 사람의 관점에 달려 있지 않다. 민주당원이건 공화당원이건, 자유주의자/진보주의자건 보수주의자건, 동조하는 사람이건 다른 목소리를 내는 사람이건, 모든 사람이 이 법의 규제를 받는다. 이 점에서 두 번째 제한은 세 번째 제한과 중요한 차이가 있다. 세 번째 제한의 적용은 전적으로 말하는 사람의 관점에 달렸다. 세 번째 제한에서 반테러 정책에 찬성하는 사람들은 그들이 원하는 바를 이야기할 수 있다. 오직 반테러 정책에 이견을 제시하는 사람만이 처벌을 받는다.

언론의 자유에 관한 미국의 법은 이런 다른 종류의 제한들을 분명하게 그리고 적절하게 구분한다.[7] 법원은 내용이 중립적인 제한들을 가장 관대하게 취급한다. 그런 제한들은 비교 평가를 조건으로 하는데, 정부는 그런 제한들이 가져오는 이익(예를 들어 미학적인 가치나 프라이버시)이 표현의 자유가 가져오는 이익을 상쇄한다는 점을 보여 주어야만 한다. 법원은 어떤 제한이 언론의 자유에 심각한 악영향을 미친다면 이를 받아들이지 않을 것이지만, 또 다른 강력한 이해를 보호하기 위해 필요한 경우라면 최소한의 제한은 허용할 것이다. 반면에 법원은 내용에 기초한 제한들에 대해서는 강하게 거부한다. 법원은 정부가 그런 제한을 통해 정부에 찬성하지 않는 언론을 금지하려는 불순한 동기가 있지 않은가를 의심한다. 만약 정부가 버스에 상업 광고를 부착하는 것은 허용하고 정치 광고는 금지한다면, 우리는 이런 조처가 정부가 자신에게 호의적이지 않은 언론을 제약하기 위한 시도가 아닌가 의심해 볼 수 있다. 그러나 적어도 법원은 이런 조처가 언론의 자유를 지나치게 훼손하지 않으면서도 정당한 이익에 공헌하고 있다는 정부의 주장에 귀를 기울이려고 할 것이다. 반면에 관점에 기초해 언론의 자유를 제한하려는 시도는 언제나 효력을 가지지 못한다.[8] 정부가 선호하는 관점과 그렇지 않은 관점을 구분하는 것은 금지되어 있다.

이것이 바로 '십자가 태우기'*에 대한 정부의 제한과 관련해 종종 전개된 법적 논란의 핵심이다. 만일 정부가 민·형사법상의 불법 침입죄를 적용해, 다른 사람이 소유하고 있는 잔디밭에서 십자가를 태우는 것을 금지한다면, 헌법에 위배되지는 않을 것이다. 이것이 바로 언론에 대한 내용 중립적 제한일 것이다. 불법 침입을 금지한 법은 어떤 사람도 사유지에 침입하는 것을 금하고, 그곳에서 십자가를 태우는 사람들은 다른 불법 침입자들과 마찬가지로 처벌을 받는다. 십자가를 태우는 사람들이 전하고자 하는 메시지의 내용은 법의 규제를 받지 않는다. 그러나 정부가 어떤 특정한 관점에 기초해 십자가 태우기를 막는다면 ― 예를 들어, 특히 "흑인들이 다른 미국인들과 동등하지 않다는 믿음을 표현하려는 목적으로 이루어지는" 십자가 태우기를 금지하는 법을 통해 ― 그런 정부의 규제는 분명 무효가 될 것이다. 대법원에서의 다양한 논쟁들은 대체로 법이 특정 관점에 기초해 있느냐 그렇지 않으냐를 둘러싸고 발생한다. 예를 들어 미네소타 주의 세인트폴에서는 불타는 십자가나 나치 문양, 혹은 여타의 상징물들을 전시하는 사람이 그런 상징물들이 인종이나 피부색, 신념, 종교 혹은 성의 차이에 기초해 "다른 사람들의 분노나 두려움 혹은 적의를 자극한다"는 점을 알고 있거나 알고 있다고 유추할 수 있을 경우, 그런 상징물들을 전시하는 것을 금

---

● 십자가 태우기(cross-burning) | 주로 20세기 초에 백인 지상주의 단체인 큐클럭스클랜 (Ku Klux Klan)에 의해 흑인이나 유색인종을 겁주거나 그들을 처형하겠다는 신호로 사용되었다.

지했다.● 서로 다른 의견이 팽팽히 맞선 대법원에서는 이런 금지가 내용에 기반을 두고 있을 뿐만 아니라 관점에도 기반을 두고 있다는 결론[따라서 세인트폴 시의 조례는 수정헌법 1조에 비추어 위헌이다_옮긴이]을 내렸다. 그 이유는 [세인트폴 시의 조례가_옮긴이] "가톨릭에 반대하는 광신자"나 "다른 사람의 어머니"를 비판하는 것은 허용하지만, 종교나 인종에 기초해 분노나 두려움을 자극하는 것은 금하고 있기 때문이라고 판결했다.⁹ 다른 십자가 태우기 소송의 경우에도 정부가 혐오스러운 관점을 표적으로 삼고 있느냐 아니면 유별나게 심각한 해악을 금지하고 있느냐를 둘러싸고 비슷한 논란이 있었다.

이 글에서 구체적인 쟁점들을 다루지는 않겠지만, 이런 문제들의 요점을 간단히 살펴보자. 언론의 자유에 관한 법은 특히 정부가 자신이 선호하는 관점과 그렇지 않은 관점을 골라내는 것을 금지한다. 만일 사회가 폭로와 이견으로부터 이익을 얻는다면, 그리고 만일 정보와 평판의 압력으로 말미암아 사람들이 스스로 침묵한다면, 이는 대중적으로 인기가 없는 관점을 제한하기 위해 법적 강제가 결코 사용되어서는 안 되는 분명한 이유가 된다. 언론의 자유라는 원칙의 핵심은 이런 형태의 검열을 금하는 것이다. 물론 법적 검

---

● 세인트폴 시는 이 조례를 다음과 같은 이유에서 제정했다. "과거로부터 계속되어 온 사회적 차별에 무기력할 수밖에 없는 사회적 약자 집단이 비방 연설의 희생자가 되는 것을 막기 위해 처벌 조례를 만들었으며, …… 그들의 기본적인 인권을 보호하는 동시에 자신이 살기를 원하는 곳에서 평화롭게 살고픈 사람들의 권리를 보장하기 위해 조례를 제정했다" (심경수, "증오언론과 십자가 소각에 관한 판례 경향: R. A. V. v. City of St. Paul 및 Virginia v. Black 사건을 중심으로," 『미국헌법연구』 18-1호, 2007, 55쪽에서 재인용).

열을 금지하는 것만으로는 다양한 이견을 충분히 보장할 수 없다. 사람들은 심지어 이견을 제시하는 것을 법이 허용한다 하더라도 단지 사적 압력 때문에 스스로 침묵할 수도 있다. 그러나 최소한 언론의 자유라는 권리는 법을 통해 그런 압력을 행사하는 것을 용납하지 않는다.

## 공적 광장 ●

언론의 자유에 관한 법은 근본적으로 검열을 금지한다. 그러나 많은 자유 국가에서, 언론의 자유에 관한 법은 논쟁적인 생각과 정보의 보호 그 이상을 의미한다. 예를 들어 미국에서 대법원은 자유로운 의사 표현을 위해 모든 사람들에게 거리와 공원을 개방해야만 한다고 판결했다. 20세기 초반의 주요 판례에서, 법원은 "명칭과 상관없이 거리와 공원들은 오래전부터 시민들이 생각을 소통하며, 공적 문제를 토론하는 결사의 목적으로 이용되었다. 고대로부터 이와 같은 목적으로 거리와 공공장소를 사용하는 것은 시민의 특권이자 권리, 자유이며 면책 사유에 해당한다"[10]라고 판결했다. 즉 정부는 공공장소와 공원에서 자유롭게 발언할 수 있도록 허용해야 한다는 것이다. 심지어 많은 시민이 평화와 조용함을 선호할지라

---

● 공적 광장(public forum) | 헌법에서는 일반적으로 사람들이 그 의사를 발표할 수 있도록 공개된 장소를 의미한다.

도, 그리고 사람들이 그런 언론 활동에 대해 화를 내거나 집이나 식당, 가게에 가는 도중에 시위대와 마주치는 걸 좋아하지 않더라도 자유롭게 발생하는 언론은 허용되어야 한다.

물론 정부는 "시간, 장소, 그리고 방식"에 대해 제한을 가할 수 있다. 누구도 새벽 3시에 반전 집회를 열거나 귀가 찢어질 정도의 소리로 목사나 총리, 혹은 대통령의 연설을 방송할 권리를 가지고 있지 않다. 그러나 시간, 장소 그리고 방식의 제한은 반드시 합리적이고 제한적이어야 한다. 정부는 자신의 의견을 말하고자 하는 사람들(여기에는 이견을 제시하는 사람은 물론, 사회에 불만을 가지고 있는 사람들도 포함된다)이 그들이 선택한 메시지를 전달하기 위해 거리와 공원을 사용하는 것을 반드시 허용해야 한다.

헌법이 시위대가 사람과 장소에 포괄적으로 접근할 수 있는 권리를 보장하는 것은 아니다. 만일 이견을 제시하는 사람이 사적 장소에서 시위를 한다면(만일 불만을 품은 노동자가 제너럴 모터스의 사유지에서 제너럴 모터스의 정책에 반대하기를 원한다면), 헌법은 그에게 어떤 도움도 제공하지 않는다. 만일 전쟁에 반대하는 사람들이 고위 관료의 사유지를 침범하거나 공공건물의 출입구를 봉쇄한다면, 경찰이 개입할 수 있다. 언론의 자유라는 원리는 포괄적인 접근권을 의미하는 것은 아니다. 그러나 공적 광장론●은 공원과 거리를 이용

---

● 공적 광장론(public forum doctrine) | 표현의 자유에 대한 시간, 장소, 방법상의 제한과 관련해 정부가 유지, 관리하는 공공시설을 공적 광장(도로, 인도, 공원과 같은 공공장소), 준공적 광장(학교, 도서관), 비공적 광장(교도소, 병영, 법정, 공항 터미널, 정부 청사 등)

할 수 있는 권리를 인정함으로써 포괄적으로 접근할 수 있는 권리를 보장한다. 즉 이 이론의 중요한 특징은 시위를 하는 사람들에게 특정한 장소를 이용하고, 다른 사람들에게 접근할 수 있는 권리를 부여한다는 점이다. 만일 시민의 권리를 옹호하는 사람이 공공 거리에서 자신의 주장을 말하고 싶다면, 그는 그렇게 할 권리가 있다. 그리고 공공 거리는 집회가 목표로 삼는 장소와 대체로 근거리에 있기 때문에, 이런 의미에서 시민들은 자신들이 목소리를 내고 싶어 하는 대상에 대해 사실상 접근할 수 있는 권리를 가지게 된다.

공적 광장론의 또 다른 중요한 특징은 그것이 언론에게 정부가 부과하는 처벌을 피할 수 있는 권리를 부여할 뿐만 아니라 언론에 대한 정부의 보조금을 보장한다는 점이다. 시민들은 세금을 냄으로써 거리와 공원에서 공적 광장론이 허용하는 의사 표현 활동을 지원한다. 실제로 납세자들은 거리와 공원을 유지하기 위해, 그리고 평화롭고 질서정연한 저항의 권리를 보장하기 위해 막대한 비용을 부담한다. 2003년 이라크 전쟁의 와중에, 준법적인 시위대는 경찰이 시위 현장에 있어 줄 것을 요청했다. 주목할 만한 점은, 공적 광장론이 언론의 자유라는 권리 아래에서 자신의 의사를 표현하는 사람에게 공적 보조금을 지원한다는 것이다. 시민들은 국방뿐만 아니라 자유로운 표현 체계의 조건을 보장하는 것을 통해 다양한 방

---

으로 나누고 각각에 상응하는 표현의 자유의 보장 정도를 달리함으로써, 특히 공적 광장에서의 표현의 자유를 강하게 보장하려는 것이다(김배원, "인터넷과 표현의 자유," 한국인터넷법학회 학술대회 발표문, 2002년 9월 28일, 83쪽).

식으로 그들이 누리는 자유를 위한 대가를 지불한다.


## 동조, 이견, 그리고 공적 공간

불행하게도 연방대법원은 왜 거리와 공원이 자신의 의견을 제시하는 사람들에게 개방되어 있어야 하는가에 대한 이유를 정확하게 제시하지 못했다. 우리는 여기서 공적 광장론이 세 가지 목적을 달성하는 데 도움을 준다는 점에 주목함으로써 그 이유를 좀 더 진전시킬 수 있다.[11] 처음 두 가지는 말하는 사람과 관련되어 있다. 세 번째 것은 듣는 사람과 관련되어 있다. 이 모두는 이견을 제시할 수 있는 공간을 보장하는 것과 관련되어 있다. 그리고 이견을 제시하는 사람들이 다른 상황에서라면 맹목적으로 동조하거나 부당한 쏠림 현상에 있었을 사람들과 대면할 수 있게 될 가능성이 증가한다는 점과 관련되어 있다.

첫째로, 공적 광장론은 이견을 제기하는 사람이 광범위한 계층의 사람들에게 접근할 수 있도록 보장한다. 시위대가 세금이 너무 많다거나, 환경 문제에 관심을 기울여야 한다든가, 낙태를 금지해야 한다거나, 혹은 노동조건이 너무 열악하다는 점을 공적 광장에서 주장할 수 있다고 해보자. 그러면 그들은 다른 상황에서라면 그런 요구들을 접하기 어려웠을 사람들이 그와 같은 의견에 귀를 기울이도록 할 수 있다. 그렇지 않다면 그런 요구를 접할 수 없었던 사람들 가운데 대부분은 동조나 나쁜 쏠림 현상의 희생자가 될 것이다. 거리를 걷거나 공원을 산책하는 사람들이 시위대를 만나면,

그들의 주장에 귀를 기울일 것이다. 그들은 또한 동료 시민들이 가진 생각이 무엇이고 그 생각이 얼마만큼이나 강력한가에 관해 배울 수도 있을 것이다. 아마도 몇몇 사람들의 생각과 가치관은 그들이 거리와 공원에서 본 것과 들은 것 때문에 변하기도 할 것이다. 아마도 그들은 틀에 박힌 통념이 잘못되었다는 점을 배울 것이다. 적어도 그들은 동료 시민 가운데 몇몇 혹은 대다수가 그런 생각을 거부한다는 점을 발견하게 될 것이다. 벌거벗은 임금님이라는 우화와 애쉬의 실험에서처럼 한 사람의 이견이 커다란 변화를 가져올 수도 있을 것이다. 물론 그런 일이 늘 일어나지는 않는다. 그러나 그런 일이 일어날 수도 있다. 중요한 점은 시위대가 다른 경우라면 시민들이 간과했을 법한 주장과 관심을 다시 생각해 볼 수 있도록 할 수 있다는 것이다. 시위대의 입장에서 보면, 공적 광장론은 시민들에 대한 일반적인 접근의 권리를 보장한다.

둘째, 공적 광장론은 자신의 의견을 말하고자 하는 사람이 일반 시민들뿐만 아니라 불만을 가진 특정 사람들 및 기관에 대해서도 접근할 수 있도록 허용한다. 예를 들어 주 의회가 아동에 대한 범죄나 보건 문제를 제대로 다루지 못하고 있다고 생각하는 사람이 있다고 가정해 보자. 공적 광장은 그런 사람들이 주 의회 앞에서의 시위를 통해 의원들이 자신의 생각을 듣게 할 수 있다. 이 점은 공적 제도뿐만 아니라 사적 제도에도 적용된다. 만약 옷가게 점원이 손님을 속였거나 불친절하게 대했다면, 소비자들은 옷가게 앞에서 시위를 할 수 있을 것이다. 이것은 그들이 사적 재산에 침입할 권리를 가지고 있기 때문이 아니라(누구도 그런 권리를 가지고 있지 않다), 옷가게와 가까운 곳에 바로 길거리가 있기 때문이다. 길거리에서 전략적으로 이뤄지는 시위는 의심할 바 없이 가게와 고객 모두의 관심을 끌 수 있다.

공적 광장론 아래에서, 이견을 가진 사람들은 특정한 청중에 접근할 수 있다. 많은 경우, 이견을 제시하는 사람의 목표는 특정 제도를 개선하거나 바꾸는 것이기 때문에, 공적 광장론은 이와 같은 목표를 달성하는 데도 중요한 역할을 수행한다. 공적 광장론이 잘못된 쏠림 현상에 대해서 갖는 밀접한 관계는 여기에서 발생하는데, 쏠림 현상에 빠져 있는 사람들은 특정 장소에서, 이견을 가진 사람들과 당연히 마주치게 되기 때문이다.

셋째로, 공적 광장론은 사람들이 다양한 생각을 가진 다른 사람들과 만날 가능성을 증대시킨다. 누군가가 일하러 가거나 공원에 갔을 때, 그가 예상치 못한 사람들을 만나게 될 것이라는 점은 상상할 수 있지만, 그러나 그것은 잠시 스쳐 가는 것이거나 중요한 만남은 아닐 것이다. 사람들은 출근길이거나 혹은 공원에서 점심을 먹다가, 전혀 예상치 못했거나 만약 예상을 했다면 피하려고 했을 논쟁이나 상황, 혹은 음악이나 미술 작품과 마주칠 수 있다. 실제로 사람들은 그런 논쟁이나 상황, 혹은 음악이나 미술 작품과 조우하는 것을 성가시게 여기거나 그 이상으로 생각할 수 있다. 중요한 점은 특정 견해를 갖고 있었거나 군중의 관점에 동조했던 사람들이 이 과정에서 다른 의견을 접할 수 있으며, 이에 따라 생각을 바꿀수도 있다는 점이다.

나는 공적 광장론이 적절치 못한 동조와 잘못된 쏠림 현상의 위험을 줄이는 데 도움이 될 것이라는 점을 강조해 왔다. 이것은 적어도 사람들이 자신이 좋아하지 않는 견해들을 들으려 하지 않으려 할 때, 어떻게 이런 위험들이 증가하는가를 살펴본다면 그러하다. 공적 광장이 잘 작동할 때, 그런 광장은 그동안 숨겨져 왔던 것과 사람들이 알 필요가 있는 것이 공개될 가능성을 늘린다. 그 이유는 자신의 생각과는 다른 생각으로부터 거리를 두거나 이를 외면할 수 있는 능력이 광장에서는 약화되기 때문이다. 이는 개인과 집단 모두에 유익한 결과를 가져오는데, 특히 사람들은 대체로 자신과 비슷한 생각을 하고 있는 사람들과 어울려 살고 싶어 하기 때문이다.

## 언론 자유의 미래

근대사회에서 공적 광장론은 중요한 사회적 역할을 담당해 왔다. 거리와 공원에서 시위가 계속해서 발생하고 있기 때문이다. 그러나 우리 중 많은 사람들에게 공적 광장은 현재에 실존하는 현실이라기보다는 상징으로서 좀 더 중요한 의미를 갖는다. 우리가 이견을 접하거나 무엇인가를 배우는 곳은 다른 곳이다. 만약 쏠림 현상이 발생한다면, 그리고 만약 그것이 분쇄된다면, 그 이유는 대체로 거리와 공원의 시위대 때문이 아닐 것이다. 20세기에는 "일반의 이익을 대변하는 거대한 매체들" — 신문, 잡지, 상업 방송, 그리고 공공 박물관 — 이 출현했다. 이런 사적 제도들은 바람직하건 그렇지 않건 간에 전통적인 공적 포럼의 기능 가운데 일부를 수행하게 되었다. 그런 매체들은 일반 사람들이 잘 모르는 주제와 생각들을 사람들에게 제공했으며, 많은 경우에 일반 사람들이 공유하는 문화와 같은 것들을 만들어 내는 역할을 해오고 있다. 이견을 가진 사람들은 다양한 대중들에게 (제한적이긴 하지만) 어느 정도까지는 접근할 수 있는데, 그 이유는 그들이 다양한 사람들에게 제공되는 정보의 원천에 접근할 수 있기 때문이다.

사회적 쏠림 현상은 종종 신문과 잡지 때문에 발생한다. 공포 때문에 발생하는 쏠림 현상의 경우는 특히 그러하다. 만약 사람들이 상어의 공격이나 테러, 혹은 어린 소녀의 유괴가 광범위하게 발생하고 있다고 믿거나, 혹은 전자파를 두려워한다면, 그것은 종종 언론 매체 때문이다. 그리고 잘못된 쏠림 현상이 약화될 때, 그 이유는 종종 그런 현상들의 정체가 폭로되었기 때문이다.

만약 신문이 제 역할을 한다면, 독자들은 광범위한 주제와 견해들을 신문에서 발견하게 될 터인데, 여기에는 그들이 관심을 기울이지 않았던 주제와 견해들이 포함되어 있을 것이다. 예를 들어 친미적인 독자는 뮌헨이나 파리 혹은 런던에서 벌어진 반미 집회에 관한 기사를 접할 수 있고, 그런 기사는 그의 관심을 자극하고 심지어는 반미적인 사람들이 얼마만큼이나 미국에 적의를 가지고 있는가와 그 적의의 내용은 무엇인가에 관해 그가 생각해 볼 수 있는 기회를 제공할 것이다. 만약 독자가 미국에 대한 유럽인들의 비판에 관해 처음부터 부정적이라면, 그를 설득하기는 힘들 것이다. 그러나 다른 경우라면 우방 국가의 시민들 사이에서 미국에 비판적인 견해가 광범위하게 받아들여지고 있다는 사실은 귀중한 정보를 제공하고 독자의 생각에 영향을 미칠 수도 있다. 또는 최저임금을 대폭 인상하는 데 찬성하는 독자는 그런 임금 인상이 높은 실업률을 가져오기 때문에 빈곤층에 있는 사람들이 그 정책을 지지하지 않는다는 기사를 볼 수도 있다. 그런 기사는 그가 속한 공동체 내에서 광범위하게 지지를 얻고 있는 최저임금에 대한 관점을 그가 거부하도록 할 수도 있다. 신문과 잡지 그리고 저녁 뉴스는 날마다 이런 효과를 발휘하고 있다. 그런 매체가 가진 일차적인 사회적 기능 가운데 하나는 독자와 시청자들에게 새로운 소식과 다른 목소리를 다양하게 제공하는 것이다.

인터넷은 여기서 아주 중요하다. 이용 가능한 정보의 원천을 비약적으로 증가시킴으로써, 인터넷은 많은 중요성을 지니게 되었다. 또한 그런 정보는 수많은 사람들에게 동시에 전달될 수 있다. 이용 가능한 정보의 원천이 많기 때문에, 인터넷 사용자들은 방송이나 신문 혹은 잡지의 여과 효과로부터 자유로울 수 있다. 그처럼 여과 효과로부터 자유로울 수 있다면, 사람들은 리스트 서버와 웹사이트 그리고 채팅방과 같은 것들을 통해 마음에 맞는 사람들과 공동체를 만들 수 있을 것이다. 인터넷은 대체로 매우 유익한데, 그 이유는 그것이 이용 가능한 의견과 사실들의 수를 증가시키고 호기심을 가진 사람들이 다른 목소리를 쉽게 발견할 수 있도록 해주기 때문이다. 잘못된 쏠림 현상은 빠르게 사라질 수 있다. 실제로 그것은 한 순간에 붕괴할 수도 있다.

인터넷 덕택에, 호기심이나 의심이 많은 사람들은 더는 절름발이 인식 때문에 고통받을 필요가 없어졌다. 단지 서로 다른 관점에 대해 배우게 되었을 뿐이다. 주변 친구들과 이웃의 급진적 사상에 답답함을 느끼는 사람은 인터넷을 통해 보수적 목소리를 쉽게 발견할 수 있다. 보수적인 친구와 이웃이 주위에 많은 사람은 페미니즘, 동성애 권리, 그리고 노동조합에 관해 인터넷을 통해 배울 수 있다. 지리적 환경에 기반을 둔 쏠림 현상과 동조의 압력은 간단히 퇴치될 수 있는데, 왜냐하면 사람들이 그 지역에 퍼져 있는 것과는 매우 다른 견해를 인터넷을 통해 실시간으로 발견할 수 있기 때문이다. 그리고 만약 사람들이 그들이 거주하는 장소에서 평판에 의한 압력을 느낀다면, 그들은 그런 평판의 압력이 존재하지 않는 다른 장소에서 대안을 발견하고, 전국적으로 심지어는 전 세계적으로 그들과 마음이 맞는 사람들과 인터넷을 통해 접촉함으로써 그런 평판의 압력에 대해 좀 더 대담하게 대처할 수 있을 것이다. 이런 방식으로 인터넷은 내가 강조해 온 사회적 영향력의 해로운 효과를 중화하도록 돕는다.

하지만 불행하게도 이런 청사진에도 또 다른 측면이 있다. 가장 나쁜 점은 인터넷이 어처구니없는 쏠림 현상을 쉽게 만들어 낸다는 점이다. 자판 하나를 누름으로써 수천 명의 사람들이 진실과 거리가 먼 정보를 받아 볼 수 있다. 그런 정보는 순식간에 수천 명, 심지어는 수만 명에게 퍼져 나갈 수 있다. 수많은 사례 가운데 하나로, 수많은 사람들에게 리버만 상원 의원이 쓴 것으로 알려지며 인터넷에서 급속히 퍼져 나간 편지의 사례를 검토해 보자. 이 편지는 프랑스 사람들을 반유대주의자로 '경멸'하는 내용을 담고 있었다. 그 메일은 매우 유치한 내용이었으며, 리버만 상원 의원은 그 메일을 결코 쓰지 않았다. 하지만 상당수의 지식인들이 속아 넘어갔다.

인터넷에서의 아주 위험한 쏠림 현상은 또한 "후천성면역결핍증을 부정하는 사람들" 때문에 발생했다. 이런 "사람들" 가운데 몇몇은 에이즈는 실제로 존재하지 않고 따라서 개인과 국가는 에이즈로부터 사람들을 보호할 필요가 없다고 주장했다. 그 결과 잘못된 믿음의 쏠림 현상이 출현했다. 이런 종류의 기만은 사람들을 심각한 위험으로 내몰기 때문에 치명적인 영향을 미칠 수 있다. 인터넷에는 많은 혐오 사이트들이 있고 그중 몇몇은 홀로코스트의 존재 자체를 거부한다. 그리고 이런 사이트들은 규모는 작지만 때로는 위험한 집단들에게 잘못된 생각을 전달한다. 알카에다를 포함한 테러리스트들은 웹사이트를 가지고 있는데, 이런 웹사이트를 통해 잠재적으로는 그들이 선호하는 방향으로 쏠림 현상을 만들어 낼 수도 있을 것이다.

위험에 대처하기 위해 어떤 것을 할 수 있을까? 원활하게 기능하는 언론 자유의 체계를 조성하는 데 있어서 정부의 역할이 무엇인지를 여기서 논의하지는 않을 것이다.[12] 그러나 그런 체계는 검열로부터의 자유뿐만 아니라 다양한 관점들을 들을 수 있도록 보장하는 사적·공적 제도들이 있을 경우에만 제대로 작동할 수 있다는 점 역시 분명히 해야 한다. 앞서 살펴보았던 것처럼, 테러리스트들은 대체로 절름발이 인식 속에서 살아간다. 그들이 접하는 정보의 범위는 매우 협소하며, 이는 과거, 현재, 그리고 미래에 대한 일련의 병적이고 매우 편협한 사실만을 강화한다. 그러나 테러리스트들만이 절름발이 인식을 지닌 것은 아니다. 많은 경우에 모든 종류의 동조자들 역시 절름발이 인식 때문에 고통을 겪는다. 공적 광장이 완전한 해결책을 제공하는 것은 아니다. 그러나 만일 다른 목소리가 존재하고 사람들이 다른 목소리들을 실제로 들은 후에 그런 관점들을 받아들이지 않는다면 사태는 좀 더 나아질 수 있다. 잘 설계된 시장 메커니즘 역시 정보가 여러 사람들에게 알려지는 것을 보장하는 데 도움이 될 수 있다.[13] 자유로운 사회는 높은 수준의 포용력에 의존하며, 이견과 불일치를 환영한다.

## 안데르센의 비현실적 낙관론

벌거벗은 임금님 이야기는 지극히 낙관적이다. 안데르센의 이야기에서는 (어린아이가 외친) 진실이 거짓을 이겼다. 이런 상황은 매우 비현실적이다. 실제 세계에서, 광범위하게 퍼진 기만은 그렇게 쉽사리 물리칠 수 없다. 사실에 관한 잘못된 판단은 계속 저질러지고, 이는 가치에 관해서도 마찬가지다. 미국에서 노예제를 폐지하는 데는 거의 한 세기가 걸렸다. 그리고 도덕적인 진리가 아니라 남북전쟁이 노예제를 폐지하는 데 필수적이었다. 심지어 민주주의에서도, 권력상의 불균형은 다른 목소리가 나오지 못하도록 하는 데 큰 역할을 한다. 그런 권력상의 불균형은 이의를 제기하는 사람들을 침묵시킴으로써, 좀 더 교활하게는 그들의 목소리가 들리지 않도록 함으로써, 이견을 질식시킨다. 사회과학은 여기서 적절한 교훈을 제공한다. 지위가 낮은 집단에 속해 있는 사람들 — 교육 수준이 낮은 사람들, 흑인, 때때로 여성 — 이 지위가 높은 집단에 속해 있는 동료들보다도 토론 과정에서 행사할 수 있는 영향력은 더 약하다.[14] 실제 토론의 세계에서, 힘이 없는 목소리는 공정한 발언 기회를 얻기까지 많은 장애에 직면한다.

언론 자유의 원리는 대부분 법에 관한 것이지 문화에 관한 것이 아니다. 언론의 자유라는 입장에 충실한 법적 체계는 정부가 이견을 침묵시키는 것을 금지한다. 그런 법적 체계가 굉장한 성취이기는 하지만, 그것만으로는 불충분하다. 우리가 살펴본 것처럼, 사람들은 종종 스스로 침묵하는데, 그 이유는 법 때문이 아니라 그들이 군중을 따르기 때문이다. 우리는 이제 사람들이 이견을 듣지 못했기 때문이라는 점을 그 이유에 추가할 수 있다. 어느 경우든 이는 사회에 피해를 입히는데, 그 이유는 바로 공중이 필요로 할지도 모를 정보를 빼앗기 때문이다. 원활하게 기능하는 민주주의는 언론의 자유에 대한 단순한 법적 보호뿐만 아니라, 언론의 자유라는 문화를 가지고 있다. 그것은 정신의 독립을 고양한다. 그것은 말과 행위를 통해 지배적인 견해에 도전하려는 의지를 부여한다. 이와 동일하게 중요한 점은 그런 문화가 특정한 태도를 고양한다는 점인데, 이견을 제시하는 사람들의 의견을 정중하게 들어주는 태도가 바로 그것이다. 언론의 자유라는 문화 속에서, 청취자의 태도는 화자의 태도만큼이나 중요하다.

그러나 심지어 가장 자유로운 사회에서조차도 공개적인 의견 교환에 대한 실제적인 장애물이 존재한다. 바로 이 점이 우리가 안데르센 우화의 낙관론을 경계해야 할 이유다. 이제 그 장애물에 대해 이야기해 보자.

# 6장

## 집단
## 편향성의
## 법칙

집단은 많은 경우 극단으로 치닫곤 한다. 개별 구성원이었다면 하지 않았을 행동을 집단이 하는 경우를 종종 볼 수 있는데, 청소년 집단, 정당, 폭력 단체들 모두 이와 같은 경향을 보인다. 이 장에서는 이런 현상이 왜 나타나는지, 그리고 정당하지 않은 집단 편향성에 대해 우리가 어떻게 대처할 수 있는지를 살펴보고자 한다.

우리는 지금까지 정보 및 평판이 가진 영향력이 어떻게 동조 및 쏠림 현상을 일으킬 수 있는지에 대해 알아보았다. 또한 우리는 정보나 평판이 미치는 영향력을 어떻게 늘이거나 줄일 수 있는지에 대해서도 알아보았다. 사람들이 우정 혹은 정서적으로 연결되어 있지 않은 경우, 사회적 영향은 줄어든다. 사람들이 자신을 행위자 혹은 발화자와 다른 집단에 속해 있다고 인식하는 경우, 사회적 영향은 오히려 반대로 작용할 수도 있다. 예를 들어 파키스탄 시민들은 인도 시민들과 반대로 행동하려는 경향을 보일 수 있다. 또한, 정보의 양이 늘어나면 동조 효과는 줄어든다. 사람들이 누군가가 더 많은 정보를 갖고 있다고 인식할 경우, 그때까지 일어났던 쏠림 현상은 사라지고 새로운 쏠림 현상이 생겨날 수 있다. 이와 같은 사실들은 모두 집단 편향성이라는 현상을 살펴보기 위해 필요한 지식이다. 집단 편향성은 폭력 단체, 이익집단, 종교 단체, 정당, 배심원단, 국회, 재판부 그리고 심지어는 국가와 같은 집단의 행동 방식에 대해 중요한 정보를 제공한다.

## 집단은 어떤 역할을 하는가?

집단토론의 과정에서는 어떤 일이 벌어질까? 타협이 이루어질까? 집단의 의견은 각 구성원들이 가진 견해의 평균으로 수렴할까? 이에 대한 답은 다양한 경험적 연구를 통해 얻을 수 있었는데, 이 답은 예상과는 사뭇 달랐다. 즉 집단토론의 결과는 토론에 앞서 각 구성원들이 가진 견해의 평균보다 더 극단적인 견해를 취하게 된다.[1] 이와 같은 현상을 집단 편향성이라고 부르는데, 이는 집단토론의 과정에서 일어나는 전형적인 현상이다. 집단 편향성은 미국, 프랑스, 독일, 아프가니스탄을 포함한 열두 개 이상의 국가에서 진행된 수많은 연구에서 발견되었다.[2] 몇 가지 예를 살펴보도록 하자.

- 지구온난화가 심각한 문제라고 생각하는 일군의 사람들이 모여 대화를 나누게 되면, 사람들은 지구온난화를 더욱 심각한 문제라고 생각하게 된다.
- 현재 진행되고 있는 전쟁에 찬성하는 사람들이 모여 토론을 하게 되면, 토론 이후 그들은 전쟁에 더욱 적극적으로 찬성하게 된다.
- 현직 대통령을 싫어하는 사람들이 모여 대화를 나누게 되면, 현직 대통령을 더욱 싫어하게 된다.
- 미국에 대해 부정적인 견해를 갖고 있는 사람들이 서로 의견을 교환할 경우, 이들은 미국에 대해서 더욱 부정적이고 회의적이 된다. 실제로 한 연구는 프랑스 시민들을 대상으로 한 연구에서 이에 대한 구체적인 증거를 발견했다.[3]

위와 같은 사례뿐만 아니라 다른 수많은 경우에서도, 우리는 비슷한 사고방식을 가진 사람들이 서로 대화를 하고 난 후 더욱 극단적인 의견을 갖게 되는 현상이 나타남을 관찰할 수 있다. 이에 따라, 반란 혹은 폭력 행위를 일으키고자 하는 경향이 있으며, 다른 견해를 갖고 있는 사람들과 떨어져 있는 사람들은, 자신들 간의 논의 및 합의를 통해 반란 혹은 폭력 행위를 일으키자는 의견을 굳힐 수 있게 된다. 정치적 극단주의는 많은 경우 집단 편향성의 결과다.[4] 극단주의적 단체나 열광적인 신흥 종교를 일으키기 위한 좋은 방법 가운데 하나는 회원들을 다른 사회 구성원들로부터 격리시키는 것이다. 이와 같은 격리는 물리적으로 이루어질 수도 있지만, 집단에 속하지 않은 사람들에 대한 의심을 불러일으킴으로써 심리적으로 이루어질 수도 있다. 이와 같은 격리가 일어날 경우, 집단 구성원들은 다른 집단에 있는 사람들이 가진 정보 및 관점을 신뢰하지 않게 된다.

집단 편향성과 쏠림 현상 사이에는 밀접한 관계가 있다. 집단 편향성과 쏠림 현상은 모두 정보와 평판이 미치는 영향력으로 인해 생겨난다. 하지만 집단 편향성과 쏠림 현상 사이의 중요한 차이 가운데 하나는, 집단 편향성이 일어나기 위해서는 토론 과정이 필요하지만, 쏠림 현상은 토론 과정이 없어도 일어날 수 있다는 것이다.[5] 집단 편향성은 일반적으로 쏠림 현상과 비슷한 방식으로 일어나기는 하지만, 늘 그런 것은 아니다. 집단 구성원 개인들이 원래 갖고 있던 의견보다 더 극단적인 의견을 갖게 될 때 집단 편향성이 나타난다.

## 배심원과 판사

법과 관련된 상황에서도 집단 편향성이 일어나는지에 대해서 알아보기 위해, 서두에서 언급되었던 배심원, 처벌의 강도, 그리고 손해배상금에 대한 연구를 다시 한 번 살펴보도록 하자.[6] 이 연구는 배심원 자격이 있는 3천 명가량의 시민들을 대상으로 이루어졌는데, 그 목적은 타인의 의견을 듣거나, 어떤 사안에 대해 다른 사람들과 토론하는 것이 개인의 판단에 어떤 영향을 미치는지 알아보는 것이었다. 배심원들은 개인 상해 사건과 그 사건에 대한 피고와 원고 측의 의견에 대해 읽고, 심의에 들어가기에 앞서, 개별적으로 '판결' — 판결은 0점에서 8점으로 매겨졌는데, 0은 무죄, 8은 엄격한 처벌을 의미했다 — 을 내려 보라는 지시를 받았다. 시민들 각자의 판결을 기록하고 난 후, 배심원들을 각각 여섯 명의 집단으로 나눈 뒤, 각 집단마다 만장일치로 '최종 선고'를 내리라는 지시를 했다.

어떤 일이 일어났을까? 집단 내의 상호 작용이 사람들의 판단에 어떤 영향을 미쳤을까? 합리적으로 생각해 보면, 토론 과정에서 사람들이 서로 타협한 결과, 최종 결과는 배심원 각자가 내렸던 판결의 중간값이 되리라고 예상해 볼 수 있다. 하지만 이와 같은 예상은 크게 빗나간다. 오히려, 가혹한 처벌을 선호했던 배심원들로 이루어진 배심원단은 토론이 끝난 후에 더욱 가혹한 처벌을 내려야 한다고 결정했고, 좀 더 관대한 처벌을 원하는 배심원들로 이루어진 배심원단은 토론이 끝난 후에 더욱 관대한 처벌을 내려야 한다고 결정했다. 8단계 가운데 개별 배심원들의 판결 중간값이 4보다 높았을 경우, 배심원단의 선고는 중간값보다 높았다. 집단 내에서의 상호 작용을 통해, 분노는 더욱 커졌고 따라서 더욱 엄중한 처벌이 내려져야 한다고 결정되었다.

그러나 토론에 앞서 개별 배심원들이 내린 판결의 중간값이 4보다 낮았을 경우, 배심원의 선고는 논의가 이루어지기 이전의 중간값보다 약해졌다. 에스컬레이터가 갑자기 멈춰 부상을 당한 시민이 제기한 소송의 경우를 생각해 보자. 개별 배심원들은 이 사건을 제조사의 심각한 과실 때문에 발생한 것이 아니라 순수한 사고로 보았으며, 그다지 분노하는 모습을 보이지 않았다. 그 결과 배심원단은 개별 배심원 판결의 중간값보다 더욱 관대한 판결을 내렸다. 바로 여기에서도 집단 편향성 사례가 나타났다.

물론 이는 실험을 통해 얻은 결과다. 그렇다면 집단 편향성은 과연 실제로도 일어날까? 이 질문에 대한 답을 직접적으로 증명하기는 어렵다. 하지만 법과 관련된 상황에서 사람들이 어떻게 행동하는지에 대해서 내가 했던 연구는 편향성이 존재한다는 주장을 뒷받침할 수 있는 분명한 증거가 된다. 이 연구에 대해서는 8장에서 자세히 알아보도록 하고, 일단은 여기에서 발견할 수 있는 한 가지 분명한 사실을 짚고 넘어가자. 공화당이 지명한 판사는 전원이 공화당이 지명한 판사들로 이루어진 재판부에서는 전형적으로 보수적인 판결을 내릴 가능성이 훨씬 컸고, 민주당이 임명한 판사는 전원이 민주당이 지명한 판사들로 이루어진 재판부에서 전형적으로 자유주의적/진보적인 판결을 내릴 가능성이 훨씬 크다는 것이다. 간단히 말하자면, 정치적 신념은 판사들이 자신과 비슷한 사고방식을 가진 사람들로 구성된 재판부에 속해 있을 때 더욱 강해진다. 이는 집단 편향성으로 인해 일어날 것으로 예상할 수 있는 결과와 정확히 일치한다. 미국에서 찾아볼 수 있는 이와 같은 자연적인 실험을 통해 우리는 자신과 다른 의견을 가진 판사들의 의견을 접하지 못하는 판사들이 극단적인 판결을 내릴 수 있다는 사실을 발견할 수 있다.

## 분노와 테러 행위

처벌의 강도를 결정하는 과정에 대해 검토해 보면, 배심원들이 판결을 내리는 방식은 사람들의 일반적인 행동 양식에 대한 시사점을 얻을 수 있다. 처벌은 분노에 뿌리를 두고 있으며, 한 집단이 얼마나 분노했는지를 살펴보면, 배심원단이 얼마나 엄중한 처벌을 내릴지를 비교적 정확하게 예측할 수 있다.[7] 크게 분노한 사람들은 집단토론 이후에 더욱 거세게 분노하게 된다. 나아가 논의 전후에 처벌의 강도가 얼마나 변하는지는 사람들이 토론 이전에 얼마나 크게 분노했는지에 따라 달라진다. 원래의 분노 정도가 클수록, 집단토론 이후의 처벌 강도는 더욱 커졌다.[8] 여기에서 우리는 배심원단, 성난 폭도들, 정부 등이 어째서 특정 사안에 대해 유난히 엄격한 처벌을 내리는지뿐만 아니라, 분노에 기반을 둔 다른 현상들, 예를 들면 혁명과 폭력이 왜 일어나는지에 대해서도 알 수 있다. 이미 분노할 가능성이 클 뿐만 아니라, 서로 유사한 사고방식을 가진 사람들이 모이게 되었을 때, 우리는 이들이 더욱 거세게 분노할 것임을 쉽게 예측할 수 있다.

집단 편향성은 반목, 민족 분쟁 및 국제 분쟁, 또는 전쟁의 과정에서 필연적으로 나타난다. 반목이 일어나는 중요한 이유 가운데 하나는 관련 집단의 구성원들이 자신이 속한 집단의 구성원하고만 대화하거나, 같은 집단 구성원의 말만 듣는 경우가 많기 때문이다. 이로 말미암아 양 쪽 집단의 구성원들은 더욱 분노하게 될 뿐만 아니라 문제가 되는 사건에 대해 갖고 있는 생각이 더욱 확고해진다. 이스라엘과 팔레스타인 당국 사이에는 오랫동안 집단 편향성이 매일 반복되었다. 많은 사회운동은, 그들이 사회에 어떤 영향을 주었는지에 관계없이, 구성원들의 분노가 격앙되었기 때문에 등장할 수 있었다.

테러 집단이 오해, 의심, 증오 혹은 폭력에 사로잡히게 되는 것은 많은 경우 집단 편향성 때문이다. 실제로 테러 지도자들은 극단화를 적극적으로 이용한다.[9] 그들은 비슷한 사고방식을 가진 사람들로 이루어진 집단 거주지를 만들고 이견을 용인하지 않으며 억압한다. 또한 그들은 강한 내적 연대감을 조성하고, 이용할 수 있는 정보의 종류를 제한할 뿐만 아니라, 집단 내에서 평판이 미치는 영향력을 최대한 활용한다. 이와 같은 방법을 통해서 테러 행위가 가능해질 수 있는 것이다. 테러 연구 기관에서 발견한 다음 사례를 살펴보자.

테러리스트들은 자신들이 틀렸다거나, 자신과 다른 의견이 가치 있을 수 있다는 사실을 전혀 고려하지 않는다. …… 그들은 자신이 속한 집단 밖의 모든 사람은 악의적인 의도만을 갖고 있다고 생각한다. …… 상당수의 테러리스트들은 소속감을 중시하며, 바로 이와 같은 필요성이 그들에게 테러 행위에 대한 동기를 부여한다. …… 테러리스트들은 자신이 집단 내에서 어떻게 받아들여지는가에 따라 스스로의 사회적 지위를 결정한다.

강한 내적 동기를 가진 테러 집단들은 집단의 존재를 지속적으로 정당화할 필요성을 느낀다. 테러 집단은 공포심을 불러일으켜야만 한다. 집단의 자존감과 정당성을 유지하기 위해 폭력적인 행위라도 자행해야 한다. 테러리스트들이 때때로 자신들이 공개적으로 발표한 목적을 달성하는 데 전혀 도움이 되지 않을 뿐만 아니라, 부정적인 영향을 미치기까지 하는 공격을 감행하는 것은 바로 이런 이유 때문이다.[10]

실제로 테러 조직들은 그들의 활동을 좀 더 극단적인 방향으로 몰아가기 위해 심리적인 압력을 이용한다. 여기에서 집단에 대한 소속감 역시 중요한 역할을 한다. 다음 내용을 살펴보자.

테러리스트 집단 내의 역학 관계가 극단적이고 과격한 것 역시 이런 심리적 동기부여 때문이다. 그들은 만장일치를 요구하는 경향이 있으며 이견을 수용하지 못한다. 명확히 규정된 적과 분명한 악의 존재로 말미암아 테러 행위의 빈도를 늘리고 강도를 높이려는 압력이 지속적으로 나타난다. 구성원들은 소속감을 중시하기 때문에 탈퇴를 포기하게 되고, 집단은 자신에 대한 평판이 추락하는 것을 두려워하기 때문에 탈퇴를 허용할 수 없게 된다. 결국 타협은 거부되고 과격한 행동만 남는다. …… 사람들이 집단(가족, 씨족, 부족 등)에 대한 소속감을 통해 정체성을 갖게 되는 사회에서, 다른 곳에서는 보기 힘든, 자발적 자기희생이

나타날 수 있는 것은 바로 이런 이유 때문이다.[11]

테러 집단들은 다른 집단으로부터 받는 굴욕감과 이에 대한 분노를 통해 연대감을 고양한다. 이런 수단이 사용되는 사례는 테러 집단 외에서도 많이 찾아볼 수 있다. 예를 들어 히틀러는 독일 민족의 고통과 굴욕감을 강조함으로써 집단에 대한 소속감을 이끌어 내고 극단적인 행동을 고무했다. 굴욕감은 분노를 낳는다는 점에서, 테러리스트들이 전형적으로 사용하는 특징적 전략이다. "많은 알카에다 훈련생들이 비디오를 보았습니다. …… 이는 매일 진행되는 훈련 과정의 일부였는데, 팔레스타인 …… 보스니아 …… 체첸 …… 이라크 어린이들과 같이 절박한 상황에 처해 있는 이슬람교도들의 영상을 수백 시간씩 보여 주는 것이 알카에다 교육과정의 일부였지요."[12]

알카에다는 전 세계의 이슬람교도들이 연대감을 갖도록 하기 위해 많은 노력을 했으며, '그들'을 배척하고 '우리'를 강조하는 공동의 정체성을 전파하기 위해 특히 많은 노력을 기울였다. 오사마 빈라덴은 이를 위해 "이슬람 국가에 만연해 있는 굴욕감과 무력함에 호소한다. 이슬람교도들은 전 세계 …… 보스니아 …… 소말리아 …… 팔레스타인 …… 체첸 …… 사우디아라비아 …… 에서 모두 피해자다. 그는 혼란에 빠진 사람들에게 세상을 단순화시켜서 보여 주었고, 그들에게 사명감을 부여했다."[13] 이와 같은 정신 교육은 광신도 집단에서 이루어지는 교육과 매우 비슷했다. "[알카에다 캠프의] 군사 훈련은 강제적인 종교적 세뇌와 함께 이루어지는데, 신병들에게 서구 세계에 대한 비판 의식은 물론이고, 성전을 일으켜야 하는 그들의 의무를 끊임없이 주입한다."[14] 알카에다의 구조 자체는 그 안에서 강렬한 연대감이 생기도록 한다. "알카에다는 끈끈한 유대 관계를 갖고 있는 젊은 남성들만으로 이루어진 소규모 집단을 바탕으로 하고 있는 것으로 보인다. 이와 같은 끈끈한 유대는 그들의 임무가 요구하는 비밀성과 위험성으로 말미암아 극대화된다."[15]

여기에서 우리가 살펴본 바는 짧기는 하지만 테러범을 양성하는 데 있어서 분노와 집단 내의 사회적 역학 관계가 얼마나 중요한 역할을 하는지를 보여 주기에 충분할 뿐만 아니라, 많은 논쟁의 중심에 있는 "그들은 어째서 우리를 증오하는가"라는 질문에 대한 답 역시 제공한다. 대부분의 테러범들은 태어나는 것이 아니라 만들어지며, 무엇보다도 전적으로 사회적인 과정을 통해 양성된다. 이와 같은 현상은 또한 아주 쉽게 사라질 수도 있다. 나는 앞에서 쿠란이 "민족주의" — 즉, 타자에 대한 증오를 통해 나타나는, 자신이 속한 민족에 대한 과도한 동일시 — 가 역사적인 현상이 아니라, 내가 이 글에서 다루고 있는 사회적 상호 작용의 결과임을 보인 바 있다.[16] 상대적으로 작은 변화만 있어도, 극심한 민족주의적 대립으로 고통받고 있는 국가에서 나타나는 그와 같은 병폐는 사라질 수 있다. 그리고 테러 역시 이와 같이 쉽게 없어질 수 있다고 나는 생각한다. 비슷한 사고방식을 가졌으며 타인에게 쉽게 영향을 받는 사람들의 격리된 공동체가 테러범을 양성하기 위해 필요한 요소라면, 우리는 현재의 국가들이 작은 변화를 통해 테러의 위협에서 벗어날 수 있는 상황을 쉽게 상상할 수 있다.

법률과 정책에서 가장 단순하면서도 가장 중요한 교훈은 다음과 같다. 즉 한 국가가 테러 활동을 예방하고자 한다면, 비슷한 사고방식을 가진 사람들로 이루어진 격리된 공동체가 생겨나지 못하도록 하는 것이 좋은 전략이 될 수 있다. 그럴 수 있다면, 테러 활동에 참여하고 있는 많은 사람들은 전혀 다른 삶을 살 수도 있다. 테러에 대한 관심은 대체로 쉽게 확인할 수 있는 일련의 사회적 영향에 의해서 발생한다. 이와 같은 공동체들이 사라진다면, 테러가 발생할 확률은 훨씬 줄어들 것이다.

## 숨겨진 정보와 침묵

극단적인 방향으로 움직이는 경향은 집단 역학의 가장 주요한 성질이다. 그러나 이와 관련해서 염두에 두어야 할 점은 이 과정에서 소수 의견을 가진 구성원들은 스스로 침묵하거나, 자신들의 수에 비해 턱없이 작은 역할만을 한다는 것이다.[17] 이와 같은 현상은 숨겨진 정보hidden profiles ― 집단 내에서 공유되지 않는 중요한 정보 ― 를 만들어 낼 수 있다.[18] 집단 구성원들은 자신들이 갖고 있는 정보에 대해 논의하지 않는 경우가 많다. 그리고 이와 같은 현상은 집단 내에서 내려진 결정의 질을 떨어뜨리는 결과를 초래한다.

업무 집단(오프라인과 온라인상의)에서 나타나는 심각한 오류에 대한 연구를 살펴보자.[19] 이 연구의 목적은 인사 결정을 내리는 과정에서 집단 구성원들이 어떻게 협력하는지를 알아보는 것이었다. 먼저 마케팅 매니저에 지원한 세 명의 후보자들이 제출한 이력서

일부 집단은 이견을 억누르고, 정확성보다는 합의에 집착하며, 다양한 대안과 그 결과를 살펴보지 않은 채 결정을 내리는데, 이로 말미암아 이런 집단에서는 잘못된 결정을 내릴 확률이 크다. 워터게이트 스캔들의 은폐, 히틀러에 대한 네빌 체임벌린의 유화정책, 악천후에도 불구하고 챌린저호를 발사하겠다는 나사의 결정, 1941년 나치 독일의 소련 침공 등은 모두 이런 집단 사고의 결과다.

를 피실험자들에게 나누어 주었다. 연구진은 한 명의 후보자가 다른 두 명의 후보자보다 훨씬 우수하도록 후보자들의 이력서를 미리 조작했다. 온라인상으로 참여한 피실험자들 각각에게도 지원자들에 대한 정보가 주어졌는데, 이 정보에는 지원자의 이력서 가운데 일부만이 포함되어 있어서, 피실험자들은 각자 지원자들에 대한 정보의 일부만 갖고 있도록 했다. 오프라인과 온라인에서 참여하는 피실험 집단들은 각 세 명의 사람들로 구성되었다.

이 실험을 통해 두 가지 놀라운 결과가 발견되었다. 첫 번째로, 두 집단 모두에서 편향성이 나타났다. 두 번째로, 토론 집단 가운데 그 어느 집단도 "정답"을 택하지 않았다! 그 이유는 간단했다. 집단 구성원들이 객관적인 결정을 내리는 데 필요한 정보를 공유하지 않았던 것이다. 구성원들은 선출된 후보에 대해서는 긍정적인 정보를 공유하고 탈락된 후보에 대해서는 부정적인 정보를 공유하는 경향을 보여 주었다. 패트리샤 월리스Patricia Wallace가 지적하듯이, 그들의 진술은 "토론을 좀 더 복잡하게 만들거나 토론에 불을 붙이기보다는 집단 공동의 의견을 강화하는 방향으로 이루어졌다."[20] 일반적으로, 집단들은 공유된 정보에 집중하고 소수의 구성원들이 가진 정보를 무시하곤 한다. 이와 같은 경향이 심각한 오류를 일으킬 수 있음을 군이 강조할 필요는 없을 것이다.

일견, 이와 같은 연구 결과나 집단 편향성이라는 개념은 법학과 사회과학에서 광범위한 영향력을 행사하는 콩도르세의 배심원 이론Condorcet Jury Theorem과 배치되는 것으로 보일 수 있다. 콩도르세의 배심원 이론은 다음과 같다. 즉 사람들이 하나의 오답과 하나의 정답 가운데서 선택을 할 때, 그리고 각 투표자가 올바른 선택을 할 가능성이 50퍼센트 이상이라면, 집단의 크기가 커질수록 집단 구성원들 가운데 과반수 이상이 옳은 대답을 할 확률이 1에 가까워진다는 것이다.[21] 콩도르세 이론은 (이 책에서 논의된 내용과는 관련이 없는) 단순한 산술에 기초하고 있지만, 다수결 방식이 사용되고 각 구성원이 틀릴 확률보다는 옳을 확률이 클 때, 집단이 개인보다는, 그리고 큰 집단이 작은 집단보다는 좋은 결과를 낼 것이라는 점을 보여 주기 때문에 매우 중요하다.

집단 편향성에 관한 발견을 콩도르세 배심원 이론과 배치되지 않게 할 방법에는 무엇이 있을까? 한 가지 가능성은 집단의 구성원들이 정답을 맞힐 확률이 50퍼센트 미만인 경우다. 이 경우 콩도르세 이론은 적용되지 않는다. 그러나 좀 더 근본적인 문제는, 집단 편향성이 발생할 때, 개인들이 각자 개별적인 판단을 내리지 않는다는 데 있다. 각 집단 구성원들은 다른 사람들과 대화하고 타인의 판단으로부터 영향을 받는다. 서로 의존적인 판단이 내려지고, 몇몇 사람들이 잘못된 판단을 하고 있을 때, 콩도르세의 배심원 이론은 적용되지 않는다. 그런 상황에서는, 집단이 개인보다 더 나은 결정을 내릴 것이라는 기대가 항상 타당한 것은 아니다.[22] 숨겨진 정보가 발생할 가능성이 높을 때, 집단이 개인보다 못한 결과를 낼 확률 역시 커진다.

좋은 지도자들은 다양한 견해가 표출될 수 있도록 해야 한다.[23] 홈디포Home Depot의 유명한 경영인인 버니 마커스Bernie Marcus의 경우를 생각해 보자. 그는 자신이 "이견을 제시하는 것이 장려되지 않는 이사회에서는 절대 일하지 않겠다"고 말한 바 있는데, 이는 바로 "그의 명성과 재산이 이사회의 성과에 달려 있기"[24] 때문이다. 이견을 제시하는 것이 얼마나 중요한지 제대로 이해하기 위해서는, 집단 편향성이 발생하도록 하는 요인에 대해 이해할 필요가 있다.

## 집단 편향성이 발생하는 이유에 대한 몇 가지 설명

어째서 비슷한 사고방식을 가진 사람들은 극단으로 치달을까? 몇 가지 가능성을 고려해 보자.[25]

정보. 가장 중요한 이유는 정보의 영향과 관련되어 있는데, 이는 우리가 동조와 쏠림 현상을 살펴볼 때 발견한 것과 유사하다. 사람들은 타인의 주장에 반응한다. 특정한 경향성을 가진 집단 내에서 이루어지는 논의는 필연적으로 그런 경향성을 강화할 것이다. 중동분쟁과 관련해, 이스라엘이 침략자라고 생각하는 집단에 속한 구성원들은 그와 같은 논점을 뒷받침하는 주장을 많이 접할 것이며, 그와 다른 주장은 상대적으로 덜 접할 수밖에 없다. 만일 한 집단의 구성원들이 대부분 이스라엘이 진정한 침략자라고 생각한다면, 집단 내 주장의 대부분은 이와 같은 논점을 뒷받침할 것이다. 토론에 앞서, 집단 구성원들은 이스라엘이 침략자라는 정보를 일부만 들었을 가능성이 크다. 하지만 집단토론 과정에서 자신이 모르고 있었던 추가적인 주장을 접한 후, 구성원들은 논의하기 전보다 반이스라엘 정서가 더욱 굳어질 가능성이 크다.

적극적 차별 시정 조치를 반대하는 사람들로 이루어진 집단 내에서도 역시 이와 같은 현상이 나타날 것이다. 집단 구성원들은 집단 내 논의 과정에서 적극적 시정 조치에 반대하는 여러 가지 주장을 접하게 될 텐데, 이 가운데에는 일부 구성원들이 토론 이전에는 알지 못했던 주장도 있을 것이다. 반대로, 집단 구성원들은 집단 내의 토론 과정에서 적극적 시정 조치를 지지하는 주장이나 그에 대한 근거는 별로 접하지 못할 것이다. 사람들이 토론에 적극적으로 참여했다면, 그들은 토론 이후에 적극적 시정 조치가 옳다는 확신을 더욱 굳히게 될 수밖에 없다. 우리는 제한적인 의견을 가진 구성원들로 이루어진 토론 집단에 대해 살펴봄으로써 숨겨진 정보가 어떤 문제를 일으키는지, 그리고 집단토론 과정에서 정보의 공유가 얼마나 중요한지에 대해 알아볼 수 있다. 한 집단 내의 다수가 공유하고 있는 정보는 논의될 확률이 당연히 크다. 반면에 소수의 구성원이 가진, 이에 반하는 정보는 논의되지 않을 가능성이 크다. 이와 같이 집단 논의 과정에서 숨겨진 정보가 발생할 수밖에 없다는 것은 충분히 예측 가능한 사실이다. 이와 같은 숨겨진 정보는 최종적으로 집단이 내리는 결과에 부정적인 영향을 끼친다.

확신. 극단적인 견해를 가진 사람들은 자신이 옳다는 강하게 확신을 갖는 경우가 많으며, 사람들은 그 견해가 극단적이 될수록 확신이 커진다.[26] 반대로, 확신이 약하고 어떤 입장을 취해야 할지 결정하지 못하는 사람들은 중도적인 의견을 취하는 경우가 많다. 즉 어떤 입장을 취해야 할지 정하지 못한 사람들이나, 섣부른 결정을 내릴 것을 걱정하는 사람들은, 양 극단 사이에 있는 중도적인 입장을 취하는 경향을 보인다.[27] 다른 사람들이 당신의 의견에 동의한다고 가정해 보자. 이 경우, 당신은 그 의견의 실질적인 정당성이나 정확성에 관계없이, 해당 의견에 대해 더 큰 확신을 갖게 될 것이다. 그뿐만 아니라, 당신은 좀 더 극단적인 입장을 취하게 될 확률이 크다.

위와 같은 현상에 대해 조사하기 위해 진행된 다양한 실험에서, 사람들은 다른 사람들이 자신의 의견을 지지하거나, 같은 의견을 갖고 있다는 사실을 알게 되었을 때 자신의 의견에 대해 더욱 큰 확신을 갖게 되었고, 나아가 더욱 극단적인 의견을 갖게 되었다.[28] 우리는 이를 통해, 같은 정당에 소속된 세 명의 판사로 이루어진 재판부가, 같은 정당에 소속된 판사 두 명과 다른 정당에 소속한 판사 한 명으로 이루어진 재판부에 비해 극단적인 판결을 내릴 확률이 크다는 사실을 설명할 수 있다. 같은 정당의 판사 세 명으로 이루어진 재판부에서, 각각의 판사들은 다른 두 명의 판사들이 자신의 의견에 동의한다는 사실을 알게 됨으로써 해당 의견에 대해 더욱 강한 확신을 갖게 되고, 이를 통해 극단주의가 조장되는 것이다.[29]

이와 같은 과정 — 확신의 증가로 인한 의견의 극단화 — 에서 가장 중요한 점은 이와 같은 현상이 논의에 참여하는 모든 사람들 사이에서 동시에 일어날 수 있다는 사실이다. 미국의 대외 원조 정책에 비판적인 네 명의 사람들이 집단을 이루고 있다고 가정해 보자. 그 집단의 각 구성원은 다른 세 명의 구성원들이 자신의 의견에 동의한다는 사실로부터 자신의 의견이 타당하다는 사실이 입증되었다고 생각하게 된다. 그에 따라 각 구성원은 자신의 의견에 대한 확신이 더욱 굳어질 뿐만 아니라, 많은 경우 더욱 극단적인 견해를 갖게 된다. 여기에서 우리가 기억해야 하는 사실은, 이와 같은 현상 (다른 구성원들의 지지로 인한 더욱 큰 확신, 그리고 더욱 큰 확신으로 인한 극단화의 발생)이 집단의 다른 사람들에게서도 일어나고 있다는 점이다. 그러나 이런 견해의 변화는 각 참가자 개인에게는 드러나지 않는다. 이에 따라, 논의에 참가하는 사람들은 다른 사람의 생각이나 지지 여부와는 상관없이 자신은 나름대로의 판단을 통해 그와 같은 견해에 도달했다고 느낄 것이다. 그 결과, 이 소집단은 하루 동안 논의한 끝에, 미국이 다른 나라에 원조를 제공하는 것은 오직 미국의 이익을 위한 행위일 뿐이라는 결론을 내리게 된다.

사회적 비교. 대부분의 사람들은 다른 집단 구성원들로부터 긍정적인 평가를 받고 싶어 할 뿐만 아니라 스스로를 긍정적으로 평가하고 싶어 한다. 우리가 밖으로 드러내는 견해는, 정도의 차이는 있지만, 많은 경우 우리가 남에게 심어 주고 싶은 인상에 따라 좌우된다. 다른 사람들의 견해가 무엇인지를 알게 되었을 때, 우리 가운데 일부는 단순히 남에게 좀 더 좋은 인상을 심어 주기 위해, 주류의 견해에 맞추어 자신의 견해를 어느 정도 수정하곤 한다.

　예를 들어 공격적이거나 모험적인 집단에 소속된 사람은 자신이 겁이 많거나 소심한 사람으로 보이고 싶어 하지 않을 것이다. 그 결과, 그들은 다른 집단 구성원들이 자신을 소심하거나 겁이 많다고 생각하지 않게끔 하는 견해를 주장하고자 할 것이다. 그리고 만일 집단 내의 다른 구성원들의 견해에 비해 자신의 견해가 스스로가 원했던 것만큼 대담하게 비춰지지 않을 것이라고 생각된다면, 그들은 좀 더 공격적인 입장을 취하게 된다.[30] 이와 같이 사람들은 타인에게 특정한 인상을 심어 주기 위해 자신의 입장을 바꿀 수 있다. 또한 다른 사람들이 자기 자신에 대해서 호의적인 생각을 갖도록 하기 위해 입장을 바꿀 수도 있다.

예를 들어 자신이 대부분의 사람들보다 사형 제도에 대해 좀 더 반대하고 있다고 스스로 생각하는 일군의 사람들이 있다고 가정해 보자. 이런 사람들이 사형 제도를 강력하게 반대하는 사람들로 이루어진 집단을 만났을 때, 그들은 지금까지 자신이 견지해 왔던 이미지를 유지하기 위해 사형 제도에 대해 더욱 강하게 반대하는 방향으로 나아갈 수 있다. 이와 같은 현상은 다양한 맥락에서 나타난다. 사람들은 적극적 시정 조치, 페미니즘, 국방 예산 증가와 같은 민감한 주제에 대해 자신이 어떤 강한 의견을 갖고 있다고 비치기를 꺼려할 수 있다. 하지만 사람들은 집단 내의 다른 사람들이 해당 주제에 대해 어떻게 생각하는지를 알아 감에 따라 자신의 의견을 적절히 변경한다. 그 결과, 집단 전체는 극단적인 견해를 갖게 되며, 구성원 개인들의 의견 또한 변화하게 된다.

이와 같은 사회적 비교로 말미암아 집단 내에서는 숨겨진 정보와 공유되지 않는 정보가 발생한다. 사람들은 집단으로부터 배척당하는 것에 대한 두려움과 구성원들에게 인정받고자 하는 욕망이 있기 때문에, 다수의 집단 구성원들이 가지는 의견과 정보를 받아들이고, 일반적이지 않은 의견과 새로운 정보는 무시하게 된다. 이와 같은 경향은 정치적 혹은 사법적 결정에 매우 부정적인 영향을 미친다. 서로에게 인정받고자 하는 혹은 물질적 및 비물질적 이익을 서로 공유하고 있는 집단의 구성원들은 중요한 정보를 감추거나 무시할 가능성이 크다.

쏠림 현상과 편향성. 쏠림 현상과 집단 편향성을 종합해서 생각해 보면, 우리는 쏠림 현상과 집단 편향성이 긴밀하게 연관되어 있음을 발견할 수 있다. 집단 편향성은 많은 경우 정보의 쏠림 현상과 평판의 쏠림 현상이 함께 작용할 때 일어난다. 다음 해의 경영전략에 대해 논의하는 기업 경영진이 있다고 가정해 보자. 이들 가운데 몇 명이 고수익 고위험 사업, 예를 들어 여러 개의 기업 인수를 추진하고자 한다고 가정해 보자. 이와 같은 고위험 고수익 전략을 옹호하는 구성원들이 발언권을 먼저 얻는 경우, 다른 구성원들은 정보와 평판의 쏠림 현상 때문에 먼저 발언한 구성원들이 제시하는 정보에 귀를 기울이게 될 것이다. 게다가 만약, 먼저 발언권을 가진 사람들이 집단 내에서 특별한 지위에 있는 사람들이라면, 그 이후에 발언권을 갖게 되는 사람들은 앞서 발언한 사람들의 미움을 사지 않으려고 반대 의견을 제시하지 않을 수 있다. 나아가 그들은 집단 내에서 분란을 일으키지 않기 위해 침묵할 수도 있다. 자신의 의견에 모두가 동의했다고 확신한 최초의 발언자들은 그 의견에 대해 좀 더 큰 확신을 가질 수 있으며, 따라서 더욱 극단적이 될 수 있다. 최초 발언자들의 이런 태도는 경영진 내의 다른 구성원들에게도 전달될 가능성이 크다. 이로 말미암아 경영진은 스스로가 논의 이전에 이미 가지고 있었던 의견과 비슷하지만 더욱 극단적인 의견을 토론의 결과로서 갖게 될 것이다.

　이와 같은 종류의 현상은 다양한 상황에서 발견된다. 구성원들의 관계가 친밀한 집단에서는 많은 경우 정보의 쏠림 현상과 평판의 쏠림 현상이 동시에 발생하고, 그 결과 의견이 극단화된다. 내부에서 이견이 제기되는 것을 장려하는 문화가 정착되지 않을 경우, 백악관과 상원 역시 집단 편향성의 피해를 입게 될 수밖에 없다. 집단 편향성의 위험을 직관적으로 알아차린 프랭클린 루스벨트는, 이를 방지하기 위해 다양한 의견이 개진되고 또 발전할 수 있는 환경을 만들기 위해 노력했다. 반면에 리처드 닉슨은 루스벨트와는 정반대의 방식으로 국정을 운영했고, 이는 결국 나라와 그의 정부 모두에 큰 피해를 끼치고 말았다.


### 수사적 우위

앞서 우리는 처벌 강도에 대한 배심원 사이의 의견이 논의 이후에 어떻게 변화하는지를 0에서 8까지의 척도를 기준 삼아 살펴보았다. 그렇다면 배심원들에게 논의에 앞서 어느 정도의 배상금을 물릴지 결정하도록 한 뒤, 토론 후에 배상금을 다시 결정해 달라고 했을 때는 어떤 현상이 나타났을까? 배상금 역시 집단 편향성의 영향을 받아, 최초 결정 금액이 클 경우 논의 이후에 그 금액이 더욱 커지고, 최초 결정 금액이 적을 경우 논의 이후에 그 금액이 더욱 적어졌을까? 그렇지 않았다. 배심원들이 결정한 배상금 액수는 토론 이후에 전반적으로 증가했다. 일반적으로 배심원단의 배상액은 배심원들이 개별적으로 결정했던 배상액들의 중간값을 웃돌았다.[31] 실제로 27퍼센트의 경우에 배심원단의 배상금 결정은 배심원들이 토론하기 이전에 결정했던 개인 배심원의 배상액 중 가장 큰 금액과 동일하거나 그보다도 컸다!

어째서 이런 현상이 나타나는 것일까? 배심원들이 개별적으로도 배상금을 책정했다는 사실 자체가 토론 전부터 개별 배심원들이 처벌을 내리고자 하는 의도가 있었다는 증거라고 생각하면, 이와 같은 현상 역시 집단 편향성의 결과라고 볼 수 있다. 배상액이 토론 이후에 증가했다는 사실은 배심원들이 토론 이전부터 개별적으로 가지고 있었던 의견, 즉 피고가 원고에게 배상금을 지불할 책임이 있다는 의견이 토론을 통해 강화되었음을 보여 준다. 하지만 이런 설명은 충분히 구체적이지 못하다. 여기에서 더욱 중요한 한 가지 사실은, 배상금이 상향 조정되어야 한다는 주장을 펼치는 것이, 반대 의견을 펼치는 것에 비해 수사적으로 유리하다는 점이다. 이후에 이루어진 한 연구는, 사람들이 기업이 높은 배상금을 지불해야 한다는 의견을 주장하는 것이 그 반대 의견을 주장하는 것보다 쉽다고 여긴다는 사실을 뒷받침했다.[32]

다양한 영역에서 어떤 주장은 그 자체로 수사적으로 유리한 위치에 있을 수 있다. 살아날 가망이 없어 보이는 환자를 살리기 위해 어떤 조치를 취해야 할지를 논의하는 여러 명의 의사들이 있다고 가정해 보자. 의사 개인과 다수의 의사로 이루어진 의사 집단 가운데 누가 환자를 살리기 위해 극단적인 조치를 취해야 한다고 주장할 확률이 높을까? 조사 결과, 의사 집단이 개인 의사보다 극단적인 조치를 취해야 한다고 주장할 확률이 크다는 사실을 발견할 수 있었다. 이와 같은 현상은, 극단적인 조치를 취해야 한다는 주장을 펼치는 사람들이 그렇지 않은 사람들에 비해 수사적으로 유리한 위치에 있기 때문에 나타나는 것으로 보인다.[33]

이번에는 사회과학자들이 이기심과 이타심을 연구하기 위해 사용하는 실험인 독재자 게임Dictator Game에서 나타나는 개인행동과 집단행동의 차이를 살펴보도록 하자.[34] 이 게임에서 실험자는 피실험자에게 일정 금액, 예를 들어서 10달러를 지불한 다음 그 금액을 생면부지인 다른 사람과 나누어 가지도록 한다. 그리고 피실험자는 독재자처럼 다른 사람에게 나누어줄 금액을 마음대로 정할 수 있게 했다. 일반적인 경제학적 관점에서 보았을 때, 우리는 대부분의 피실험자가 해당 금액을 전부, 혹은 거의 대부분을 가질 것으로 예상할 수 있다. 생면부지의 타인과 돈을 나누어 가지려고 할 사람은 거의 없을 것이기 때문이다. 그러나 실험 결과, 이와 같은 예측은 잘못된 것으로 드러났다. 대부분의 사람들은 오히려 6달러와 8달러 사이의 금액을 갖고 나머지를 타인에게 주기로 결정한다.[35] 그렇다면 독재자 게임에서 나타나는 이와 같은 행동 양식은 사람들이 개인이 아니라 집단으로서 결정을 내릴 때는 어떻게 변할까? 과연 집단은 개인보다 이타적일까? 실험 결과는 대부분의 집단들이 50 대 50에 가깝게 돈을 나누기로 결정함을 보여 준다.[36] 집단에 속해 있을 때, 사람들의 의견은 좀 더 이타적인 방향으로 기울어지는 것이다.

이와 같은 결과는 이기적인 행동을 통해 이익을 얻을 수 있는 집단에서조차 이기심이 부정적으로 평가받으며, 따라서 이타적인 행동을 주장하는 것이 수사적으로 유리하다는 사실을 통해 쉽게 설명할 수 있다. 한 무리의 사람들이 자선단체에 얼마나 많은 성금을 낼 것인가를 논의한다면, 그 집단의 구성원들은 욕심쟁이처럼 보이지 않기 위해 다른 개별 집단 구성원들에 비해 높은 수준의 이타심을 보이려고 할 가능성이 크다는 것이다. 자신의 평판과 자신에 대한 스스로의 평가(스스로를 욕심쟁이라고 생각하는 사람은 없을 것이다)에 대한 고려가 중요한 역할을 하는 것이다. 물론 독재자 게임에 참여하는 집단이 이타적인 행동을 할 경우, 해당 집단이 적대적인 감정을 갖고 있는 다른 집단이나 개인들이 이익을 얻게 된다면, 실험 결과는 크게 달라질 것이다. 가난한 종교 집단이, 자신과 적대적인 관계에 있으며 경제적으로 우월한 위치에 있는 다른 종교 집단에 얼마의 돈을 줄 것인가를 결정해야 하는 경우를 생각해 볼 수 있다. 이와 같은 변형된 독재자 게임의 경우에는, 이기적인 주장, 즉 상대방과 돈을 나누어 가져서는 안 된다는 주장을 펼치는 것이 수사적으로 유리할 것이다.

그렇다면 수사적으로 유리한 위치는 어떻게 결정되는 것일까? 집단 내에 존재하는 규범들이 수사적 유리함을 결정하는 가장 기본적인 요소 가운데 하나다. 물론 집단 규범은 시간이 지남에 따라서 변화한다. 현재 미국 사회 내에 존재하는 규범들을 고려했을 때, 대부분의 미국인들에게는 심각한 위법행위를 범한 기업에 높은 벌칙금을 부과하도록 주장하는 것이 수사적으로 유리하다. 하지만 우리는 이와 정반대의 주장을 펼치는 것이 수사적으로 유리할 수 있는 미국 내의 소집단(예를 들어 회사의 경영진 등)을 상상해 볼 수 있다. 이와 같은 집단 내에서는, 사회적 상호 작용이 있을 경우 벌칙금이 증가하는 것이 아니라 오히려 감소할 것이다. 여기에서 우리가 기억해야 할 또 한 가지는, 사회적 규범과 평판의 영향력이 매우 긴밀하게 뒤엉켜 있다는 점이다. 일정한 규범이 존재할 때, 대부분의 배심원들은 그들이 심각한 위법행위를 저지른 기업에 대해 낮은 수준의 책임을 인정할 경우, 남들이 자신을 이상하게 볼 것임을 잘 알고 있다.

어쨌거나 우리는 한쪽의 입장이 다른 쪽에 비해 자동적으로 수사적 유리함을 갖게 되는 많은 다른 상황을 생각해 볼 수 있다. 피그스 만 침공이 대표적인 사례다. 케네디 대통령의 참모들은 자신이 물러 터진 사람처럼 비치는 것을 원치 않았다. 침공을 지지하던 사람들은 그렇지 않은 사람에 비해 수사적으로 매우 유리한 입장에 있었다. 수사적인 입장 차이가 너무나 컸기 때문에, 침공에 반대하던 사람들은 아무런 주장도 할 수 없었다. 마약 중개인에 대한 처벌이나 세제 개혁에 대한 논의에 대해서도 생각해 보자. 현재 미국에서 이루어지는 정치적 논의에서, 마약 중개인을 좀 더 엄중하게 처벌해야 한다고 주장하는 사람들과, 좀 더 낮은 세금을 주장하는 사람들은 반대 주장을 펼치는 사람들에 비해 수사적으로 유리한 입장에 있다. 물론 이와 같은 주장이 어디까지 실현 가능한지는 또 다른 문제다. 그 어떤 합리적인 사람도 세금이 완전히 없어지거나 마약과 관련된 경범죄를 범한 사람이 평생을 감옥에서 보내기를 원하지는 않는다. 그러나 한 가지 의견이 상대 의견에 비해 수사적으로 유리할 때, 집단 내에서 이루어지는 논의는 개인의 의견에 상당한 변화를 불러일으킬 것이다. 법률을 제정하는 정치인들 역시 이와 같은 현상의 영향을 받지 않을 수 없다. 재판부 내에서 이루어지는 많은 결정은 앞에서 설명된 수사적 유리함이나 평판의 영향력을 통해 설명될 수 있다.

이와 같이 집단 내의 논의에서 한 가지 의견이 상대 의견에 비해 수사적으로 유리할 수 있다는 점은 과연 집단의 의견 결정 과정에서 긍정적인 영향을 미칠까, 아니면 부정적인 영향을 미칠까? 개별적인 상황을 고려하지 않고 이에 대해 대답하는 것은 불가능하다. 집단의 입장 변화는 각각의 개별적인 가치에 따라 평가되어야 할 것이다. 어쩌면 논의의 결과로 좀 더 엄중한 처벌을 내리거나 더욱 높은 책임을 부여하는 것이 더 좋은 것일지도 모른다. 어쩌면 좀 더 극단적인 조치를 취하고자 하는 의사들의 결정, 그리고 기금을 좀 더 이타적으로 배분하려는 집단의 결정 역시 사회에 긍정적인 영향을 미칠지도 모른다. 물론 토론을 통한 이와 같은 의견 변화가 언제나 좋은 결과만을 가져온다면, 이는 매우 운이 좋은 경우일 것이다.

## 감정

지금까지의 논의는 대체로 집단 구성원들이 가진 신념과 정보가 집단의 결정에 어떤 영향을 미치는지를 설명하는 것이었다. 그러나 신념이나 정보만이 집단의 의사 결정에 영향을 미친다고 생각하는 것은 옳지 않다. 집단의 의사 결정 과정에 영향을 미치는 또 다른 요인인 군중심리는, 개별 구성원들로 하여금 그들이 일반적으로 가지는 합리성을 잃어버리도록 할 뿐만 아니라, 격한 감정이 빠르게 전파되도록 하는 등, 몇 가지 중요한 작용을 한다. 앞서 논의된 바 있는 분노 역시 군중심리로 인해 좀 더 빠르게 전파되는 경향이 있는 감정이다. 분노와 같은 감정이 집단행동으로 이어질 경우, 사람들은 개인적으로 행하기에는 극히 수치스러운 행동을 행하기도 한다. 순수하게 신념과 정보에만 근거해 집단 내의 의사 결정 과정을 설명하는 것은, 현실 세계에서 일어나는 집단 역학의 중요한 특징 가운데 일부를 무시하는 결과를 낳는다.

일단 감정이 신념 및 정보와는 어떤 근본적인 차이가 있는지에 대해 알아보도록 하자. 오랫동안 사람들은 이들 간의 차이에 대해 다양한 논쟁을 해왔다.[37] 이 책의 주제와 관련해 생각해 보았을 때, 우리는 많은 경우 개인 혹은 집단이 가진 신념에 의해 감정이 발생할 수 있다는 사실을 알 수 있다. 예를 들어 집단 내의 토론 과정에서 분노와 같은 감정이 발생하는 것은, 어떤 행위가 잘못되었다는 집단 구성원들의 신념과 밀접한 관련이 있다. 부당하거나 잔혹한 행위에 대한 정보가 공유될 때, 분노와 같은 감정이 발생한다. 하지만 신념이나 정보가 미치는 영향과는 별개로 생겨나는 감정도 있다. 예를 들어 공포와 같은 감정이 그러하다. 한 집단 내의 구성원들이 공포에 사로잡히는 것이 그들이 가진 특정한 신념 때문이라고 주장하는 것은 상황을 지나치게 단순화하는 것이다.[38] 그러나 집단이 가진 정보와 신념이 공포와 같은 감정의 발생에도 영향을 미친다는 점은 분명하다. 지금까지 우리는 집단이 가진 정보가 사회적 영향력의 작용 방향을 결정하는 데 어떤 역할을 하는지를 알아보았다. 그러나 이는 집단의 의사 결정 과정에서 감정이 중요한 역할을 하지 않는다는 것을 의미하는 것은 아니다. 강한 감정은 많은 경우 정보의 영향력과 사회적 영향력에 의해 발생한다. 집단 편향성은 격한 감정이 발생하고 퍼져 나가는 근본적인 이유 가운데 하나다.

## 극단주의

집단 편향성은 언제나 일정한 정도로 발생하는 것이 아니라, 집단 구성원들의 특징 혹은 상황에 의해 증가하거나 감소하고, 심지어는 전혀 발생하지 않을 수도 있다.

극단주의자들과 집단 편향성. 극단주의자들, 즉 이미 극단적인 의견을 가지고 있었던 사람들은 특히 집단 편향성의 영향을 많이 받는다. 극단주의자들은 토론 이후에 더욱 극단적인 의견을 가질 확률이 클 뿐만 아니라, 극단화되는 정도도 처음에 가지고 있었던 의견이 극단적이지 않았던 집단에 비해 더욱 클 가능성이 크다. 이미 극단주의적인 의견을 가진 사람들이 자신과 유사한 사고방식을 가진 사람들과 함께 집단을 이루게 되고, 의견을 나눌 경우, 그들의 의견은 더욱 극단화될 가능성이 크다.[39] 극단주의자들이 집단 편향성에 더욱 취약하다는 점을 통해 우리는 급진주의radicalism와 일반적인 정치적 폭력이 발생하는 이유를 일부 설명할 수 있다. 또한 개별 구성원들이 스스로의 의견에 대해 얼마만큼의 확신을 가지고 있는지가 해당 의견의 극단화에 영향을 미친다는 점을 통해 우리는 개별 구성원들의 확신 역시 중요한 역할을 한다는 것을 알 수 있다. 곧 자신의 의견에 대한 확신이 큰 사람일수록 쉽게 극단화된다.[40]

지금까지의 논의를 통해, 우리는 사람들이 자신의 의견이 옳은지 확신할 수 없을 때 좀 더 중립적인 입장을 취한다는 사실을 알 수 있다. 또한 우리는 자신의 의견에 대한 확신이 큰 사람일수록 집단 내의 논의 과정에서 유리한 위치에 있다는 사실을 확인했다. 우리는 이로부터 극단주의적이고 확신에 찬 사람들이 주도권을 갖고 있는 집단일수록 더욱 극단화될 가능성이 클 것임을 예상할 수 있다. 이와 같은 집단에서는 숨겨진 정보들이 공개되지 않으며, 그 결과 집단 구성원들은 더 나은 결정을 내리기 위해 필요한 정보를 얻을 수 없게 된다. 극단주의자들이 상황의 한쪽 면만을 생각하게 되는 것은 바로 그들이 속한 집단에서 이런 현상이 일어나기 때문이다. 토론 이전에 이미 극단적인 견해를 가지고 있었던 사람들은 이와 같은 사회적 영향력에 의해 더욱 쉽게 흔들린다.

연대감과 정서적 유대감. 한 집단의 구성원들이 자신들이 동일한 정체성을 갖고 있으며, 강한 연대감을 갖고 있다고 생각할 때, 집단 편향성은 더욱 강하게 나타난다.[41] 이와 같은 현상은, 서로가 어떤 특징(예컨대 정치적 또는 종교적 확신)을 공유한다는 생각에서 유대감을 갖게 된 사람들로 이루어진 집단에서는 이견이 제기되는 정도가 줄어들기 때문이다. 만일 한 집단의 구성원들이 서로를 자신과 비슷할 뿐만 아니라 친절하고 호감이 가는 사람들이라고 생각한다면, 그들은 이견을 제기하지 않기 위해 자신들의 의견을 더욱 자주, 그리고 더욱 폭넓게 변경하게 된다.[42] 토론 집단의 구성원들이 정서적 유대와 연대감으로 연결되어 있다면, 집단 편향성은 더욱 심하게 나타난다. 이와 같은 정서적 유대와 연대감은 사람들이 다양한 의견을 개진하지 못하게 할 뿐만 아니라, 일반적으로 집단 내에서 작용하는 사회적 영향력을 증대시키기도 한다. 이를 통해 우리는 특정 목표를 달성하기 위해 조직된 집단보다, 정서적 유대감을 바탕으로 조직된 집단에서 잘못된 결정을 내릴 확률이 더 크며, 이는 정서적 유대감을 바탕으로 조직된 집단에서는 구성원들이 다양한 의견을 주장하지 못하기 때문임을 알 수 있다. 이런 맥락에서 보면, 사람들은 호감이 가지 않는 집단의 구성원들이 하는 주장에 대해서는 신경을 기울이지 않을 가능성이 크다. 집단 소속감이 강할수록 더욱 큰 편향성이 발생한다. 같은 맥락에서, 집단의 구성원들이 물리적으로 멀리 떨어져 있을수록 극단화 정도는 줄어들게 된다. 반면에 집단 구성원들이 자신들을 공동 운명체로 생각하거나, 서로가 비슷하다고 느끼거나, 또는 경쟁적 외부 집단이 나타날 경우, 편향성은 더욱 커진다.

집단 정체성이 편향성에 어떤 영향을 미치는지는 다음과 같은 흥미로운 실험을 통해 살펴볼 수 있다.[43] 일부 피실험자에게는 그들이 한 집단에 속해 있음이 강조되었고(집단 강조 조건), 나머지 피실험자들에게는 그 사실을 강조하지 않았다(개인 강조 조건). 예를 들어 집단 강조 조건의 피실험자들에게는 그 집단이 심리학과 1학년 생으로만 이루어져 있으며, 그들에 대한 실험이 개인이 아니라 집단을 대상으로 하는 것임을 강조했다. 그 이후 실험자들은 피실험 자들에게 적극적 시정 조치, 연극에 대한 정부 지원, 국영 산업의 민영화, 원자력 발전소의 철거 등에 대해 논의하도록 지시했다. 집단 편향성은 모든 집단에서 나타났지만, 놀랍게도 집단의 정체성을 강조한 경우, 집단 편향성의 정도가 훨씬 컸다. 이와 같은 실험 결과는 집단 구성원들에게 그들이 특정 집단에 소속되어 있음을 강조할 경우, 집단 편향성이 일어날 가능성이 커질 뿐만 아니라 그 편향성의 정도도 더욱 컸음을 보여 준다.

집단 편향성을 어떻게 줄일 수 있는지를 알아보기 위한 실험도 진행되었다.[44] 이 실험은 정치적 쟁점 — 공공장소에서의 금연, 성차별 폐지, 성인물에 대한 검열 등 — 에 대해 서로 반대되는 의견을 가진 사람을 같은 수로 포함하는 4인 집단을 조직하는 것으로 시작되었다. 피실험자들은 논의에 앞서 집단 내에서 논의될 쟁점에 대한 자신의 의견을 +4(매우 찬성함), 0(중립), −4(매우 반대함)의 척도를 이용해 기록했다. 절반 정도의 피실험자들에게는 자신이 속한 그룹에는 상반되는 의견을 가진 사람들이 동수로 포함되어 있음을 미리 알려 주지 않았고(미분류 조건), 나머지 피실험자들에게는 상반되는 의견을 가진 사람들이 동수로 있으며, 그에 따라 집단 내에서 큰 의견 차이가 있을 수 있음을 알려 주었다(분류 조건). 또한 이들에게는 각 구성원들이 어떤 의견을 가지고 있는지를 알려 주었고, 서로 반대되는 의견을 가진 사람들끼리 마주 보고 앉도록 자리를 배치했다.

미분류 조건의 경우, 토론 이후 상반되는 두 의견들 사이의 격차는 극적으로 줄어들었다(+4에서 −4까지의 범위에서 평균 3.4점에 해당하는 변화가 관찰되었다). 반면에 분류 조건 피실험자들 사이에서는 매우 대조적인 현상이 나타났다. 분류 조건 피실험자들의 의견은 중도적인 의견으로 변하는 경우가 훨씬 적었을 뿐만 아니라, 많은 경우 변화가 아예 일어나지 않기도 했다(평균 1.68점에 해당하는 변화만이 관찰되었다). 즉 집단 구성원들에게 특정한 집단에 속해 있음을 강조한 것이 그들로 하여금 다른 집단에 속한 사람들이 주장하는 의견을 받아들이는 것에 강한 거부감을 갖도록 한 것이다. 여기에서 우리는 매우 중요한 교훈을 얻을 수 있다. 즉 사람들에게 그들이 특정 집단 — 가톨릭 신자, 민주당원, 보수주의자 등 — 의 구성원임을 일깨워 줄 경우, 그들이 다른 집단에 속한 것으로 정의된 사람의 말에 귀를 기울일 가능성은 줄어들게 된다.

탈퇴. 시간이 지나감에 따라 집단 내의 중도적인 구성원들이 집단 내에서 일어나는 변화의 방향에 대해 거부감을 갖고 집단에서 탈퇴하기도 하는데, 이는 집단 편향성을 강화하는 또 다른 요인이 된다. 좀 더 많은 구성원들이 집단에서 탈퇴할수록 집단은 더욱 극단으로 흐르기 쉽다. 집단의 크기는 줄어들겠지만, 남아 있는 구성원들의 사고방식은 더욱 유사해지고, 더욱 극단적인 수단을 사용하는 데 대한 그들의 거부감은 줄어들게 될 것이다. 이런 현상이 발생할 경우, 집단 내에서는 일종의 악순환이 일어나, 남아 있는 구성원들의 의견은 더욱 극단적으로 변해 간다. 1960년대 미국의 학생운동이 비교적 온건한 좌파적 입장에서 시작해 급진주의적 그리고 심지어는 폭력적이 되었던 것은 바로 이 탈퇴 현상을 통해 어느 정도 설명할 수 있다.

이에 따라 우리는 집단을 탈퇴하는 것이 쉬워질수록 집단이 극단적인 성향을 띠게 될 것임을 알 수 있다. 불만을 가진 구성원들은 모두 탈퇴하고 오직 집단과 그 의견에 충성스러운 사람들만 남게 된다면, 집단의 중간값에 해당하는 구성원의 의견은 더욱 극단적이 될 것이고, 집단 내부에서 이루어지는 논의는 극단적인 구성원들이 다수가 되어 감이 따라 점점 더 극단으로 흐를 것이다. 구성원들이 집단에서 탈퇴하는 것을 어렵게 하는 것은 집단의 크기가 줄어드는 것을 방지하는 효과도 있지만, 집단이 비교적 온건한 주장을 펼치는 사람들을 포함하도록 해, 집단의 의견이 지나치게 극단적인 방향으로 변해 가는 것을 억제하는 효과도 있다.

이와 같은 사실은, 집단과 조직에 반대하는 방법으로서의 탈퇴exit와 발언voice[항의_옮긴이]에 대한 앨버트 허쉬만Albert Hirschman의 분석과 분명한 상관관계가 있다.[45] 허쉬만은 탈퇴가 자유로울 경우, 사람들은 집단 내에서 자신의 의견을 개진해 집단의 의견이 좀 더 나은 방향으로 나아갈 수 있도록 노력하기보다는, 탈퇴해 버리는 경우가 많다는 것을 보여 주었다. 그는 공립학교와 사립학교 간에 나타나는 교육의 질 차이를 그 예로 든다. 공립학교에서 제공되는 교육의 질이 떨어질 경우, 사람들은 공립학교를 떠나 사립학교로 이동한다. 이와 같은 사실은 공립학교들이 교육의 질을 높이도록

하는 압력이 되기도 하지만, 이보다는 사립학교로 떠날 선택권이
없었을 경우 교육의 질이 떨어지는 것에 대해 가장 강하게 반대하
고 그것을 막기 위해 가장 왕성하게 활동했을 구성원들 및 고객들
을 잃음으로써 공립학교에 생기는 피해[46]가 더욱 크다. 물론 공립
학교에 남아 있는 사람들이 교육의 질을 떨어뜨리려고 노력한다는
것은 아니다. 그러나 이와 같은 현상은 내가 탈퇴 현상에 대해 말하
고자 하는 바의 좋은 예다. 즉 이견을 제시할 가능성이 높은 구성원
들이 집단에서 탈퇴할 때, 집단 내에서 극단적 움직임이 일어날 가
능성은 높아질 수밖에 없다. 동시에, 탈퇴가 어려운 집단(예를 들어
가족, 종교, 혹은 부족 등)에서 강한 사회적 압력이 존재할 경우, 이 역
시도 이견을 억제하는 결과를 가져올 수 있는데, 이는 구성원들이
서로의 선의에 의존적일 가능성이 높기 때문이다.

정보를 가진 구성원들과 사실 관계. 집단 내에 사실 관계를 정확하게
알고 있다고 스스로 생각하는 구성원(들)이 있을 경우, 집단은 사실
관계에 부합하는 방향으로 의견을 모을 가능성이 크다.[47] 예를 들
어 한 집단에 1940년의 전 세계 인구라든지, 행크 아론Hank Aaron의
홈런 수, 파리와 마드리드 사이의 거리와 같은 질문을 던지고, 그
집단의 구성원 가운데 몇 명이 정답을 알고 있다고 생각해 보자. 만
일 그렇다면 집단은 극단화되지 않고 정답을 향해서 의견을 모아
갈 가능성이 크다. 그 이유는 간단하다. 자신이 정답을 알고 있다고
확신하는 사람은 자신감과 권위를 가지고 이야기할 것이기 때문이
다. 1장에서 다루었던 셰리프의 실험에서, 집단 내의 규범은 거의

모든 경우 빛이 움직인 거리를 자신 있게 식별한 공모자들에 의해서 정해졌다. 만일 집단의 구성원 가운데 한 명이 아론이 755개의 홈런을 쳤다고 확신하고(실제도 그렇다) 나머지 구성원들은 자신이 가진 정보에 대해 그만큼 확신하지 못했다면, 나머지 구성원들은 아론이 755개의 홈런을 쳤다는 사실에 동의할 가능성이 크다.

물론 집단 구성원들이 언제나 정답으로 의견을 모아 가는 것은 아니다. 애쉬의 동조 실험은 사회적 압력이 사람들로 하여금 가장 단순한 사실에 대해서도 잘못된 답을 내리게끔 만든다는 것을 보여 주었다. 집단의 구성원들이 이미 확실한 정답을 알고 있는 상황에서조차 다수의 의견이 영향력을 갖는다는 충격적인 사실도 연구를 통해 발견되었다.[48] 이 연구는 1천2백 명의 피실험자를 대상으로 이루어졌는데, 피실험자들은 4, 5, 6명으로 이루어진 집단으로 나뉘었다. 각각의 피실험자들에게는 예술, 시, 대중 의견, 지리, 경제 그리고 정치에 대한 참/거짓을 묻는 문제가 주어졌으며, 자신이 속한 집단에서 각각의 문제에 대해 논의하고 답을 결정하라는 지시를 받았다. 집단의 답을 결정하는 데에는 집단 내 다수의 의견이 주요한 역할을 했다. 정답을 알고 있는 구성원이 있는 경우 그 사람이 영향력을 행사하기는 했지만, 결국에는 다수의 의견이 가장 큰 영향력을 행사했다. 만일 집단의 구성원 가운데 다수가 정답을 알고 있었을 경우, 집단은 79퍼센트의 경우에 다수의 의견에 따랐다. 집단의 구성원 가운데 다수가 오답을 지지한 경우, 집단의 56퍼센트가 다수가 지지하는 오답에 따랐다. 79퍼센트가 56퍼센트보다 높은 만큼, 정확한 사실 관계를 알고 있는 구성원의 존재가 영향력을 행사했다는 것을 알 수 있지만, 집단 내 다수가 지지하는 오답이 선택된 경우도 56퍼센트에 달했던 만큼, 사실 관계를 알고 있는 구성원의 존재보다는 어느 의견이 다수의 지지를 받는지가 가장 주요한 영향력을 발휘했음을 알 수 있다. 이와 같이 다수가 지지하는 의견이 오답이었을 때조차 다수의 의견이 큰 영향력을 발휘했기 때문에, 집단이 정답을 제시할 확률은 개인이 정답을 제시할 확률에 비해 아주 조금밖에 높지 않았다(66퍼센트와 62퍼센트).

이 연구는 일부 구성원들이 진실을 알고 있을 때조차 집단이 오류를 범할 수 있다는 사실을 보여 준다. 그러나 확실한 정보가 없는 구성원들은 대체로 불확실한 태도를 취할 것이며, 확실한 정보를 가진 구성원들은 자신감을 갖고 이야기할 것이다. 이는 의견이 극단화되기보다는 진실을 향해 모아지도록 하기에 충분하다. 이를 통해 우리는 어떤 조건이 충족될 때 극단화가 방지되고 쏠림 현상이 줄어들 수 있는지를 알 수 있는데, 자신이 진실을 알고 있다고 확신하며, 진실을 알고 있는 것을 타인에게 드러내는 사람의 존재가 바로 그 조건이다.

이런 맥락에서, 우리는 개인보다는 집단이 정답을 맞추거나 좀 더 나은 결정을 내릴 확률이 높다는 사실을 보여 주는 실험 결과들에 대해서도 좀 더 쉽게 이해할 수 있다.[49] 한 흥미로운 실험은 피실험자들로 하여금 두 가지 과제를 수행하도록 했다. 첫 번째 과제는 파란색 공과 빨간색 공이 섞여 있는 항아리 안에 정확하게 파란색 공과 빨간색 공이 몇 개 씩 들어 있는지를 맞추도록 하는 통계 문제였다(이 실험에서 실험자들은 집단이 공동으로 결정을 내리도록 했으며,

쏠림 현상의 효과에 대해 알아보고자 하는 실험은 아니었다. 요즘 경제학에서는 이와 같은 '항아리 실험'을 비교적 자주 이용한다). 두 번째 실험은 금융 정책에 대한 것으로, 피실험자들로 하여금 경제 상황을 개선시킬 수 있도록 이자율을 조정하도록 했으며, 일부 피실험자들은 혼자, 그리고 일부 피실험자들은 집단으로 이 문제에 답하도록 했다. 두 실험 모두에서 집단은 개인보다 훨씬 좋은 성적을 거두었다(또한 집단은 개인보다 과제를 수행하는 데 시간이 더 오래 걸리지도 않았다). 주목할 만한 다른 한 가지 결과는, 만장일치를 통해서 결정을 내린 집단과 다수결로 결정을 내린 집단 간에는 정답을 맞출 확률에 차이가 없었다는 점이다.

우리는 이와 같은 결과를 어떻게 설명할 수 있을까? 실험자들도 이를 완벽하게 설명하지는 못했다. 쉽게 생각해 볼 수 있는 한 가지 설명은 집단의 결정을 옳은 방향으로 이끌어 갈 수 있는 한 명 이상의 뛰어난 분석가가 각 집단에 존재했을 수 있다는 점이다. 그리고 일부 연구에서는 한 집단에 뛰어난 문제 해결력을 가진 구성원(들)이 있을 경우, 그 집단 전체가 문제를 성공적으로 해결할 가능성이 크다는 점이 증명된 바 있다. 그러나 이와 같은 가설은 해당 실험을 부분적으로밖에 설명하지 못하는 것으로 밝혀졌다. 실험 결과에 따르면, 집단이 좀 더 나은 성과를 거둘 수 있었던 것은 문제 해결을 가능하게끔 하는 지식과 주장들이 다양한 개인 구성원들 사이에 퍼져 있었기 때문에 집단이 개인보다 성공적으로 문제를 풀 확률이 컸다는 것을 알 수 있었다. 여기에서 우리는 아리스토텔레스와 롤스 등 많은 사람이 주장한, 집단이 개인보다는 정보를 수집하는

데 더 뛰어나며 또한 좀 더 좋은 성과를 거둔다는 주장을 뒷받침할 또 하나의 증거를 찾아볼 수 있다.[50]

서로 반대되는 의견을 주장하는 소집단 공동체. 한 집단이 동일한 수의 구성원을 가졌으며 서로 반대되는 견해를 주장하는 두 개의 하위 집단으로 구성되었을 경우, 집단 내부의 논의는 의견을 더욱 중도 적으로 만드는 효과를 갖는다.[51] 즉, 저위험을 선호하는 사람들과 고위험을 선호하는 사람들을 함께 모아 집단을 구성한다면, 전체 집단의 결정은 양 쪽 사람들이 가진 견해의 중간값을 향해서 움직 일 가능성이 크다. 서로 반대되는 극단적인 견해를 가졌으며 각각 세 명씩의 구성원을 가진 두 개의 하위 집단으로 이루어지도록 조 직된 6인 집단을 대상으로 하는 실험에서, 집단 내의 논의는 집단 의 견해가 중간값을 향해 변화하도록 만들었다.[52] 이와 같은 현상 이 일어나는 이유 가운데 하나는 집단 내에 양 쪽 의견을 뒷받침하 는 설득력 있는 주장이 존재하기 때문이다.

이와 같이 서로 다른 견해를 가진 동일한 수의 하위 집단으로 구성된 집단을 대상으로 한 실험은 사람들이 잘 모르고 있는 사실, 예를 들어 1900년 당시 미국의 인구와 같은 사안에 대해 논의하도 록 했을 때 가장 많은 정도로 탈극화(집단 구성원들의 의견이 중간값을 향해서 변화하는 현상)가 일어났다. 반면에 사람들에게 잘 알려진 공 공 문제, 예를 들어 사형 제도가 정당한가와 같은 사안에 대해 논의 하도록 했을 때는 집단 내에서 양극화가 가장 심하게 일어났다. 개 인적인 취향에 대한 사안, 예를 들어 농구 혹은 축구에 대한 선호,

방을 무슨 색으로 칠할 것인가 등의 경우에는 중간 정도의 탈극화가 일어났다. 여기에서 알 수 있는 점은 이미 많은 논의의 대상이 되어 왔던 사안에 대한 집단의 의견은 탈극화되기 어렵다는 것이다. 왜냐하면 이와 같은 사안의 경우 사람들이 이미 대부분의 주장에 대해서 알고 있고, 논의를 통해서 새로운 사실이 알려지지 않기 때문에, 의견 변화의 가능성 자체가 적기 때문이다.


## 집단의 과제 수행 능력, 다양성, 그리고 갈등

정보를 공유하는 것이 갖는 가치는 집단의 과제 수행 능력, 다양성, 그리고 갈등에 대한 몇몇 흥미로운 연구의 주요 주제다. 오랜 시간 동안, 집단의 과제 수행 능력이 언제 향상되는가를 다루는 사회과학 문헌들은 때로는 갈등이 긍정적인 역할을 미친다고 주장하고, 때로는 부정적인 영향을 미친다고 주장하는 등 집단이 언제 높은 과제 수행 능력을 보이는지에 대해 불분명한 태도를 보여 왔다. 갈등이 어떤 조건에서 집단의 과제 수행 능력을 향상시키는지에 대한 일반적인 설명은 없었다.[53] 추상적으로 생각해 보았을 때, 우리는 구성원들 간의 협력을 어렵게 한다는 점에서 갈등이 집단의 과제 수행 능력에 부정적인 영향을 미친다고 결론지을 수 있다. 그러나 반면에 이 책에서 우리가 그동안 살펴본 바에 따르면, 구성원들 간의 의견 차이 및 갈등은 어떤 선택을 해야 하는지에 대해 좀 더 많은 정보를 제공하기 때문에 집단의 과제 수행 능력에 긍정적인 영향을 미칠 것으로 예상할 수 있다. 그러나 우리는 몇 가지 새로운 연구 결과, 갈등과 집단의 과제 수행 능력에 영향을 미칠 수 있는 잠재적인 변수들을 좀 더 명확하게 이해함으로써 집단의 과제 수행 능력과 갈등 사이의 관계에 대해 좀 더 폭넓은 교훈을 얻을 수 있다. 이는 대부분 와튼스쿨의 카렌 엔Karen Jehn 교수와 그녀의 동료들이 수행한 연구를 통해 발견되었으며, 몇 가지 중요한 결론을 도출해 냈다. 즉 만일 집단 구성원들이 서로를 싫어하고 개인적인 갈등에 많은 시간을 할애한다면, 집단 전체의 과제 수행 능력은 떨어질 것이다.[54] 그러나 만일 과제들이 복잡하고 일정 수준 이상의 창조성을 요구하는 것일 경우, 해당 과제를 어떻게 수행할 것인가에 대한 어느 정도의 갈등과 다양한 이견의 제시는 좀 더 좋은 결과를 가져왔다.[55]

우리는 먼저 다양성이 다양한 차원에서 작용할 수 있다는 점을 기억할 필요가 있다.[56] 집단은 다양한 인종, 나이, 민족과 남녀가 혼합되어 있는 등 인구학적으로 다양할 수 있다. 또한 집단은 그 구성원들이 서로 다른 가치관을 갖고 있거나, 집단이 이룩해야 할 목적이 무엇인가에 대해 서로 다른 생각을 가질 수 있다. 또한, 집단은 각 구성원이 장차 수행할 과제와 관련된 서로 다른 정보를 가질 수 있다(물론 가치관은 많은 경우 정보의 결과이고, 정보가 가치관 형성에 도움을 주는 만큼, 가치관의 다양성은 정보의 다양성과 연결되어 있을 수 있다). 이와 같은 다양성이 반드시 동시에 발생하는 것은 아니다. 가치관이 대단히 다양한 집단이 인구학적으로는 서로 비슷한 구성원들로 이루어졌을 수도 있고, 인구학적으로 다양한 집단의 구성원들이 서로 비슷한 가치관이나 정보를 가질 수도 있다. 연구 결과, 주어진 과제의 수행 능력을 높이기 위해서는 정보의 다양성이 가장 중요한 것으로 밝혀졌다.[57] 옌은 집단 내에 구성원들 간의 합의를 강조하는 압력이 존재할 경우, 이는 구성원들로 하여금 혁신적인 발상을 개진하기보다는 서로 간의 합의를 도출하는 데 집중하도록 함으로써 비일상적인 과제를 효과적으로 수행하는 데 필요한 창조성을 억압한다[58]는 사실을 발견했다.

다양한 종류의 다양성이 있듯이, 갈등 역시 다양하다.[59] 예를 들어 집단 구성원들이 단순히 서로를 싫어해서 사람들 사이에 긴장 관계가 계속 나타날 수도 있다. 반면에 집단 구성원들 사이에는 개인적 긴장 관계가 존재하지는 않지만, 작업을 어떻게 조직할 것인가, 즉 누가 무엇을 해야 할 것인지, 그리고 작업이 어떻게 해야 공평하게 분배되는지, 그리고 어떤 의미를 갖는지에 대해서 구성원들 사이에 의견이 일치하지 않을 수 있다. 또한, 구성원들이 서로를 좋아하며 작업을 어떻게 진행할 것인가에 대해 서로서로 동의하지만, 과제를 성공적으로 달성하는 방법에 대한 의견이 분분하기 때문에 갈등이 생길 수도 있다. 예를 들어 투자클럽의 구성원들은 보험 회사에 투자할 것인지, 혹은 슈퍼마켓에 투자할 것인지에 대해 의견을 달리할 수 있다. 전쟁을 계획하는 사람들은 지상군을 사용해야 하는지, 그리고 언제 사용해야 하는지에 대해 의견이 다를 수 있다. 여기에서 중요한 질문은, 어떤 종류의 다양성, 그리고 어떤 종류의 갈등이 집단의 과제 수행 능력에 가장 많은 도움을 주는가다.

지금까지 살펴본 바에 따르면, 정보의 다양성이 과제를 성공적으로 수행하는 데 가장 중요하며, 또한 과제의 내용을 둘러싼 갈등이 과제 수행에 긍정적인 영향을 미친다고 예상할 수 있다. 많은 실험적 연구 결과 역시 이를 뒷받침한다.[60] 고도의 개인적 갈등은 낮은 과제 수행 능력으로 이어지기 쉽다. 사람들이 개인적인 감정 때문에 다툰다면, 과제를 완수할 확률은 그만큼 낮아진다(여기에서 얻을 수 있는 교훈 한 가지. 즉 집단의 구성원들은 서로를 너무 좋아해서도 안 되고 너무 싫어해서도 안 되는데, 전자는 이견을 억압하고 후자는 개인적 긴장 관계를 조성하기 때문이다). 절차를 둘러싼 갈등 역시 일반적으로 과제 수행에 해로운데, 이는 사람들이 절차를 두고 너무 많은 논의를 할 경우 실제적인 과제 수행에는 충분한 시간을 할애할 수 없기 때문이다.[61] 반면에 열린 토론이 허용되고 과제의 내용에 대한 갈등이 장려되는 집단들은 높은 과제 수행 능력을 보였다. 많은 경우 집단들은 내부의 의견 교환을 통해 새로운 사실을 통찰할 수 있었다.[62] 예를 들어 통신사에서 다양한 종류의 의견이 개진되는 것을 장려할 경우, 이는 고객에 대한 서비스 수준 향상과 좀 더 효율적인 자원 사용으로 이어졌다.[63]

물론 집단의 과제 수행 능력을 높이기 위해서는 최대한 많은 갈등이 아닌 최적의 갈등을 장려해야 한다. 딘 토즈볼드Dean Tjosvold와 그의 동료들은 높은 과제 수행 능력을 보이는 집단의 과제 수행 과정을 살펴보면, 과제에 대한 갈등은 초기에는 많지 않았으며, 중간의 몇 주 동안 많아졌다가, 과제 완료를 향한 최종 단계에서는 다시 줄어드는 것으로 밝혀졌다.[64] 최적의 갈등을 장려하는 데 있어서의 한 가지 큰 어려움은 일부 집단에서 동조 효과, 개인적 갈등 그리고 절차를 둘러싼 논쟁 때문에 정보가 충분히 공유되지 못한다는 점이다.[65] 기본적인 가치에 대한 다양성 역시 비생산적인 갈등을 일으킬 수 있다. 옌은 자신의 연구 결과를 다음과 같이 요약한다. 즉 집단이 효과적으로 작동하기 위해서는, 그 구성원들이 다양한 정보를 많이 갖고 있는 반면, 가치관의 차이는 적어야 한다. 집단이 효율적으로 작동하기 위해서는, 구성원들 사이의 가치관 차이는 적어야 한다. 집단의 사기가 높기 위해서(즉 만족도가 높고, 집단 내에 머무르고자 하는 마음이 크며, 집단에 대해 헌신적이기 위해서), 혹은 집단이 효율적으로 작동하고 있다고 스스로 생각하기 위해서는, 집단 구성원들 간의 가치관 다양성이 적어야 한다.[66] 나는 집단이 효율적으로 작동하도록 하기 위해서는 옌이 제시한 조건에 다음과 같은 단서를 덧붙이고자 한다. 즉 일부 집단에서는, 가치관 다양성과 정보 다양성을 분리하는 것이 쉽지 않으며, 따라서 효과적으로 목표를 달성하기 위해서는 총체적인 목표에 대한 논의가 중요한 역할을 한다.

## 정치적 올바름에 관한 첨언

1980년대와 1990년대에는 정치적 올바름에 대한 많은 지적이 있었다. 즉 대학이 학생들에게 일종의 좌파적 정설을 강요하고, 경쟁적인 견해는 억압함으로써 캠퍼스 내에서 독단적인 교조주의를 키우고 있다는 것이다. 이와 같은 현상은 실제로 존재했을 뿐만 아니라, 캠퍼스 내의 논의 과정에 상당히 부정적인 영향을 미쳤다. 일부 대학 학생들은 자신이 공화당 지지자라고 말하거나, 레이건 행정부에 대해서 긍정적인 태도를 보이거나, 낙태, 적극적 시정 조치, 동성애자 권익에 대해서 반대하는 입장을 취할 경우 격렬한 비난을 감수해야 했다. 내가 가르치는 시카고대학 법학대학원은 보수적인 견해를 환영할 뿐만 아니라 좌파 교조주의의 영향을 거의 받지 않지만, 1980년대에 내가 강단에 섰던 또 다른 대학에서는 보수주의자들이 자유롭게 발언할 수 있는 분위기가 아니라는 것이 분명했다.

주로 좌파적인 견해에 동의해야 한다는 압력의 형태로 나타나는 정치적 올바름은, 예전뿐만 아니라 지금도 일부 대학 캠퍼스에서 나타나고 있는 현상이다. 우리는 이제 이런 현상이 어떻게 일어나게 되었는지에 대해서 좀 더 쉽게 이해할 수 있는데, 이와 같은 정치적 올바름은 정보와 평판의 쏠림 현상 모두와 관련이 있기 때문이다. 대부분의 사람들이 공적인 문제, 예를 들면 적극적 시정 조치, 낙태, 동성애자 권익과 같은 문제에 대해서 같은 생각을 갖고 있는 것처럼 보인다면, 이 자체가 이와 같은 견해가 정당하다는 근거로 생각되기 쉽다. 그리고 설령 다수가 공유하는 그 견해에 대해서 회의적인 사람이 있다 할지라도, 공개적인 석상에서 다수의 견해에 반대해 동료들의 기분을 상하게 하는 것은 쉬운 일이 아니다. 이런 현상이 나타날 경우, 결과적으로 캠퍼스 내의 논의에서 주류 의견에 대한 이견을 찾아보기 힘들게 되는 것이다. 그리고 이견이 쉽게 제기되지 못한다는 점은 이미 작용하고 있는 정보와 평판의 압력을 또 한 번 강화시키게 된다.

정보와 평판에서 비롯된 쏠림 현상이 발생하고 있을 경우, 집단 편향성 역시 동시에 발생하기 마련이다. 사회적으로 선호되는 견해를 지지할 뿐만 아니라 서로 비슷한 사고방식을 가진 사람들은 주로 서로 간에만 대화를 나눌 것이고, 이는 더욱 심한 극단주의로 이어질 수밖에 없다. 바로 이런 이유로, 많은 캠퍼스에서 정치적 올바름이 정말 극단적이고 때로는 심지어 터무니없는 수준까지 가기도 한다. 그 결과, 학생들은 미국 사회 전반에서 널리 공유되는 보수적이거나 온건한 입장을 주장하는 것이 점점 어렵다고 느끼게 되는 것이다.

이와 같은 현상이 캠퍼스 내에서 발생할 경우, 이는 교육의 질에 악영향을 끼치게 된다. 이로 말미암아 가장 큰 피해를 받는 학생들은 다름 아닌 주류의 생각에 찬동하는 학생들인데, 이는 바로 그들이 가진 생각이 시험되고 검증되지 못하기 때문이다. 그러나 정치적 올바름이 지난 몇 십 년간 좌파적 대학에서만 일어난 현상이라고 생각해서는 안 될 것이다. 정치적 성향과 관계없이 수많은 단체들은 그들만의 정치적 올바름에 대한 기준을 갖고 있다. 나의 개인적인 경험을 생각해 보면, 힐러리 클린턴이나 에드워드 케네디에 대해 긍정적인 언급을 했을 경우 (좋게 말해서) 썩 유쾌하지는 않게 반응하는 보수주의 단체도 심심찮게 찾아볼 수 있었다. 그리고 일부 대학들은 보수 교조주의와 생각을 달리하는 학생이나 관계자들을 처벌하기도 한다. 정보 그리고 평판과 관련된 영향력들은 많은 단체 내에서 미국을 비판하거나, 동물의 권리를 대변하거나, 동성 간의 결혼을 지지하거나, 사형 제도에 반대하거나, 임금 격차가 지금보다 훨씬 좁혀져야 한다는 주장을 하기 어렵게 한다. 일부 대학의 경제학과는 특히 보수적이어서, 보수적 교조주의를 따르지 않으면 큰 불이익을 감수해야 할 정도다. 이와 같이 우리는 보수적인 대학들에서도 집단 편향성이 발생하고 있음을 알 수 있다. 일부 대학에서 학생들에게 자유주의적/진보적인 생각을 갖도록 강요하는 압력이 존재하듯이, 또 다른 일부 대학에서는 학생들에게 보수적인 생각을 갖도록 강요하는 압력이 존재하는 것이다.

분노라는 감정이 집단 내의 영향력에 따라 증가하거나 감소한다는 점에 대해서 다시 한 번 생각해보자. 정치적 올바름이라는 현상은 그것이 다양한 형태로 나타나는 만큼, 다양한 종류의 분노를 키우는 역할을 한다. 정치적 올바름에 의해 커진 분노로 말미암아 발생할 수 있는 가장 위험한 상황은 바로 그 분노가 폭력으로 이어지는 것인데, 1960년대 좌파 대학들에서 나타난 폭력적인 운동 양상이 바로 그 예다. 하지만 정치적 올바름이 제시하는 규범들에 대한 뿌리 깊은 반감 때문에, 정치적 올바름이라는 압력이 존재한다는 사실 그 자체를 잊는 것 역시 아주 위험한 일이다.

사실 '정치적 올바름'이라는 어구 자체도 보수주의자들이 다소 악의적인 의도를 담아 만들어 낸 표현이다. 정치적 올바름이라는 표현은 특정 정치적 신념이 사려 깊은 생각의 결과이기보다는 그저 대중의 의견을 좇는 식의 눈 먼 교조주의라는 느낌을 전달한다. 특정 생각과 이상을 깎아 내리기 위해 정치적 올바름이라는 표현을 사용하는 것 역시 정보와 평판의 압력을 행사하는 또 하나의 방법이라고 볼 수 있다. 따라서 정치적 올바름에 대해서 이야기하며 대학 캠퍼스에서 정치적 올바름이 갖는 영향력에 대해 비판하는 많은 사람들도 자신들만의 방식으로 정치적 올바름을 강요하고 있는 셈이다. 그뿐만 아니라, 이들은 대학 사회에서 주류로 생각되는 현상을 비판하는 것에 대한 스스로의 용기와 독립성에 대해 서로를 독려하고, 대학 생활에 대한 과장되고 왜곡된 정보를 나눔으로써, 집단 편향성까지 부추긴다. 라디오 토크쇼라든지 인터넷 등에서도 같은 생각을 가진 사람들이 서로 모여서 논의를 반복한 끝에 결국에는 허황되고 악의적인 견해를 지지하게 되는 것 역시 이와 같은 맥락에서 나타나는 현상이며, 이는 해당 집단의 정치적 성향에 관계없이 다양한 집단에서 관찰된다. 비단 좌파적인 성향의 대학 캠퍼스에서만 일어나는 것이 아니라는 말이다.

## 집단 사고와 집단 편향성

지금까지 논의된 바를 바탕으로, 1970~80년대에 폭넓게 논의되었으며 이 책의 주제와도 직접적으로 관련이 있는 개념인 집단 사고●에 대해서 살펴보도록 하자. 집단 사고라는 개념은 토론 과정이 어떤 경우에 잘못된 결정으로 이어질 확률이 큰지를 알아보기 위해 어빙 야니스Irving Janis가 주창한 것으로,[67] 야니스는 조지 오웰의 소설 『1984년』에 나온 표현인 이중 사고●●에서 집단 사고라는

---

● 집단 사고(groupthink) | 응집력이 높은 집단에서 대안에 대한 검토나 비판을 억압하면서 의견의 일치를 이루려는 심리적인 욕구를 말한다.

● ● 이중 사고(doublethink) | 흔히 한 사람이 두 가지 상반된 신념을 동시에 가지며, 그 두 가지 신념을 모두 받아들이고 있는 상황을 의미한다. 『1984』에서 조지 오웰은 이중 사고에 대해 다음과 같이 묘사하고 있다.

"당은 오세아니아가 유라시아와 절대로 동맹을 맺은 적이 없다고 말했다. 그러나 그는, 원

이름을 따왔다고 한다. 야니스의 주장을 요약해 보자면, 일부 집단
은 이견을 억누르고, 정확성보다는 합의에 집착하며, 다양한 대안
과 그 결과를 살펴보지 않은 채 결정을 내리는데, 이로 말미암아 이
런 집단에서는 잘못된 결정을 내릴 확률이 크다. 야니스는 어떤 결
정을 내리기 위한 토론 과정에서는 다양한 대안 및 각각의 대안과
관련된 위험 요소를 주의 깊게 살펴보는 것이 중요하다고 강조했다.

야니스는 자신의 주장을 뒷받침하기 위해 몇 가지 정책 결정 과
정에서 이루어진 토론과 그 결과를 예로 들었다. 야니스의 주장에

---

스턴 스미드는 오세아니아가 겨우 4년 전 유라시아와 동맹을 맺었다는 걸 알고 있다. 도대
체 이 지식은 어디에 존재하는가? 바로 그의 의식 속에, 그것도 여차하면 아주 없어져 버
릴 그의 의식 속에만 있을 뿐이다. 그래서 만일 다른 모든 사람들이 당이 하는 거짓말을
믿는다면, 그리고 모든 기록들이 그렇게 되어 있다면 그 거짓말은 역사가 되고 진실이 되
는 것이다. "과거를 지배하는 사람은 미래를 지배한다. 현재를 지배하는 사람은 과거를 지
배한다"고 당의 슬로건은 말한다. 그러나 과거는 본질상 변경될 수 있음에도 한 번도 변경
되지 않았다. 극히 간단했다. 필요한 것은 자신의 기억을 끊임없이 말소하는 것뿐이다. 그
들은 이것을 '현실 제어'라 했다. 신어로는 '이중 사고'.
⋯⋯
윈스턴은 양팔을 축 늘어뜨리고 천천히 심호흡을 했다. 그의 마음은 이중 사고의 미궁 속
으로 빠져들었다. 알면서 모른다는 것, 완전한 진실을 의식하면서 한편으로는 조심스레
꾸며 놓은 거짓말을 한다는 것, 말살된 두 개의 견해를 동시에 갖는다는 것, 모순되는 줄
알면서 그 두 가지를 동시에 믿는다는 것, 논리를 사용해 논리에 대항한다는 것, 민주주의
는 불가능하다고 믿으면서 당은 민주주의의 수호자라고 믿는다는 것, 잊어 버려야 할 것
은 무엇이든 잊어 버리고 필요한 순간에는 다시 기억 속으로 끄집어내고 그랬다가 곧 다
시 잊어 버린다는 것, 무엇보다 과정 그 자체에 똑같은 과정을 적용한다는 것—그것이 지
극히 미묘했다. 의식적으로 무의식 상태에 빠지고 그다음엔 다시 자신이 만들어 놓은 최
면 행위에 대해서까지 무의식이 된다는 것, '이중 사고'란 말을 이해하는 것 자체에 이중
사고를 사용해야 한다." 조지 오웰, 『1984』, 김병익 옮김, 문예출판사, 1984, 34-35쪽.

따르자면, 존슨 대통령과 그의 고문들이 1964~67년까지 베트남전쟁을 단계적으로 확대한 것은 그들이 이견을 억누르고 합의를 추구했으며, 이와 같은 결정이 초래할 결과에 대해 충분히 생각하지 않았기 때문이었다. 나아가 야니스는 워터게이트 스캔들의 은폐, 히틀러에 대한 네빌 체임벌린Neville Chamberlain의 유화정책, 에드셀 Edsel을 판매하겠다는 포드의 결정, 악천후에도 불구하고 챌린저호를 발사하겠다는 나사NASA의 결정,[*] 1941년 나치 독일의 소련 침공, 신생아들에게 심각한 장애를 초래한다는 증거가 있었음에도 불구하고 탈리도마이드thalidomide를 판매하기로 한 그뤼네탈Gruenenthal 사의 결정 등을 설명하는 데에도 집단 사고 개념을 적용했다.[68] 야니스에 따르면, 집단 사고는 대안과 목적에 대한 불충분한 조사, 집단 구성원들이 선호하고 있는 정책이 초래할 수 있는 위험에 대한 검토 부족, 정보 조사 실패, 왜곡된 정보 처리 과정, 대안 평가 실패

---

[*] 1986년 1월 28일 일곱 명의 승무원을 태운 우주왕복선 챌린저호가 이륙 73초 만에 공중 폭발한 사건. 당시 강추위로 네 차례나 발사가 미뤄지자 미국 언론들은 '챌린저호가 오늘도 발사되지 못했다'는 식으로 연일 '비꼬는' 보도를 했다. 특히 당시 챌린저호에는 민간인으로는 처음으로 초등학교 과학교사 크리스타 매컬리프(37세)도 타고 있어서, 발사에 대한 대중의 관심도 매우 컸다. 당시 우주선 로켓 추진 장치를 만든 회사인 모턴티오콜(Morton Thiokol)사와 우주선을 제작한 락웰인터내셔널(Rockwell International)사의 기술자들은 발사일의 날씨를 고려해 발사 연기를 건의했으나, 모턴티오콜사의 간부진과 NASA의 관리들은 예정대로 발사할 것을 고집했다. 모턴티오콜사의 사장은 기술자들을 제외한 간부들만을 대상으로 의견을 조사해 만장일치로 발사를 결정했다고 한다. 이후 알려진 바에 따르면, 한 엔지니어가 NASA 관리에게 "어떤 문제가 생겨서 청문회에 불려 나가 왜 발사했는지를 추궁당하고 싶지 않다"며 발사를 재고할 것을 간곡히 부탁했으나, 이런 정보는 NASA나 락웰인터내셔널사의 최고 관리자들에게는 전혀 전달되지 않았다고 한다.

등으로 말미암아 부적절한 선택으로 이어질 수밖에 없다.[69]

야니스의 설명에 따르자면, 집단 사고는 몇 가지 증후를 보이는데, 이런 증후들에는 폐쇄적인 사고(집단적 자기 합리화를 통해 한번 내려진 결정을 돌아보게끔 하는 경고 혹은 정보를 무시하려는 노력), 적들이 너무나 사악해서 협상이 불가능하다거나, 적들이 너무나 약하고 멍청하다는 등의 판에 박힌 생각 등이 있다.[70] 집단 사고에 빠지기 쉬운 조직들은 그 구성원들로 하여금 획일적인 사고를 하도록 하고 스스로의 생각을 검열하도록 한다. 집단 구성원들이 자신이 갖고 있는 의심이나 이견을 가치 없는 것이라고 생각하고 이에 따라 자신의 생각을 스스로 검열하게 될 경우, 그들은 자신을 포함한 집단의 구성원 모두가 집단의 결정에 대해 만장일치로 찬성하고 있다는 착각에 빠지게 된다. 집단 내부에서 유통되는 판에 박힌 생각, 착각 등에 반대하는 구성원들에 대한 직접적인 압력이 집단 내부에 존재한다면, 이와 같은 집단 착각은 더욱 강해질 수밖에 없다.

야니스는 또한 집단 사고가 몇 가지 분명한 이유 때문에 일어난다고 주장했다. 이 가운데 가장 중요한 이유는 결속력이었다. 결속력이 낮은 집단은 잘못된 결정을 내릴 가능성이 낮았다. 그러나 결속력이 강한 집단이라고 해서 무조건적으로 집단 사고에 의한 잘못된 결정을 내리는 것은 아니다. 집단 사고는 집단 구성원 간의 결속력 외에도 몇 가지 요인 때문에 발생하는데, 집단의 정책 결정 과정이 격리되어 있어서 전문가의 자문이나 외부의 평가를 받을 수 없는 경우, 지도자들이 열린 토론과 비판적 평가를 장려하지 않는 경우, 의사 결정 과정을 위한 논의가 잘 이루어질 수 있도록 하는 절차가 마련되어 있지 않은 경우, 구성원들의 사회적 배경과 정치적 신념이 서로 비슷비슷한 경우 등이 그와 같은 요인들이다.

야니스는 집단 사고를 방지하기 위해서는 정보를 매우 신중히 처리해야 함을 강조했다.[71] 지도자들이 이견을 제기하고 의심스러운 점을 지적하는 것을 중요하게 여기고, 비판적인 평가를 장려하는 것은 집단 사고를 방지하는 데 도움이 된다. 집단 내에 다양한 의견이 존재하도록 하기 위해 서로 독립적인 정책 기획 집단과 정책 평가 집단이 협력하도록 하는 것, 반대 의견을 제시할 사람을 지정해 새로운 시각을 제공하도록 하는 것, 그리고 논란이 되고 있는 사안과 직접적인 관계가 없는 외부 전문가로 하여금 내부의 의견에 이견을 제시하도록 하는 것 등도 집단 사고가 발생하지 않도록 하는 방법들이다. 야니스는 또한 많은 성공적인 의사 결정 과정에서는 집단 사고 현상이 관찰되지 않았음을 지적하며, 쿠바 미사일 사태와 제2차 세계대전 이후 유럽을 재건하기 위해 시행되었던 트루먼 정부의 마셜 플랜 등을 그 예로 들었다.

야니스가 제시하는 다양한 예는 집단 편향성에 대한 사례로도 볼 수 있다. 집단 사고 현상이 일어났을 때 해당 집단은 논의 이전보다 극단적인 의견을 갖게 되었으며, 숨겨진 정보들은 끝내 공개되지 않았다. 사회적 압력이 있는 경우 구성원들이 자신의 생각을 검열하게 된다는 사실은 지도자의 역할이 얼마나 중요한지를 다시 한 번 보여 준다. 만일 지도자가 이견을 무시하고 자신의 의견만을 고집한다면, 집단의 나머지 구성원들도 지도자의 의견에 동의할 가능성이 높아진다.

야니스의 연구에서 한 가지 아쉬운 점이 있다면, 야니스의 가설은 실험을 통해 증명되지 않는다는 것이다. 특히 집단 사고 현상에 대한 실험 연구는 서로 상충되는 결과를 보여 왔고, 야니스의 주장이 지속적인 논쟁의 대상이 되어 온 만큼, 이에 대한 아쉬움은 더욱 클 수밖에 없다.[72] 야니스의 집단 사고 이론에 대한 논쟁 가운데 다수는 야니스의 주장에 따라 나타나는 집단 사고의 증상과 그가 예로 드는 실패한 정책들 간에 분명한 상관관계가 존재하지 않는다는 사실 때문에 발생한다. 집단 사고로 말미암아 발생하는 현상을 분류하기 위해 야니스가 사용하는 증거는 일화적이고 우연적인 관찰에 근거하고 있으며, 철저한 연구보다는 직관에 의존하고 있다는 것이다.[73] 크라이슬러, 코카콜라, CBS 뉴스 등 일곱 개의 주요 미국 기업에서 집단 사고 현상이 나타나는지, 그리고 집단 사고 현상과 기업의 실패 사이에 관련성이 있는지를 알아보기 위해 해당 기업들의 의사 결정 사례들을 조사한 한 연구에서,[74] 연구진은 집단의 의사 결정 과정과 정책의 성공률 사이에 높은 상관관계가 있음을 발견했다. 기업들은 정보가 성공적으로 처리되었을 때 성공적인 결정을 내릴 가능성이 높은 것으로 드러났다. 반면에 성공적인 정책을 내놓은 집단에서도 집단 사고 현상이 나타났다. 성공한 정책을 내놓은 집단에서는 자신의 생각이 옳다는 것을 다른 집단 구성원들에게 설득시키고자 하는 강력한 지도자가 있는 경우가 많았다. 이런 지도자들도 한 사람에게 집단의 모든 권한이 집중되는 '절대적 숭배' 현상이 나타나는 경우에는 실패한 정책을 내놓았다.[75] 즉, 실패한 정책을 내놓은 집단에서는 한 사람에게 모든 권한이 집중되는 현상이 자주 나타났다.

이들 연구가 완전한 것은 아니지만 집단 사고 모델에 대한 약간의 근거를 제공해 준다.[76] 야니스의 사례에 대한 체계적인 검토를 통해 우리는 집단 사고에서 나타나는 특징들이 잘못된 결정과 실질적으로 관련이 있다고 결론을 내릴 수 있다.[77] 특히 잘못된 결론을 내리게 되는 것은 다른 집단들로부터의 고립과 내적 동질성과 같은 그 집단 자체의 구조적인 결함과 아주 밀접하게 관련이 있다. 그러나 집단의 결속력은 큰 문제가 아니었다. 그 집단이 서로 소원한 사람들이 아니라 친구들로 구성되었거나 과거에 함께 일해 본 적이 있는 사람들로 구성되어 있는 경우, 자기 검열의 성향이 약했다. 따라서 결속력이 강한 집단에서 잘못된 결정을 내릴 가능성이 크다는 주장은 그리 타당하지는 않았다.[78] 구성원들이 서로를 신뢰하고, 감춰진 정보와 이견을 제시하는 것을 하나의 규범으로 받아들인다면, 낯선 사람들로 구성되어 있으며, 이견을 말할 경우 심한 불화가 생길 것이라는 두려움을 갖고 있는 집단에 비해 자기 검열 성향이 약해질 것이다. 그러나 야니스의 주장 가운데 일부는 타당한 것도 있다. 고립된 집단은 그렇지 않은 집단에 비해 다양한 대안을 고려하지 않고 더 나쁜 결정을 내리게 된다.[79] 또한 다양한 의견을 듣기보다는 주로 지시를 내리는 강력한 지도자가 있는 집단은 대체로 대안을 적게 검토하고, 적은 정보만을 이용하며, 이견을 억압함에 따라 잘못된 결정을 내린다.[80] 또한 대부분의 연구는 잘못된 의사 결정 과정이 훌륭한 의사 결정 과정보다 의견 불일치가 적고 더 나쁜 결론을 내리게 된다는 것을 확인시켜 준다.[81]

집단 사고와 집단 편향성 사이에는 어떤 차이가 있을까? 가장 분명한 점은 집단 편향성은 단순하고 명확한 예측을 제공한다는 것이다. 즉 토론 이후에 집단들은 토론 이전의 경향에 비해 더욱 극단적인 입장을 갖게 된다. 반면에 집단 사고의 개념은 검증 가능한 예측을 제시하기 어렵다. 야니스는 실제 사례들을 통해서 집단들이 잘못된 판단을 하는 경우를 일반화했다. 물론 그와 같은 일반화는 시사하는 바가 많고 유용한 측면도 있다. 하지만 집단의 어떤 특징이 잘못된 결정과 파국을 초래하는지에 대한 명확한 설명을 제시하지는 못한다.

이 문제는 집단 사고를 둘러싼 논란을 설명하는 데 도움이 된다. 야니스의 관점은 기본적으로 옳다. 내부의 이견을 억누르면 그 집단은 올바른 결정을 내릴 수 없다. 집단 사고는 일종의 절름발이 인식이라 할 수 있다. 우리가 잘못된 판단을 초래하는 원인이 무엇인지를 찾고 있다면, 내가 앞서 살펴보았던 메커니즘은 하나의 출발점이 된다. 집단 편향성은 케네디 대통령의 피그스 만 전투 실패와 존슨 대통령의 베트남전 확전, 닉슨 대통령의 워터게이트 스캔들 은폐 행동을 쉽게 설명할 수 있다. 이런 사례들에서 대통령 주위의 고문들은 그들의 원래 경향을 더욱 극단적인 방향으로 몰아간다. 이런 불행은 어떻게 막을 수 있을까. 분명한 답은 숨겨진 부분을 드러내고, 반대 토론을 권장하고, 대안을 만드는 좋은 관례들에 있다.

| 야니스의 집단 사고 과정 |

• 선행조건

1. 집단의 응집력이 높다.

2. 집단이 외부 의견으로부터 단절되어 있다.

3. 집단의 지도자가 매우 지시적이다.

4. 집단이 대안을 평가할 수 있는 체계적 절차를 가지고 있지 않다.

5. 스트레스가 높거나 외부 위협에 직면해 있다.


• 집단 사고의 증후

1. 집단이 취약하지 않다는 착각에 빠져 있다.

2. 집단의 도덕성을 맹신하고 있다.

3. 집단 결정을 합리화한다.

4. 상대편에 대한 고정관념을 지니고 있다.

5. 반대자에게 직접적인 동조 압력을 가한다.

6. 구성원들이 이견을 제시하는 것을 자제한다.

7. 만장일치의 착각에 빠져 있다.

8. 반대 정보를 차단하는 구성원이 존재한다.


• 결과: 조잡한 의사결정

1. 집단의 목표를 적절하게 고려하지 않는다.

2. 모든 대안들을 적절하게 조사하지 않는다.

3. 선택된 대안의 위험성을 완벽하게 검토하지 않는다.

4. 관련 정보들을 적절하게 탐색하지 않는다.

5. 편파적인 방식으로 정보를 평가한다.

6. 긴급시의 대책을 수립하지 않는다(Janis 1982).


_함덕웅·성한기 외, 『사회심리학』, 학지사, 2005, 269쪽에서 재인용.

7장

헌법

제정자들의

가장

큰

공헌

동조, 쏠림 현상, 집단 편향성과 같은 사회적 영향력에 대한 나의 설명은 여기까지다. 우리는 이를 통해 사회규범 및 제도적 선택에 따라 사회적 영향력이 의사 결정 과정에 미치는 정도가 달라진다는 것을 볼 수 있었다. 비슷한 생각을 가진 사람들이 모이면 극단적인 의견을 갖게 되기 쉽지만, 어떻게 하느냐에 따라서는 사람들이 다양한 견해를 개진하고 또 접할 수 있도록 하는 정치적 분위기를 조성할 수도 있다. 그렇다면 사람들이 자유롭게 자신의 생각을 이야기할 수 있도록 하려면 어떤 조직과 제도를 갖추어야 할까?

이 장에서 나는 미국 정부 내에서 다양한 견해가 존재할 수 있도록 보장하는 체계를 만들어 낸 것이 미국 헌법 제정자들의 가장 큰 공헌이었다는 주장을 펼치고자 한다. 헌법 제정 기간에는 공화국 제도의 본질에 대한 수많은 논의가 있었으며, 무엇보다도 이와 같은 논의는 몽테스키외의 이론을 중심으로 이루어졌다. 몽테스키외는 모든 사람들이 존중하는 사상가였을 뿐만 아니라, 권력분립이라는 개념의 발전에 중요한 역할을 한 인물이기도 하다. 제안된 헌법에 반대했던 반연방주의자들은 헌법 제정자들이 미국이 대변하는 가치인 다양성과 공존할 수 없는 제도인 강한 중앙정부를 중심으로 하는 정치조직을 구성하고자 함으로써 몽테스키외의 기대를 저버렸다고 주장했다. 반연방주의자들은 헌법 비준 논쟁 과정에서 그들이 작성한 공적인 문서들을 통해, 공화국은 그 구성원들이 서로 비슷한 생각을 가지고 있을 때에만 꽃필 수 있다고 주장했다. 반연방주의자 중에는 줄리어스 시저가 로마 공화정을 뒤엎지 못하도록 하기 위해 시저의 암살에 참여했던 로마의 공화주의자 브루투스를 기리기 위해 브루투스라는 이름으로 글을 쓰는 사람이 있었다. 그는 "공화정에서, 시민들의 생활 방식, 감정, 그리고 이해관계는 유사해야 합니다. 그렇지 않을 경우 끊임없는 의견 충돌이 있을 것입니다. 그리고 파당의 대표들은 언제나 다른 파당의 대표들과 싸우고 있을 것입니다"[1]라는 주장을 통해 당시의 미국인들에게 전통적인 공화주의적 전통을 설파했다.

제안된 헌법을 지지했던 사람들은 브루투스와는 반대의 생각을 갖고 있었다. 그들은 다양성과 "끊임없는 의견 충돌"을 환영했다. 그들은 적극적으로 "파당의 대표들이 언제나 다른 파당의 대표와 싸우고 있는" 상황을 추구했다. 알렉산더 해밀턴Alexander Hamilton은 다음과 같은 주장을 통해 이와 같은 의견을 분명하게 내세웠다. "의견의 차이, 그리고 정부 부서 간[또는 입법부에서] 다툼은 …… 많은 경우 더욱 신중한 결정을 가능하게 할 뿐만 아니라, 다수자들이 지나친 권력을 휘두르는 것을 막아 주는 역할을 한다."[2]

나는 이와 같은 맥락●에서 헌법의 여러 측면을 살펴보고, 특히

---

● 연방파와 공화파. 미국 헌법의 제정자들은 일련의 타협을 통해 수많은 논쟁들을 해결했다. 그러나 타협의 내용은 모호했고, 그 결과 의견 차이가 계속 남아 새 정부를 괴롭혔다. 미국 헌법을 둘러싼 논쟁의 핵심에 자리 잡은 근본적인 철학적 차이가 1790년대에도 논쟁의 핵심에 자리했다. 한쪽에는 미국인들이 강력한 중앙정부를 요구한다고 생각하는 집단이 있었다. 그들은 중앙집권적 권위와 정교한 상업 경제를 갖춘 진정한 국민 국가가 되는 것이 미국의 사명이라고 믿었다. 다른 한쪽에는 좀 더 온건한 중앙정부를 지향하는 집단이 있었다. 그들은 미국이 고도의 상업화나 도시화를 열망해서는 안 되며, 농본적이며

동조, 쏠림 현상, 집단 편향성의 위험성에 대해 강조하고자 한다. 하지만 일단 민주주의 제도에서, 그리고 사회적 오류를 예방하는 데에서 이견이 어떤 역할을 갖는지에 대해 알아보자.

## 이견, 전쟁, 그리고 재난

귤릭은 제2차 세계대전 동안 루스벨트 정부의 고위 관료였다. 1948년, 연합군이 승리하고 얼마 지나지 않았을 때, 그는 『제2차 세계대전에 대한 행정적 관점에서의 숙고』*Administrative Reflections from World War II* 라는 다소 진부한 제목의 강연집에서, (지겨울 정도로) 상세하게 관료 정치 구조와 행정 개혁에 대해 그가 관찰한 사실들을 설명했다.[3] 본문과는 반대로 간결할 뿐만 아니라 전혀 지겹지 않았던 맺음말에서, 귤릭은 민주주의 국가들과 그 적인 파시스트들 사이의 전쟁 수행 능력을 비교했다.

귤릭은 서두에서 전쟁 초기에 독일과 일본의 지도자들은 미국을 "높게 평가하지 않았다"고 지적했다.[4] 독일과 일본 지도자들은 "민주주의 국가인 미국은 다언어 사회이기 때문에 분열되어 있고, 자본주의 국가에서 발생하는 사적 이익의 충돌로 말미암아 교착

---

전원적인 상태로 유지되어야 한다고 생각했다. 중앙집권의 주창자들은 연방파로 알려졌고 알렉산더 해밀턴의 지도를 받았다. 그 반대자들은 공화파라는 명칭을 얻었고 토머스 제퍼슨과 제임스 매디슨의 지도 아래 결집했다(앨런 브링클리, 『있는 그대로의 미국사1』, 황혜성·조지형 외 옮김, 휴머니스트, 2005, 286쪽 참조).

상태에 있기 때문에, 스스로를 방어하는 데에서조차 재빠르고 효율적인 행동을 취할 수 없을 것"으로 판단했다.[5] 미국의 적수들은 미국이 전쟁에 참여할 능력이 없을 것이라고 생각했다. 그리고 독재 국가들은 자신들이 실질적으로 우위에 있다고 보았다. 독재 국가에서는 한번 내려진 결정의 실행이 지연되는 일이 없었으며 사회가 내적으로 분열되어 있지도 않았다. 독재 국가에서는 교육 및 지적 수준이 낮은 대중들이 제기하는 이견들과 씨름할 필요도 없었다. 독재 국가에서는 또한 단일 지도자와 통합된 상하 관계를 통해 국가적 단합과 열의를 쉽게 불러일으킬 수 있었으며, 시민들의 자유가 보장되어 있을 경우 발생할 수 있는 예상 밖의 상황 및 반전을 피할 수 있을 뿐만 아니라, 과감하고 신속하게 필요한 행동을 취할 수 있었다. 그러나 전체주의 국가가 갖고 있는 것으로 생각되었던 이와 같은 장점이 현실에서는 나타나지 않는 것으로 드러났다.

미국과 연합국은 독일, 이탈리아, 일본보다 전쟁을 수행하는 데에서 훨씬 좋은 성과를 보였다. 귤릭은 연합군의 우월성을 민주주의와 직접적으로 연관지었다. 특히 그는 "오직 민주주의만이 만들어 낼 수 있는 정책에 대한 검토와 비판"[6]을 강조했다. 전체주의 국가에서는 모든 정책들이 "비밀리에, 그리고 부분적인 정보만을 가진 사람들로 이루어진 소집단 내에서 생성되고, 독재 권력을 통해 실행된다."[7] 이와 같은 과정을 통해 입안되고 실행되는 계획은 치명적인 결함을 갖고 있을 가능성이 크다. 반면에 민주주의는 폭넓은 비판과 논의를 허용함으로써 "다양한 실패"를 피할 수 있다. 전체주의 국가에서, 비판과 제안은 기대되지도 존중되지도 않는다.

"지도자들조차 그들의 선전propaganda을 믿게 된다. 모든 권한 및 정보의 흐름은 위에서 아래로 흐른다." 결국 변화가 필요한 상황임에도 불구하고, 최고 명령자는 정책 변경이 필요하다는 사실을 깨닫지 못하게 된다. 이는 바로 집단 사고가 실제로 발생할 때 나타나는 현상 가운데 하나다. 반면에 민주주의에서는, "정책이 실행되기 시작한 순간부터 대중과 언론이 정책의 성공 여부를 알려줄 수 있는 증거를 찾기 위해 끊임없이 노력할 뿐만 아니라, 정책에 대해 서슴없이 비판한다."[8] 정보는 정부의 최말단에서부터 최고 권력자에게까지 흘러가고, 대중들 사이에서도 공유된다.

굴릭은 미국과 연합국들이 놀랍게도 독일, 일본, 이탈리아만큼의 결속력을 보이지 않았음을 지적한다. "전 세계에 걸쳐서 집단생활을 영위하려는 인간의 사회적 충동은 비슷하기 때문에, 실질적이거나 허구적인 위협에 마주한 사람들은 모두 집단에 대한 충성 반응을 보인다."[9] 독일과 일본 지도부는 바로 이런 인간의 보편적 경향을 이용해 집단 사기를 위로부터 아래로 진작하는 데 성공했다. 이 점에서 독재 국가들은 해당 국가의 대중이 민주주의 국가들의 대중에 비해 덜 충성스럽거나 지도자들을 신뢰하지 않았기 때문에 실패한 것이 아니었다. 독재 국가들은 그 지도자들이 민주적 절차에서 나타나는 견제 및 교정을 받아들이지 않았기 때문에 실패했다.

이 글에서 굴릭은 다양한 도전이 이뤄지고, 구성원들이 스스로를 억누를 필요가 없으며, 정보가 자유롭게 공유되는 체제일수록 성공적인 체제가 될 수 있다고 주장한다. 물론 굴릭은 개인적 견해를 제시하고 있을 뿐이며, 우리는 제2차 세계대전에서 미국과 연합국이 승리한 것이 정말로 그들 대부분이 민주주의 국가였기 때문이었는지 확인할 수 없다. 예를 들어 소비에트연방은 스탈린의 독재 정권하에서 용감하고 성공적으로 전쟁을 치렀다. 그러나 귤릭의 일반적인 주장은 다음과 같은 매우 중요한 사실을 우리에게 전한다. 즉 정부의 지도자들이 비판적인 감시를 받으며, 그 정책이나 계획이 외부로부터의 지속적인 감시와 검토를 거치도록 되어 있을 때, 즉 다양성과 이견을 보장함으로써 사회적 영향력으로 말미암아 잘못된 결정을 내릴 수 있는 가능성을 줄일 수 있을 때, 정부가 성공적으로 자신의 역할을 수행할 확률이 높다는 것이다.

귤릭이 강조하는 열린 논의open debate의 가치는 지난 반세기 동안 사회과학에서 발견된 가장 놀라운 사실 가운데 하나를 통해서도 뒷받침된다. 즉 세계의 역사에서, 민주적 선거와 언론의 자유를 보장하는 사회가 기근을 경험한 적은 단 한 번도 없다는 것이다. 노벨상 수상자 아마티아 센Amartya Sen이 보여 주었듯이, 기근이란 단순히 식량이 부족해서 발생하는 것이 아니라, 식량 부족에 대한 특정한 사회적 반응이 함께 나타났을 때 발생한다.[10] 만일 국가적으로 대량 기아 사태를 막고자 하는 강한 의지와 최소한의 자원이 있다면, 대량 기아 사태는 발생하지 않을 수 있다. 독재 정부는 수천 명의 사람이 죽는 것을 막을 수 있는 의지나 정보를 갖지 못할 수 있다. 그러나 국민과 언론의 감시를 받는 민주주의 정부는, 정권을 유지하기 위해서라도, 이와 같은 참사를 막기 위해 모든 합리적인 수단을 사용하게 된다. 동시에, 자유 사회가 기근의 위험에 처할 경우, 그 사회는 문제의 성격과, 현재 사용 중이거나 사용 가능한 모든 대처 방안의 효율성에 대한 다양한 정보를 갖고 있을 가능성이 크다. 기근 구호 계획이 (굴릭의 표현대로) "부분적인 정보만을 가진 사람들로 이루어진 소집단 내에서 생성되고, 독재 권력을 통해 실행된다"면, 그 계획이 실패할 확률은 훨씬 커진다. 반면에 자유 사회에서는, 이견 제시자 혹은 불평분자들이 기근이 다가오고 있다고 지적할 것이다. 이들이 합당한 증거를 제공한다면, 지도자들은 이와 같은 참사가 발생할 가능성과 그 대처 방안에 대해 답을 제시해야 할 것이다.

센의 발견은 민주주의 사회에서 매일 같이 어떤 일들이 일어나고 있는지를 생생하게 보여 준다. 다양성, 개방성, 그리고 이견은 사회에 존재하는 실제적인 문제뿐만 아니라, 잠재되어 있는 문제들을 드러낸다. 그들은 사회가 더욱 많은 정보를 가질 수 있도록 할 뿐만 아니라, 심각한 문제가 발생하더라도 그 문제에 대처할 수 있는 가능성을 높인다. 그렇다고 다른 체제에서와 마찬가지로 민주주의에서도 그 시민들에게 고통스러운 일이 발생할 수 있다는 사실을 부인하고자 하는 것은 아니다. 시민의 자유가 보장되어 있다는 사실이 사회에서 발생하는 고통도 최소화될 것임을 보장할 수는 없다. 예를 들어 자유 사회에서도 정치적 권력이 불평등하게 분배될 수 있으며, 이와 같은 상황에서는 중요한 정보가 실제로 공직자들에게 전달될 수 있는 가능성이 줄어들 뿐만 아니라, 공직자들이 시민들이 겪는 고통을 해결하기 위해 노력할 확률 역시 줄어든다. 하지만 적어도 이견을 수용하고, 시민들에게 순종을 강요하지 않는 사회가 그렇지 않은 사회에 비해서 심각한 문제들을 발견하고 대처하는 데 있어서 훨씬 유리하다는 것만은 자신 있게 말할 수 있다.

마녀 사냥의 문제에 대해 생각해 보자. 많은 경우 마녀 사냥은 공직자가 되고 싶어 하거나 실제로 공직에 있는 사람, 혹은 자신들이 느끼는 위협으로부터 사회를 "정화"하고자 하는 사람들에 의해서 만들어진다. 미국에서도 매카시즘이 발생했듯이, 민주주의 사회라고 해서 마녀 사냥이 일어나지 않는 것은 아니다. 우리는 이미 쏠림 현상과 집단 편향성이 자유 사회에서 일어날 수 있으며, 매카시즘과 같은 마녀 사냥이 쏠림 현상이나 집단 편향성과 같은 사회적 영향력으로 말미암아 일어날 수 있음을 알고 있다. 하지만 이견을 제기하고자 하는 사람들이 그들이 알고 있는 사실을 공개할 수 있고, 동료 시민들이 불충을 저질렀다는 주장을 검토할 수 있는 사회에서는 마녀 사냥이 발생할 확률이 훨씬 적을 뿐만 아니라, 마녀 사냥이 일어났을 때의 피해도 훨씬 적다.[11] 시민의 자유가 확실히 보호되고, 정보가 효과적으로 공유될 수 있다면, 회의주의자들은 마녀 사냥을 일으키고자 하는 사람들이 주장하는 내부의 음모가 실제로는 존재하지 않는다는 사실을 발견할 수 있다.

## 헌법 제정 논쟁과 공화주의적 제도 구성

우리가 지금까지 살펴본 사실들은 미국 헌법의 구성과도 깊은 연관이 있다. 무엇보다도, 미국 헌법은 심의 민주주의, 즉 국민에 대한 책임, 그리고 숙고와 이성의 교환을 통합하는 체계를 만들고자 했다.[12] 지난 수십 년 동안, 많은 사람들이 심의 민주주의에 대한 헌법 제정자들의 열망에 대해 논의해 왔는데, 그들의 목표는 다음과 같이 제시되었다. 즉 성공적인 민주주의 체제에서는 선거를 통해 국민의 요구에 민감하게 반응할 뿐만 아니라, 공공 영역에서 이성적인 논의의 교환이 이뤄질 수 있도록 보장해야 한다는 것이었다. 심의 민주주의에서, 공권력은 합법적인 이유로 정당화되지 않는 이상 사용될 수 없다. 즉 사회 일부의 의지, 더 나아가 사회의 다수의 의지가 공권력 사용을 정당화할 수는 없다.

제안된 헌법안에 반대했던 사람들과 지지했던 사람들 모두, 정치적 심의를 확고하게 지지했다. 그들 모두는 또한 자신들을, 인민주의populism를 수용하지 않는, 고도의 자치 정부 건설에 헌신하는 "공화주의자"라고 생각했다. 그러나 심의 민주주의는 다양한 형태로 나타난다. 헌법 제정자들의 가장 위대한 혁신은 정치적 심의에 대한 강조 ─ 당시 이 부분에 대한 이견은 없었다 ─ 가 아니었다. 헌법 제정자들의 진정한 혁신은 동질성에 대한 회의, 이견과 다양성에 대한 장려, 그리고 이와 같은 다양성을 수용하고 조직화하려는 열의에 있었다. 미국 정부가 형성되던 시기에 이루어졌던 논의 가운데 상당 부분은 다양한 배경을 가진 시민들로 구성된 국가에서 과연 공화주의 정부가 존재할 수 있는지에 대한 것이었다.

제안된 헌법에 반대했던 반연방주의자들은 다양한 배경을 가진 시민들로 구성된 국가에서는 공화주의 정부가 존재하는 것이 불가능하다고 생각했다. 브루투스는 다른 반연방주의자들과 마찬가지로, 공화주의 정부가 존재하기 위해서는 시민들이 서로 "유사해야 한다"고 주장했으며, 이와 같은 유사성 없이는 "지속적인 의견 충돌"이 발생할 수 있다고 우려했다. 반면에 헌법 제정자들은 시민들 간의 이와 같은 의견 충돌을 환영했으며 "파당들 사이의 다툼"이 "심의와 숙고를 증진시킬 것"이라고 주장했다. 헌법 제정자들은, 다른 이들로부터 격리되어 있고 생각이 서로 비슷한 사람들이, 자신이 속한 집단의 구성원이 아닌 사람을 제외하고 오직 자기들끼리만 토론하고 심의할 때, 잘못된 결정을 내릴 확률이 높다는 점을 강조했다. 헌법 제정자들이 보기에, 의견의 다양성은 창조적인 힘이 될 수 있었다. "파당들 사이의 다툼"과 "의견의 차이"를 보장하는 헌법은 정당화될 수 없는 극단주의와 불합리한 견해가 생겨나지 않도록 하는 보호 장치의 역할을 할 수 있다.

미국 정부 초기에 이루어졌던 논의 가운데는, 대표자에 대해 "귀속적 위임의 권리"를 권리장전에 포함시킬 것인가를 둘러싼 논쟁이 있었다. 귀속적 위임의 권리가 존재해야 한다고 생각하는 사람들은, 한 지역에서 대표자가 선출되었을 때 그 대표자는 그 지역 시민들의 의견에 따라 투표하도록 하는 권한이 시민들에게 주어져야 한다고 주장했다. 이와 같은 주장은 자신을 선출한 시민들에 대한 대표의 정치적 책임을 강조한다는 점에서는 합리적으로 보일 수 있으며, 당시에 많은 사람들로부터 지지를 받았다. 대표자는 당연히 선거구민의 뜻에 따라야 하는 것이 아닐까? 그러나 이와 같은 견해에는 문제가 있다. 특히 정치적 이해관계가 지리적 조건과 밀접히 연관되어 있었던 당시의 시대적 상황에서는 더욱 그러했다. 특정 지역의 시민들은 지리적으로 격리되어 있기 때문에 대개 그들 안에서 서로의 견해로부터 영향을 받게 되며, 이에 따라 나타날 수 있는 쏠림 현상 및 집단 편향성으로 말미암아 정당화되기 힘든 입장을 취하게 될 가능성이 크다. 귀속적 위임의 권리를 포함시키는 것에 반대하며, 로저 셔먼Roger Sherman은 아래와 같은 결정적인 주장을 펼쳤다.

[제안된 개정안의] 이와 같은 표현은 시민들에게 입법부의 논의를 통제할 수 있는 권리가 그들에게 있다는 잘못된 생각을 갖도록 하기 위한 것이다. 시민들이 입법부의 논의를 통제할 수 있다면, 입법부에서의 회합은 아무런 역할을 할 수 없다. 그러므로 이는 정당하지 않다. 시민들이 대표자를 선출했다면, 선출된 대표의 의무는 연합의 다른 지방의 대표자를 만나고, 이들과 전체 공동체의 이익을 위해 어떤 일을 해야 하는지에 대해 토의하고 합의하는 것이라고 나는 생각한다. 만일 대표들이 시민들의 지시에 구속된다면, 대표들 간의 논의는 무의미해진다.[13]

셔먼의 주장은, 헌법 제정자들이 가지고 있었던, 크고 작은 사안들에서 의견이 다른 다양한 성격의 사람들 간에 이루어지는 논의가 긍정적이라는 생각을 반영한다. 실제로 "전체 공동체의 이익을 위한 행동"은 이와 같은 사람들 간에 이루어지는 논의를 통해 나타날 수 있는 것이다. 이에 비추어 보았을 때, 우리는 대표들이 시민들의 욕구를 거의 그대로 반영하도록 하는 인민주의적인 체계보다, 선출된 대표들 간의 토의를 중심으로 하는 공화주의적 체계를 헌법 제정자들이 왜 선호했는지를 이해할 수 있다. 시민들의 욕구는 쏠림 현상 혹은 집단 편향성의 결과인 경우가 많다. 물론 공화주의 역시 위험 요소를 가지고 있으며, 어쩌면 헌법 제정자들은 선출된 대표들을 중심으로 하는 심의 민주주의를 지나치게 긍정적으로만 생각했을 수도 있다. 그러나 정당화되지 않은 열정으로부터 사회를 보호하고, 정부 내에서 높은 수준의 다양성을 보장할 수 있을 것이라는 희망에서 헌법 제정자들이 공화주의 체제를 옹호했음을 생각해 보면, 공화주의 체제에 대한 그들의 열망을 좀 더 잘 이해할 수 있을 것이다. 헌법 제정자들은 사회를 위해 좀 더 나은 결정이 내려질 수 있는 논의 체계를 구성하고자 했던 것이다.

## 헌법의 구성

좀 더 구체적으로 살펴보면, 헌법 제도는 동조, 쏠림 현상, 집단 편향성에 대한 경계심을 반영해, 이와 같은 사회적 영향으로 인해 부주의한 결정이 내려지는 것을 방지할 수 있는 다양한 견제 방안을 고안했다. 양원제가 바로 이와 같은 견제 방안의 대표적인 예다. 입법기관을 상원과 하원 두 개로 나눈 것은 하나의 의회가 단기적 열정이나 집단 편향성의 포로가 되는 상황에 대한 보호 장치다. 이는 알렉산더 해밀턴이 입법부 내의 "파당들 사이의 다툼"를 옹호할 때 지적한 바로 그 점이다. 제임스 윌슨James Wilson은 이 시기의 법에 대해 매우 유명한 강의를 했는데, 그 강의에서 "사람들이 열정의 비참한 피해자가 되어 그들의 정부를 자제심 없이 다루는 상황" 등을 언급하며, "단원제"에서는 "심각한 폭정, 부정의, 잔혹성이 갑작스럽게 나타나기"[14] 쉽다는 점을 강조함으로써 상하 양원제에 대한 헌법 제정자들의 의견을 지지했다.

물론 사회적 압력은 상하 양원에서 모두 나타날 수 있다. 이러할 경우 상하 양원에서 일어나는 쏠림 현상은 서로를 강화시키게 된다. 이와 같이 쏠림 현상은 상원과 하원이라는 구조적인 경계를 초월해서 일어날 수 있으며, 이런 현상은 실제로 종종 나타난다. 하지만 서로 다른 성격의 사람들로 구성되고, 그 문화가 크게 다른 두 개의 심의 기관이 존재한다는 사실은 그 자체만으로도 정당한 이유가 없는 쏠림 현상에 대한 상당한 보호 장치가 된다. 헌법 제정 당시에도, 이와 같은 상원의 역할이 특히 중요하게 여겨졌다. 이는 제퍼슨과 조지 워싱턴 사이에 있었던 다음과 같은 유명한 일화를 통해서도 살펴볼 수 있다. 프랑스에서 돌아온 제퍼슨은 워싱턴을 아침 식사 자리에 초청해, 또 하나의 위원회[상원_옮긴이]를 만드는 데 동의한 이유를 물었다. 그러자 워싱턴은 제퍼슨에게 "당신은 어째서 그 커피를 받침 접시에 부었습니까?"라는 질문을 던졌다. 제퍼슨이 "커피를 식히기 위해서요"라고 대답했다. 그러자 워싱턴은 "우리는 입법부에서 나타날 수 있는 성급한 열기를 식히기 위해 상원이라는 받침 접시를 두는 것입니다"라고 설명했다.[15] 대통령이 탄핵당하는 일은 되도록 일어나지 않아야 한다고 생각하는 사람에게, 이와 같은 "열기를 식히는" 기능은 특히 중요하다. 실제로 하원에서는 클린턴 대통령을 탄핵하려고 했는데, 이는 헌법에 어긋나는 결정이었을 뿐만 아니라 주로 하원 내의 집단 편향성으로 말미암아 나타난 결과였다. 다행히도 클린턴 대통령에 대한 탄핵안은 상원에서 좀 더 냉정한 심의 대상이 되었고, 결국 철회되었다. 이보다는 덜 극적이기는 하지만, 우리는 하나의 위원회가 다른 위원회에서 승인한 충분히 숙고되지 않은 법률을 좀 더 나은 통찰력과 이성에 비추어 기각하는 경우를 볼 수 있다.

견제와 균형 체계의 주요 측면 역시 이런 맥락에서 이해할 수 있다. 입법부에서 법률을 제정하기에 앞서 대통령에게 이를 승인받도록 하는 것은 입법부 내에서 일어날 수 있는 쏠림 현상으로부터 법률 제정을 보호하기 위해서다.[16] 대통령의 거부권은 양당제를 보완하는 것으로, 경솔하거나 충분히 숙고되지 않은 법률이 제정되는 것을 다시 한 번 방지하는 역할을 한다. 대통령이 스스로 법률을 제정할 수 없으며, 국회의 승인을 받아야 한다는 사실도 행정부 내의 집단 편향성으로 인해 발생할 수 있는 참혹한 피해를 방지하기 위한 장치다. 또한 입법부와 행정부가 모두 동의하지 않았을 때는 법률이 발효될 수 없기 때문에, 이와 같은 체계는 압제에 대한 추가적인 방어 장치가 된다.

연방제 — 즉, 연방 정부와 주 정부 모두가 존재하는 체계 — 는 각각의 지역에 대해 책임을 갖는 다양한 주권 집단을 가지고 있다. 이와 같은 다양한 주권 집단이 다양성을 만들어 내고, 증진시키며, 사회적 영향력이 덜 작용할 수 있도록 "회로 차단기" 역할을 해왔다. 연방제에서도 사회적 영향력으로 말미암아 일부 주에서 오류가 생길 수 있을 뿐만 아니라, 주 정부 역시 쏠림 현상의 영향을 받을 수 있다. 그러나 연방 정부 내에 서로 독립적인 주 정부가 존재한다는 사실은 그 자체로 오류가 확산되는 것을 막아 준다. 이런 면에서, 연방제에서는 각 주 정부들이 서로를 견제할 수 있다. 시민 개인에게 이주의 자유가 있다는 점은 연방주의 체계에서 특히 중요하다. 만일 한 주가 그 시민을 억압한다면, 그들은 언제나 그 주를 떠날 수 있는 자유가 있다. 이런 맥락에서 보았을 때 시민들이 하나의 독립적인 주에서 다른 독립적인 주로 떠날 수 있는 권리를 갖는다는 점은 투표권과 유사한 정치적 권리로 해석될 수 있다. 연방주의 체제에서는, 하나의 주 정부에서 집단 편향성이 나타난다 하더라도 다른 주 정부들이 그와는 다른 견해를 가질 수 있도록 한다. 이 또한 시민의 자유를 보호하기 위한 장치가 된다.

헌법 제정자들은 이와 같은 점 외에도 다른 한 가지 사실을 강조했다. 그들은 주 정부와 연방 정부가 서로를 통제함으로써, 견제와 균형의 체계를 보완할 수 있을 것이라고 생각했다. 만일 주 정부들이 비합리적으로 혹은 부조리하게 행동한다면, 연방 정부는 이에 대응할 수 있는 법적인 권리를 갖는다. 그리고 만일 연방 정부가 부조리하게 행동한다면, 주 정부들은 연방 정부에 항의하거나 구제 수단을 제공할 수 있다. 예를 들어 연방 정부가 환경을 제대로 보호하지 못하거나 빈곤층이 적절한 생활을 영위할 수 있도록 충분한 노력을 기울이지 않을 경우, 주 정부가 이를 바로잡을 수 있다. 실제로 1990년대 이후부터 이와 같은 현상이 미국 정부에서 관찰되어 왔다.

사법부의 권리 또한 헌법과 관계없이, 견제와 균형, 그리고 시민의 자유에 대한 보호라는 맥락에서 이해할 수 있다. 다음과 같은 해밀턴의 설명을 살펴보자.[17]

그러나 사회적 병폐로 말미암아 일어날 수 있는 영향을 막기 위한 핵심적인 보호 장치인 법관의 독립은 [입법부의_옮긴이] 헌법 위반을 견제하기 위한 장치_옮긴이]이라는 관점에서만 필요한 것은 아니다. 종종 부당하고 편파적인 법률에 의해 특정 계급의 시민들이 갖는 사적인 권리가 침해될 수도 있다. 이런 경우에도 사법부가 얼마나 엄격하게 심판할 수 있는지에 따라 시민들의 피해가 완화될 수도 있고, 부정의하고 편파적인 법률이 시민들을 대상으로 작용하는 것이 제한될 수도 있다. 엄격한 사법부가 존재할 때, 이미 통과된 법률이 당장에 사회에 지나친 해를 끼치지 못하도록 할 뿐만 아니라, 부정의하고 편파적인 법률이 입법부에서 통과되는 것을 견제할 수도 있다. 왜냐하면 양심 있는 판사들 때문에 악법이 그 목적을 달성하지 못할 것임을 예상할 수 있다면, 입법부가 자신들이 원하는 목적을 달성하기 위해서라도 부정의하거나 편파적인 법률을 제정하려고 시도하는 데 있어서 더욱 조심스럽게 행동할 것이기 때문이다.

집단 영향력에 대한 이해는 미국 헌법의 가장 중요한 규정인, 대통령이 아닌 국회가 선전포고를 할 권리[18]를 갖도록 한 법규에 대해서도 새로운 시사점을 제공한다. 헌법 제정 기간 동안에 이루어진 논쟁을 살펴보면, 이 시기의 정치인들은 다음과 같은 두 가지 상황이 발생하는 것을 두려워했음을 알 수 있다. 즉 대통령이 시민들의 충분한 허가 없이 전쟁을 일으키는 상황과, 다양한 사람들 간의 충분한 심의와 논의 없이 선전포고가 이루어지는 상황이 바로 그것들이다. 그리하여, 사우스캐롤라이나 주의 찰스 핑크니Charles

Pinkney는 "외교 문제에 대해 가장 많은 경험을 가지고 있고, 이와 같은 문제들에 대해 적절한 해결 방법을 찾을 능력이 가장 탁월한" 상원 위원회가 선전포고할 권한을 갖는 것이 가장 적절하다고 주장했다.[19] 반대로, 같은 사우스캐롤라이나 주의 의원이었던 피어스 버틀러Peirce Butler는, 대통령이야말로 "모든 필요한 자격을 갖추었으며, 국가가 지지하지 않을 때는 전쟁을 일으키지 않을 것이므로,"[20] 대통령에게 선전포고를 할 권한이 주어져야 한다고 주장했다. 매디슨과 엘브리지 게리Elbridge Gerry는 의회가 전쟁을 "선포"할 수 있는 권한을 가져야 한다는 타협안을 제시했다. 이와 같은 규정은 대통령에게 "갑작스러운 공격을 격퇴할 수 있는"[21] 권한을 주는 것으로 이해되었다. 하지만 타협안에 따르자면 "갑작스러운 공격"이 없는 경우에 전쟁을 선포하고 싶다면, 대통령은 국회의 승인을 얻어야만 했다. 매디슨의 말에 따르자면 이와 같은 규정을 제정하는 것은 "전쟁을 조장하기보다는 막"고, "평화를 증진"[22]하는 데에도 도움이 될 것으로 생각되었다.

전쟁을 일으키는 것이 특별히 중대한 행위로 여겨질 경우, 우리는 대통령이 자의적으로 전쟁을 일으킬 수 있도록 허가하는 것에 대해 불안감을 느낄 수 있다. 이는 대통령이 정치적으로 견제 받지 않기 때문은 아니다. 대통령이 자의적으로 전쟁을 일으킬 수 있는 권한을 갖는 것이 위험한 진정한 이유는, 유사한 사고방식을 가진 사람들이 정당화될 수 없는 극단으로 서로를 몰아가고, 공유되지 않은 정보가 있을 경우, 행정부 내의 집단 역학으로 말미암아 편향성이 발생할 위험이 있기 때문이다. 선전포고를 하기 위해서는 국회의 승인이 있어야 한다는 조건은, 행정부의 결정이 의회, 즉 다양한 의견을 반영할 뿐만 아니라 어느 정도의 독립성을 가지는 또 다른 집단으로부터 견제 받도록 한다. 물론 이와 같은 규정이 선전포고가 언제나 정당한 이유로 이루어질 것임을 보장할 수는 없겠지만, 이와 같은 규정이 존재할 경우, 선전포고가 정당하고 충분한 이유가 있을 때에만 이루어질 확률은 틀림없이 커진다.

## 결사 및 사생활

헌법을 통해 명시적으로 보장된 언론의 자유와, 묵시적으로 보장되는 결사의 자유는 다양성과 이견이 존재할 수 있도록 한다. 만일 현대 기술의 발전으로 말미암아 사람들이 자신과 비슷한 생각을 하는 사람들과만 공동체를 만들어 살아가는 것이 가능해진다면, 시민들은 그런 공동체를 형성해 경쟁적인 견해로부터 스스로를 격리시키게 될 것이다. 그렇다면 이런 현상이 일어나지 않도록 할 수 있는 권한을 정부에게 주어야 하는 것이 아닐까? 그러나 정부가 시민들의 이와 같은 움직임을 막으려고 할 경우, 정부는 수정헌법 제1조를 위반하는 셈이 된다.[23]

결사의 자유에 문제가 없는 것은 아니다. 집단 편향성과 관련해서 생각해 보면, 결사의 자유가 상당한 위험을 불러올 수 있다는 것을 알 수 있다. 일단 결사의 자유가 존재할 경우, 비슷한 사고방식을 가진 사람들이 모이게 되고, 이들은 사회적 상호 작용의 영향을 받아 정당화할 수 없을 정도로 극단적인 의견을 갖게 될 수 있다.

나아가 반복적인 "편향성 게임"으로 말미암아 사회가 극단화/파편화될 수 있다. 편향성 게임이란, 초기에는 서로 크게 다르지 않은 사고방식을 가진 사람들이 모여 각기 다른 집단을 구성하게 되었을 때, 각 집단이 사회적 상호 작용으로 인해 점점 더 동떨어진 입장을 갖게 되는 현상을 말한다. 처음에는 집단 간의 의견 차이가 상대적으로 작았다 하더라도, 사회적 상호 작용이 발생할 경우 이와 같은 작은 차이도 매우 큰 차이로 변할 수 있다. 실제로 처음에는 중도적인 입장을 가지고 있었던 집단이, 그 구성원들이 서로 간에만 대화함에 따라, 점점 편향성을 띠게 되어 가는 현상이 우리 사회에서 매일 같이 나타나고 있다.

그러나 이런 위험을 잠재하고 있다해도 거기에는 하나의 큰 장점이 있다. 즉 논쟁 과정에서 사회적으로 유용한 자원이 늘어난다는 것이다. 사람들이 수많은 집단들을 형성할 경우, 다양한 종류의 생각과 관점이 생겨날 수 있다. 이와 같이 사회 내에서 더욱 다양한 생각과 견해가 존재할 경우, 좀 더 이성적인 정책과 법률이 제정될 수 있다. 만일 한 사회 내에 셀 수 없을 만큼 많은 집단이 존재하고, 각 집단이 내부적인 심의 과정을 갖고 있다면, 수많은 생각과 견해가 생겨날 것이다. 환경주의자, 종교적 근본주의자, 자유시장주의자, 동물 보호주의자, 평등주의자 등 다양한 생각과 의견을 가진 개인들이 존재하는 국가는, 이와 같은 과정으로부터 이익을 얻을 수 있다. 동시에, 정보 및 평판이 가진 영향력 때문에 사람들이 자신이 가진 정보, 선호, 가치관을 드러내지 못하게 하는 상황을 결사의 자유가 상쇄시키는 효과를 낳기도 한다. 서로 각기 다른 종류의 압력을 행사하는 아주 다양한 공동체들이 존재할 수 있도록 함으로써, 결사의 자유는 중요한 정보가 공개되고 최종적으로는 확산될 수 있게 하는 것이다.

사생활 보장은 사람들에게 평판의 영향력을 피할 수 있는 수단을 제공할 수 있다. 예를 들어 사람들이 자신의 집에서는 무엇이든 원하는 것을 읽을 수 있고, 법률이나 규범에 의해 공공장소에서는 금지된 행위를 사적으로 할 수 있다고 가정해 보자. 혹은 특정한 상황이나 장소에서 이루어지는 행위에 대한 공적인 감시가 법률로 금지되어 있다고 가정해 보자. 이 경우, 타인의 견해가 사람들에게 가하는 압력은 사생활 보장을 통해 줄어들거나 사라질 수도 있다. 물론 이와 같은 상황에도 부정적인 측면은 있다. 만일 특정 행위들이 사적으로만 행해진다면, 사회 내에 존재하는 다양한 의견이나 행동에 대해 대부분의 사람들이 알지 못하는 상황이 지속될 수 있다. 예를 들어 동성애자들이 사적인 공간에서만 그 피난처를 찾는다면, 그들은 특정 종류의 억압에 대해서는 보호를 받을 수 있겠지만, 대부분의 시민들은 얼마나 많은 사람들이 동성애자인지, 그리고 동성애자들이 실제로는 어떤 경험을 하는지에 대해 알 수 없게 된다. 여기에서 내가 이 문제를 해결하려는 것은 아니다. 내가 제기하고자 하는 주요 논점은, 사생활 보장이 동조의 압력으로부터 사람들을 보호할 수 있다는 것이다.

## 고립된 논의와 억압된 목소리

아직 우리는 다양한 생각과 배경을 가진 사람들로 이루어진 집단 이 가질 수 있는 결점과, 반대로 유사한 사고방식을 가진 개인들의 집단으로 이루어진 "고립된 집단들"enclaves[이문화 집단들_옮긴이]이 가질 수 있는 이점에 대해서 고려하지 않았다. 낮은 계층의 집단에 속한 사람들은 다양한 생각과 배경을 가진 사람들로 이루어진 좀 더 큰 집단에서는 침묵을 지키는 경우가 많으며, 이와 같은 집단 내 에서의 논의는 높은 계층에 속한 사람들에 의해 지배되는 경향이 있다.[24] 이런 상황에서, 소수자 집단의 일원이나 정치적 약자에 해 당하는 집단의 구성원들은 특정 사안에 대해 자기들끼리 논의할 수 있는 공간을 마련할 필요가 있다. 이와 같은 공간이 존재하도록 하는 것은 민주주의의 필수적인 요소이기도 하다.

나는 몇 년 전 베이징에서, 고등교육을 받은 40여 명의 남녀 학 생들에게 양성 평등과 페미니즘이라는 주제를 강의한 적이 있었다. 이때 나는 그와 같은 공간이 존재하도록 보장하는 것이 얼마나 중 요한지 크게 깨달았다. 두 시간 정도의 수업 시간 동안, 오직 남성 들만이 발언을 했으며, 그들 대부분이 페미니즘에 대해 적대적이었 다. 여성은 단 한 명도 입을 열지 않았다. 수업이 끝난 후, 나는 일 부 여성들에게 어째서 침묵을 지켰는지 물어보았다. 그들 가운데 한 명은 다음과 같이 말했다. "중국에서는 여성이 제 목소리를 내는 것이 바람직하지 못하다고 배웁니다." 사적 공간에서 이루어진 논 의에서는, 그 방에 있는 여성들이 강한 페미니즘적 신념을 갖고 있 으며, 중국이 양성 평등을 지원하지 않는다고 생각할 뿐만 아니라,

미국 법학대학원에서 주장되는 것과 같은 페미니즘의 근본적인 주장에 동의한다는 사실이 드러났다. 이와 같은 입장은 여성들로만 이루어진 소집단 내에서만 나타났으며, 남성들이 참여하는 좀 더 큰 집단 내에서 이루어진 논의에서 이와 같은 의견을 드러내는 여성은 없었다. 그러나 양성 평등에 대한 주장은 중국 사회 내에서 서서히 제 목소리를 내기 시작하고 있다.

과연 이 이야기는 중국에만 적용되는 것일까? 물론 그렇지 않다. 미국, 캐나다, 그리고 유럽의 일부 지역에서도 역시 사회적 압력이 여성들로 하여금 제 목소리를 내지 못하게 할 수 있다. 미국 내 흑인 집단이나 종교적 보수주의자 집단과 같은 다양한 집단의 구성원들 사이에서도 이런 현상이 나타난다. 집단 내의 일부 구성원들이 이와 같이 침묵을 지키게 된다면, 이는 집단의 구성원들뿐만 아니라 사회 전체에도 큰 해를 끼친다. 다시 이 책 전반에 걸친 주제로 돌아가면, 침묵은 사회가 필요로 하는 정보를 사회로부터 빼앗는다. 이와 같은 측면에서 집단 내의 소수자들로 이루어진 소집단 내에서의 논의 — 고립된/이문화 집단 내에서의 논의 — 가 갖는 특별한 이점은, 일반적인 논의에서는 드러나지 않거나 제 목소리를 내지 못하는 견해를 발전시킬 수 있게 한다. 많은 사회운동이 이런 경로를 통해 이루어질 수 있었는데, 민권운동, 장애인 권익 운동, 주states권 운동, 종교적 근본주의, 환경주의, 총기 제한과 총기 허용 등이 모두 고립된/이문화 집단의 논의를 통해 힘을 얻을 수 있었던 사회운동의 예다. 외부자를 배제하려는 비주류 집단의 노력, 예비 선거를 정당 당원을 대상으로만 실시하려는 정당들의 노력은 모두 이와 유사한 측면에서 정당화될 수 있다. 비록 집단 편향성이 나타나고 있더라도 — 어쩌면 바로 집단 편향성이 나타나고 있기 때문에 — 이문화 집단은 사회에 다양한 종류의 긍정적인 영향을 줄 수 있다. 특히 이문화 집단은 사회 전반의 논의에 적용될 수 있는 다양한 사실 및 논점이 드러날 수 있도록 하기 때문이다. 그리고 이와 같은 이문화 집단의 구성원들이 차후에 좀 더 다양한 사람들로 이루어진 집단 내에서 발언을 하게 될 경우, 그들은 대체로 좀 더 분명하고 자신감을 가지고 발언할 수 있게 된다. 결과적으로, 사회는 이전에 알던 것보다 훨씬 많은 사실을 알 수 있게 된다.

위에서 언급된 경험적인 사실 가운데 가장 중요한 것은, 토론 집단 내에서는 높은 계층의 구성원들이 논의의 주도권을 갖는 경우가 많고, 그들의 생각이 좀 더 큰 영향력을 발휘한다는 사실이다. 이는 낮은 계층의 구성원들이 자신의 능력에 대한 자신감이 부족하고, 자신의 생각을 주장했을 때 받을 수 있는 보복을 두려워하기 때문이다.[25] 예를 들어 여성의 주장은 남녀가 섞인 집단 내에서 대체로 그 영향력이 줄어든다.[26] 일반적인 상황에서, 문화적 소수자들은 다양한 문화의 사람들로 이루어진 집단에서 상대적으로 영향력이 작다.[27] 이런 상황에서는 다양한 집단의 구성원들이 서로 대화를 나누고 견해를 발전시킬 수 있도록, 고립된/이문화 집단을 통한 논의를 장려하는 것이 합리적일 것이다.

그러나 이런 고립된/이문화 집단은 심각한 위험을 초래하기도 한다. 그 위험은 바로 쏠림 현상과 집단 편향성을 통해, 구성원들이 정당성이 떨어지는 견해를 가질 수 있다는 점이다. 고립된/이문화 집단 내에서의 논의라는 상황이 주어졌을 때, 이와 같은 일이 일어날 것임을 쉽게 예상할 수 있다. 극단적인 경우에, 고립된/이문화 집단의 논의는 사회적 안정마저 위협할 수 있다. 추상적으로 생각해 보았을 때, 고립된/이문화 집단을 이루고자 하는 사람들이 전체 사회 혹은 자신의 공동체 구성원들에게 이익이 되는 방향으로만 움직일 것이라고는 말할 수 없다. 우리는 나치, 증오 집단, 테러 단체, 그리고 다양한 종류의 광신도 단체 등 고립된/이문화 집단이 사회 전체는 물론 심지어는 그 집단 자체에도 해를 끼치는 경우를 쉽게 찾아볼 수 있다.

고립된/이문화 집단 내에서의 논의가 가져올 수 있는 위험을 해결할 단순한 해법은 존재하지 않는다. 때로는 고립된/이문화 집단이 존재함에 따라 발생하는 사회에 대한 위협이 긍정적인 역할을 할 수도 있다. 제퍼슨이 말했듯이, 사회 내의 혼란은 "좋은 결과를 가져올 수 있다. 이는 정부의 타락을 방지하고 공공 문제에 대한 …… 전반적인 관심을 확대한다. 나는 때때로 작은 혁명이 일어나는 것이 좋은 일이라고 …… 생각한다."[28] 고립된/이문화 집단의 논의가 사회에 어떤 영향을 미치는지를 판단하려면 해당 고립된/이문화 집단의 특색, 즉 해당 이문화 집단이 나머지 사회와 구별되는 특징이 무엇인지에 대한 통찰이 필요하다. 집단 편향성은 그 자체로 해로운 것이 아니라는 점을 다시 한 번 상기하자. 사람들이 대화 이후에 더욱 분노에 차거나, 범칙금이 올라가거나, 처음에 자신들이 가지고 있었던 입장에 대해 좀 더 열성적이 되는 것이 굳이 사회에 해를 끼친다고 볼 수는 없다. 우리는 새로운 견해가 처음에 사람들이 가지고 있었던 특정한 견해에 비해서 좀 더 나은지 혹은 나쁜지를 알지 못한 채, 그 변화를 무조건 비난할 수는 없다.

고립된/이문화 집단의 논의를 제도화하는 것에는 한 가지 문제점이 있다. 고립된/이문화 집단의 논의는 다양한 집단에서 극단화가 발생하도록 한다. 이와 같은 집단에는 정의를 추구하는 데 있어서 필요한 집단뿐만 아니라, 부정의한 행동을 할 가능성이 높은 집단, 그리고 심지어는 사회에 위협이 되는 집단도 있을 수 있다. 그들의 생각이 옳다 하더라도, 고립된/이문화 집단의 구성원들이 타인과 소통하지 않을 경우, 고립된/이문화 집단의 논의는 변화의 원동력이 될 수 없다. 민주주의 사회에서, 이런 문제에 접근하는 최선의 방법은, 고립된/이문화 집단이 경쟁적인 견해로부터 완전히 격리되지 않고, 의견이 다른 사람들과 견해를 자주 나눌 수 있도록 하는 것이다. 사회를 위협하는 것은, 고립된/이문화 집단의 논의 자체가 아니라, 바로 완벽한 자기 격리다. 이는 극단주의와 주변성이라는 대단히 불운한 (그리고 때로는 말 그대로 치명적인) 조합을 낳는다.


## 비례대표제에 대한 짧은 언급

일부 사람들은 비례대표제를 지지한다.[29] 그들은 특정한 인구학적 집단이나 정치적 입장이, 전체 인구에서 차지하는 비율에 따라 정치기구에서 대표되어야 한다고 주장한다. 이는 정부 내에 다양한 견해가 존재할 수 있도록 하기 위한 노력이라고 볼 수 있다. 사회의 소수집단들이 정치기구에 대표자를 둘 수 있도록 보장해야 한다는 주장은, 정부 내에 다양한 견해가 존재해야 한다는 것을 그 근거로 삼을 수 있다. 사회의 소수집단 구성원들이 독특한 의견을 갖고 있을지도 모르기 때문이다. 일부 국가에서는 의회에서 여성이 남성과 동등하게 대표될 수 있도록 보장하기 위해 많은 노력을 기울이는데, 이는 중요한 견해가 국회에서 논의되지 못하는 상황을 방지하기 위해서이기도 하다. 또 다른 형태의 비례대표제에서는, 정당이 전체 투표수의 일정 비율 이상을 획득해야만 의회에서 대표될 수 있도록 한다. 이는 인구학적 집단보다는 정치적 견해를 형성한 집단이 골고루 대표되는 것을 중시하는 것이다.

비례대표제를 지지해야 하는지에 대한 결정은 다양한 요소를 고려해서 내려져야 하며, 집단 편향성 현상을 이해하는 것만으로는 결정할 수 없다. 다만 분명한 것은, 비례대표제를 설득력 있게 지지하기 위해서는, 다양한 견해에 사람들을 노출시키는 것의 중요성을 강조해야 한다는 점이다. 비례대표제는, 유사한 사고방식을 가진 사람들 간의 논의에서 일어나기 쉬운 집단 편향성과 쏠림 현상을 방지하는 데 도움이 될 수 있다. 비례대표제는 또한 다양한 의견을 가진 사람들이 참여하는 논의에 고립된/이문화 집단의 대표가 함께 참여하도록 보장함으로써, 고립된/이문화 집단이라는 격리된 환경에서 발생할 수 있는 위험을 줄이는 데 도움을 줄 수 있다.

대표가 자신이 어느 집단 출신인가와 상관없이 다양한 집단의 구성원들로 이루어진 유권자들에게 선거를 통해 책임을 진다면 이와 같은 목적은 충분히 달성되는 것 아닌가? 물론 백인이 흑인의 이익을 대변하거나, 비장애인이 장애인의 이익을 대변할 수 있을 뿐만 아니라, 실제로 대변하고 있기도 하다. 그러나 이것만으로는 불충분할 수 있다. 비례대표제의 요점은, 한 집단의 구성원들이 다른 사람들이 어떤 의견을 갖고 있는지에 귀 기울이고, 고립된/이문화 집단에 속한 사람들이 그들과는 전혀 다른 견해를 가진 사람들의 의견에 귀 기울일 수 있도록 하는 것이다. 적어도 이런 맥락에서 비례대표제 도입을 진지하게 고려해 볼 필요는 있다.

## 심의적 여론조사

제임스 피시킨James Fishkin은 이론적이고 경험적인 연구를 조합한 한 흥미로운 연구에서 매우 다양한 개인들로 구성된 소집단이 다양한 사안에 대해 논의하도록 하는 "심의적 여론조사"라는 개념을 주창했다.[30] 심의적 여론조사는 미국, 영국, 그리고 오스트레일리아를 포함한 몇몇 국가에서 이미 실행된 바가 있다. 피시킨은 이와 같은 심의적 여론조사가 이루어졌을 때, 이에 참여하는 개인들의 견해가 상당 부분 변화하는 경우를 관찰하기는 했지만, 집단 편향성이 체계적으로 나타나는 것은 발견하지 못했다. 그의 연구에 따르면, 개인들의 견해는 논의 이전에 소집단의 구성원들이 각각 가지고 있었던 견해의 중간값에서 멀어지기도 하고, 반대로 가까워지기도 한다.

예를 들어 범죄자를 구속하는 것이 범죄를 줄이는 데 얼마나 효과적인지를 논의하기 위한 심의적 여론조사가 영국에서 진행되었을 때, 그 결과 범죄자를 구속하는 것이 범죄 감소에 효과적이라고 생각하는 사람들이 줄어든 것으로 나타났다.[31] "좀 더 많은 범죄자를 감옥에 보내는 것"이 범죄 소탕의 효과적인 방법이라고 생각하는 사람은 논의하기 이전에는 57퍼센트였으나, 논의 이후에는 38퍼센트로 감소했으며, 구속자 수를 줄여야 한다고 생각하는 사람들은 29퍼센트에서 44퍼센트로 증가했다. "엄격한 처벌"이 효과적이라고 믿는 사람들의 비율 역시 78퍼센트에서 65퍼센트로 감소했다.[32] 피고인의 법적 권리를 보장하는 것에 대한 심의적 여론조사는 또한, 피고인의 법적 권리가 좀 더 널리 보장되어야 한다는 방향으로, 그리고 범죄자의 구속을 대체할 수 있는 방법을 찾는 것이 필요하다는 방향으로 논의자들의 의견을 변화시켰다. 심의적 여론조사를 사용한 다른 실험에서 견해의 변화는 아버지의 양육 의무에 대한 법적 부담이 증대되어야 한다고 생각하는 사람의 증가(70퍼센트에서 85퍼센트로), 복지와 의료가 주 정부에게 맡겨져야 한다고 생각하는 사람의 증가(56퍼센트에서 66퍼센트로) 등 다양한 연구 결과를 보여 주었다.[33]

많은 경우, 사람들이 논의하기 전에 가지고 있었던 신념이 논의를 통해 더욱 굳어지는 현상이 관찰되었다.[34] 이와 같은 연구 결과는 심의적 여론조사에 있어서도 집단 편향성이 나타난다는 증거로 생각될 수 있다. 그러나 심의적 여론조사에 있어서, 이와 같은 변화가 일반적인 경향이라고는 말할 수 없었다. 일부 질문의 경우에, 논의 이전에는 소수 의견이었던 견해에 대한 사람들의 지지 비율이 심의적 여론조사 과정을 통해서 증가하기도 했는데(예를 들어 이혼을 "좀 더 힘들게" 만드는 정책을 선호하는 비율이 36퍼센트에서 57퍼센트로 크게 뛰었다),[35] 이는 집단 편향성을 통해서는 예측할 수 없는 변화다.

심의적 여론조사는 집단 편향성에 대한 실험들과는 몇 가지 차이를 보인다. 첫 번째, 피시킨의 실험에 참여한 토론자들은 집단으로 투표하지 않았다. [다수결의 원리에 따른_옮긴이] 집단 결정을 요구하지 않더라도, 집단토론이 이루어질 경우 집단 편향성이 나타날 것으로 예상되었지만, 이 경우 집단 편향성은 줄어들었다. 두 번째, 피시킨의 집단들은 토론 과정에서 일정 수준의 개방성을 보장하고, 집단토론에서 나타나는 사회적 영향력이 작용하지 않도록 방지하는 사회자의 감독을 받았다. 세 번째, 그리고 아마도 가장 중요한 차이는, 피시킨의 연구가 참가자들에게 양 쪽의 입장에 대한 상세한 내용과 객관적인 설명을 제공했다는 점이다. 이와 같은 조건은, 일정한 권위를 가진 외부 자료의 영향을 받지 않았을 때 이루어지는 토론과는 다른 방향으로 사람들의 의견을 변화시킬 수 있다. 실제로 균형 잡힌 입장을 취하고자 하는 노력 자체가, 대다수가 지지하는 의견에 대한 지지도를 감소시켜서, 양 쪽의 의견을 대변하는 사람의 비율을 각각 50퍼센트에 가까워지도록 한다는 것을 예상해볼 수 있다. 그리고 심의적 여론조사 실험의 결과를 통해서, 우리는 이와 같은 현상을 실제로 확인할 수 있었다.

이를 통해 우리는 논의 기구를 제도적으로 어떻게 구성해야 할지에 대한 교훈을 얻을 수 있다. 제도적 조건을 조금만 바꾸더라도, 집단 편향성을 증가시키거나 감소시킬 수 있으며 심지어는 제거할 수도 있다. 사회에 제한된 범위의 의견만이 존재하기 때문에, 혹은 사회적 영향력이 작용하기 때문에 잘못된 의사 결정이 이루어질 것으로 예상된다면, 이를 고치기 위한 방법을 도입할 수 있다. 집단 편향성을 방지하기 위한 방법 가운데 가장 효과적인 것은, 집단 구성원들을 그들이 찬성하지 않는 논점에 노출시키는 것이다. 바로 가장 일반적인 교훈이 바로 가장 중요한 교훈인 셈이다.

여기에서 피시킨의 연구 가운데 하나의 일화를 소개하고자 한다.[36] 가족의 역할에 대한 소집단 논의가 시작되자, 애리조나 주 출신의 한 80대 남성은 "가족"이란, 어머니와 아버지가 모두 있을 때만 적용될 수 있는 명칭이라고 주장했다. 해당 집단에는 홀어머니로서 두 명의 아이를 키워 낸 41세의 여성이 포함되어 있었다. 해당 소집단 내에서 주말 내내 이루어진 논의는, 좋게 말해서 "긴장감이 감돌았다." 논의가 끝나자, 애리조나에서 온 남성은 그 여성에게 다가가 "지금 내 생각을 표현할 수 있는" 단어가 무엇인지 아느냐고 물어보았다. 그리고 그는 스스로의 질문에 다음과 같이 답했다. "내가 틀렸다."

8장

판사들

사이에서도

동조

현상이

일어나는가?

과연 판사들도 동조 효과나 쏠림 현상의 영향을 받을까? 비슷한 생각을 가진 판사들이 모일 경우, 그들의 의견도 더욱 극단적이 될까? 이견이 제기될 것으로 예상되었을 때, 그리고 실제로 이견이 제기되었을 때 판사들은 어떤 반응을 보일 것인가.

이 장에서 나는 미국의 법정에서 실제로 진행된 재판을 통해 위의 질문에 답해 보고자 한다. 일단 내가 발견한 기본적인 사실은, 판사들 역시 서로에게 커다란 영향력을 미칠 뿐만 아니라, 비슷한 사고방식을 가진 세 명의 판사로 이루어진 재판부는 극단적인 의견을 취할 확률이 커진다는 것이다. 판사가 어떤 정치적인 신념을 가졌는지에 따라 판결이 달라질 수 있는 사건에서 특정 판사가 어떤 결정을 내릴지를 예상할 수 있는 좋은 방법은 그 판사를 임명한 대통령이 어느 정당에 속해 있는지를 살펴보는 것이다. 그러나 이와 같은 정치적 사건의 경우, 특정 판사가 어떤 판결을 내릴지를 더욱 정확하게 예측할 수 있는 방법은, 같은 재판부에 속한 다른 판사들이 어느 정당의 대통령에 의해 임명되었는지를 살펴보는 것이다. 이런 결과는 나 역시 예상하지 못했지만, 사실 사람들은 많은 경우 이와 비슷하게 행동한다.[1] 다시 말하자면, 사람들이 어떤 판단을 내릴 것인지, 그리고 어떤 행동을 취할 것인지는 그 사람들이 가진 신념이나 믿음을 통해 예측할 수 있기는 하지만, 사실은 그들을 둘러싸고 있는 다른 사람들의 신념과 믿음을 통해 좀 더 잘 예측할 수 있다. 대부분의 경우, 민주당 소속 대통령이 지명한 판사들과 공화당 소속 대통령이 지명한 판사들은 서로 다른 정치적 신념을 갖는다. 이에 따라 우리는, 정치적으로 논란이 되는 사건에 대한 판사들의 판결이 그 판사를 지명한 대통령이 속한 정당의 정치적 신념과 연관이 있을 것임을 알 수 있다. 그러나 정치적 신념보다 더 중요한 것이 있다면, 그것은 바로 사회적 영향력이다. 재판부에 속한 세 명의 판사들을 모두 같은 대통령이 지명한 경우, 대부분의 경우 각 판사들의 정치적 신념은 더욱 굳어진다. 다른 두 명의 공화당 판사와 같은 재판부에 속해 있는 공화당 판사는, 한 명의 공화당 판사 및 한 명의 민주당 판사와 같은 재판부에 속해 있는 공화당 판사에 비해 전형적으로 보수적인 결정을 내릴 가능성이 훨씬 크다(편의상, 지금부터는 공화당 소속 대통령이 지명한 판사는 "공화당원" 그리고 민주당 소속 대통령이 지명한 판사는 "민주당원"이라고 부르기로 한다). 이와 같은 현상은 민주당원들의 경우에도 똑같이 나타난다. 다른 두 명의 민주당원과 같은 재판부에 속한 민주당원은 한 명의 민주당원 및 한 명의 공화당원과 같은 재판부에 속해 있는 민주당원에 비해 전형적으로 자유주의적/진보적인 결정을 내릴 가능성이 훨씬 크다. 이와 같은 현상은 바로 집단 편향성의 영향으로 나타나는 것이다.

그러나 이와 같은 연구 결과는 집단 편향성 외에도 또 다른 종류의 사회적 영향력이 판사들에게 작용하고 있음을 보여 준다. 자신과는 다른 정당에 속한 판사들과 배석한 판사의 경우, 그의 정치적 신념은 약화된다. 두 명의 민주당원과 같은 재판부에 있는 공화당원은 한 명의 공화당원과 다른 한 명의 민주당원과 같은 재판부에 있는 공화당원에 비해 전형적으로 보수적인 결정을 내릴 가능성이 훨씬 낮다. 여기에서 나타나는 것은 바로 동조 효과다. 마찬가지로, 두 명의 공화당원과 같은 재판부에 있는 한 명의 민주당원 역시 정치적 신념이 약화되는 모습을 보인다. 뒤에서 더욱 자세히 살펴보겠지만, 두 명의 공화당원과 같은 재판부에 속한 민주당원은 많은 경우 중도적인 공화당원과 비슷한 판결을 내리고, 두 명의 민주당원과 같은 재판부에 속한 공화당원은 많은 경우 중도적인 민주당원과 비슷한 판결을 내리곤 한다. 여기에서 나타나는 현상은 1장에서 살펴본 애쉬의 선분 길이 실험에서 나타나는 현상과 비슷하다고 볼 수 있다. 한 명의 판사가 서로 비슷한 의견을 가진 다른 두 명의 판사와 같은 재판부에 속했을 때, 그 판사는 다른 두 명의 판사들이 내린 결정에 따르는 경우가 많다.

집단 편향성과 동조 현상이 법정에서 나타남을 보여 주는 이와 같은 조사 결과는, 판사들이 법에 대해 전문적인 지식을 갖고 있으며, 최선을 다해 법률을 해석할 것이라는 일반적인 기대에 어긋난다는 점에서 더욱 충격적이다. 판사들의 의견도 편향성을 띨 뿐만 아니라, 동료들이 가진 의견에 영향을 받는다는 사실은 사회적 영향력이 다양한 상황에서 나타날 수 있음을 보여 준다.

이런 결과를 통해 가장 먼저 얻을 수 있는 결론은 다음과 같다. 즉 법률에 대한 어떤 해석이 옳은 것인지 확실하게 알 수 없는 경우일수록, 다양한 의견이 연방 법원에 존재하도록 보장해야 한다는 것이다. 다양한 의견을 가진 판사들 간의 충분한 토론이야말로 법적인 의견들이 합리적인 반대 의견에 노출될 수 있도록 보장하는 가장 확실한 방법이다. 나는 이로부터 한 걸음 더 나아간 주장을 하고자 한다. 판사들은 서로의 의견뿐만 아니라 일반 대중의 의견에도 영향을 받는다. 법적인 해결책이 무엇인지가 분명하지 않은 문제를 다룰 때에는, 대중의 의견도 무시할 수 없는 하나의 잣대가 된다. 이는 대중의 의견이 쟁점과 관련된 정보를 제공하기 때문이기도 하지만, 판사들도 다른 모든 사람들처럼 자신의 평판에 대해 신경을 쓰기 때문이다.

## 증거: 일반론

세 명의 판사로 이루어진 재판부에서 판사들이 어떤 행동 양식을 보이는가에 대해 다음과 같은 세 가지 가설을 세워 볼 수 있다.

- 판사는 자신을 지명한 대통령이 속한 정당의 영향을 받는다. 공화당 소속 대통령들이 지명한 판사들은 민주당 소속 대통령들이 지명한 판사들보다 보수적인 판결을 내릴 가능성이 크다.
- 판사들의 정치적 신념은 다른 정당 소속의 판사 두 명과 같은 재판부에 속해 있을 때에는 약해질 가능성이 크다. 예를 들어 민주당 소속의 판사가 두 명의 공화당 소속 판사와 같은 재판부에 있을 때에는 자유주의적/진보적인 판결을 내릴 가능성이 훨씬 작다.
- 판사들의 정치적 신념은, 그들이 자신과 같은 정당 소속의 판사 두 명과 같은 재판부에 속해 있을 때에는 강해질 가능성이 크다. 예를 들어 공화당 소속의 판사는 두 명의 공화당 소속 판사와 같은 재판부에 있을 때 전형적으로 보수적인 판결을 내릴 가능성이 더욱 크다.

지난 몇 십 년간, 미국의 법정에서 이루어진 수많은 재판은 위의 가설들을 확인해 볼 수 있는 자연적인 실험의 역할을 해주었다. 항소 법정의 재판부는 세 명의 판사로 구성되며, 우리는 이런 재판부의 각 판사들이 자신이 속한 정당, 그리고 다른 두 명의 판사들이 속한 정당의 입장으로부터 영향을 받는지를 쉽게 조사해 볼 수 있다. 실제로 연방대법원을 제외하고는 미국에서 가장 중요한 법정이라고 할 수 있는 워싱턴 D.C.의 항소법원에서 이루어진 판사들의 판결에 대한 주목할 만한 연구가 이미 이루어진 바 있다.[2] 나는 여러 분야에서 법관들이 어떤 행동 양식을 보이는지를 연구했으며, 그 연구 결과 가운데 일부를 여기에서 다루고자 한다.[3] 결론부터 말하자면, 법적으로 쟁점이 되는 많은 부분에서, 위에서 언급된 세 가지 가설이 모두 확인되었을 뿐만 아니라, 판사들이 집단으로부터 대단히 큰 영향을 받는다는 점 역시 확인되었다.

이 연구 결과 가운데 주목할 만한 현상이 두 가지 있다. 첫 번째는 신념이 극단적으로 약화되는 '뒤바뀜 효과'reverse effects다. 이와 같은 뒤바뀜 효과가 나타날 경우에, 두 명의 공화당원들에게 둘러싸인 한 명의 민주당원은 두 명의 민주당원들에게 둘러싸인 공화당원보다도 오히려 더욱 보수적인 판결을 내리게 된다. 두 번째는 '강화 효과'amplification effects로, 이는 전체가 민주당원으로 구성된 재판부의 민주당원들이 일부만이 민주당원으로 구성된 재판부의 민주당원들보다 민주당의 정치적 신념을 훨씬 강하게 드러내는 판결을 내리는 현상(공화당원의 경우에도 마찬가지다)을 가리킨다. 이후에 더욱 구체적인 조사 결과를 통해서 뒷받침하겠지만, 여기에서 우리는 다음과 같은 결론을 얻을 수 있다. 즉 판사들 역시 동조 효과의 영향을 받으며, 같은 정당 소속의 대통령이 지명한 판사들이 같은 재판부를 구성했을 때 그들이 원래부터 가지고 있었던 정치적 신념이 더욱 강해지는 것에서 볼 수 있었듯이, 같은 의견을 가진 판사들이 모이게 되면 그들은 극단화되는 경향을 보인다. 이와 같은 사실이 암시하는 바는, 불행히도 비슷한 사건이 각 항소법원마다 매우 다르게 처리될 가능성이 크다는 것이다. 예를 들어 성차별 사건의 원고는 재판부가 전원 공화당원으로 이루어진 법정에서는 패소할 확률이 크지만, 재판부가 전원 민주당원으로 이루어진 법정에서는 승소할 확률이 크다. 이와 같은 현상은 법을 통해 평등한 정의를 실현하고자 하는 사람들이 보기에는 큰 문제가 아닐 수 없다. 재판부가 어떻게 구성되었는지에 따라 재판의 결과가 달라진다면, 이는 공정한 법치주의에 대한 위협이 된다.

## 몇 가지 조사 결과

적극적 차별 시정 조치에 대해서부터 이야기해 보자. 특정 소수 인종 집단에 속한 사람들에게 우선권을 주는 정책들은 종종 위헌 소송의 대상이 된다. 1980년부터 2002년까지, 공화당원 판사들은 총 267표를 행사했는데, 그 가운데 52퍼센트에 해당하는 140표가 이와 같은 우선권을 철폐해야 한다는 판결을 지지하는 것이었다. 민주당원들 판사들은 198표를 행사했으며, 26퍼센트에 해당하는 51표만이 우선권 철폐를 지지하는 것이었다. 그렇다면 한 명의 민주당원과 두 명의 공화당원으로 이루어진 재판부와, 한 명의 공화당원과 두 명의 민주당원으로 이루어진 재판부의 경우에도 비슷한 결과가 나타날까? 조사 결과, 두 명의 공화당원과 같은 재판부에 있는 민주당원은 39퍼센트의 경우에 적극적 시정 조치를 폐지하고자 하는 결정을 지지했으며, 반면에 두 명의 민주당원과 같은 재판부에 있는 공화당원은 이보다 낮은 35퍼센트의 경우에 적극적 시정 조치를 폐지하고자 하는 결정을 지지하는 것으로 드러났다. 달리 말하자면, 두 명의 민주당원과 같은 재판부에 있는 공화당원이 두 명의 공화당원과 같은 재판부에 있는 민주당원보다 적극적 시정 조치를 지지할 확률이 큰 것이다.

이 연구를 통해서 법정 내의 정치적 신념 강화 현상을 보여 주는 증거도 발견할 수 있었다. 전원이 공화당원으로 구성된 재판부의 경우, 각 공화당원은 63퍼센트의 경우에 적극적 시정 조치의 폐지를 지지하는 결정을 내렸다. 이는 두 명의 공화당원과 한 명의 민주당원으로 이루어진 재판부에서 공화당원이 적극적 시정 조치를 지지하는 결정을 내린 비율인 53퍼센트보다 높은 수치다. 전원이 민주당원으로 구성된 재판부의 민주당원들은 18퍼센트의 경우에만 적극적 시정 조치에 반대하는 결정을 내렸다. 이는 재판부에 공화당원이 없을 때 민주당원들이 적극적 시정 조치를 지지할 확률이 훨씬 크다는 것을 보여 준다.

성차별 사건의 경우에도 이와 비슷한 현상이 나타난다. 1995년에서 2002년까지, 공화당원들은 35퍼센트의 경우 원고를 지지했으며, 민주당원들은 51퍼센트의 경우 원고를 지지했다. 그러므로 여기에서도 정치적 신념에 따른 결정이 나타난다고 볼 수 있다. 성차별 사건에서도 정치적 신념의 약화 효과가 나타났다. 두 명의 민주당원과 같은 재판부에 속한 공화당원, 그리고 두 명의 공화당원과 같은 재판부에 속한 민주당원은 모두 42퍼센트의 경우에 원고를 지지하는 판결을 내렸다. 성차별 사건 기록을 조사하는 과정에서 발견된 가장 놀라운 사실은, 세 명의 민주당원으로 이루어진 재판부는 75퍼센트의 경우 원고를 지지하는 판결을 내렸다는 점이다. 이는 두 명의 민주당원이 한 명의 공화당원과 같은 재판부에 속했을 때 원고를 지지하는 비율인 50퍼센트보다 훨씬 높은 수치다. 전원이 공화당원으로 이루어진 재판부의 경우, 공화당원들은 오직 31퍼센트의 경우에만 원고를 지지했다. 이는 전체가 민주당원으로 이루어진 재판부에서 각 민주당원이 원고를 지지하는 판결을 내리는 비율의 절반에도 못 미치는 수치다.

성차별 사건의 한 가지 형태인 성희롱 사건의 경우에서도, 비슷한 현상이 나타났다. 1995년에서 2002년까지, 공화당원들은 39퍼센트의 경우에 원고를 지지했으며, 민주당원들은 55퍼센트의 경우에 원고를 지지했다. 그러나 두 명의 민주당원과 같은 재판부에 속한 공화당원은 49퍼센트의 경우에 원고를 지지해, 오히려 두 명의 공화당원과 같은 재판부에 속한 민주당원이 원고를 지지한 비율인 44퍼센트보다 높은 지지율을 보였다. 전원이 민주당원으로 이루어진 재판부의 경우, 민주당원들은 80퍼센트의 경우에 원고를 지지했는데, 이는 전체가 공화당으로 이루어진 재판부에서 각 공화당원이 원고를 지지하는 판결을 내리는 비율인 35퍼센트의 두 배를 훨씬 넘는 수치다. 흥미로운 것은 성희롱 사건의 판결이 판사의 성별에 따라서는 차이를 보이지 않았다는 점이다. 남성과 여성 판사 모두 전체의 45퍼센트 정도의 경우에 원고를 지지했다. 전체가 남성으로 이루어진 재판부의 경우에도, 남성 판사들은 두 명의 여성과한 명의 남성으로 이루어진 재판부에서 여성 판사가 원고를 지지하는 비율(46퍼센트)보다 아주 조금밖에 낮지 않은 비율(45퍼센트)로원고를 지지했다.

원고들이 기업의 잘못에 대해 경영진에 책임을 묻고자 하는 사건에서도 정치적 신념의 약화와 강화 현상은 마찬가지로 나타났다. 1995년에서 2002년까지, 이와 같은 사건에 대해 공화당 판사들은 26퍼센트의 경우에, 그리고 민주당 판사들은 41퍼센트의 경우에원고 승소 판결을 내렸다. 여기에서도 정치적 신념의 강화 현상이나타났다. 두 명의 다른 공화당원과 같은 재판부에 속한 공화당원은 23퍼센트의 경우에만 원고를 지지하는 판결을 내렸으며, 전체가 민주당원인 재판부에 속한 민주당원은 67퍼센트의 경우에 원고를 지지하는 판결을 내렸다. 정치적 신념의 약화 현상도 관찰되었다. 두 명의 민주당원과 같은 재판부에 속한 공화당원은 37퍼센트(전체 민주당 판사들의 원고 지지 비율과 거의 차이가 없는)의 경우에 원고를 지지했으며, 두 명의 공화당원과 같은 재판부에 속한 민주당원은 29퍼센트(전체 공화당 판사들의 원고 지지 비율과 거의 차이가 없는)의경우에 원고를 지지했다.

행정 당국의 환경 관련 규제에 대해 기업가들이 이의를 제기한사건의 경우에도 비슷한 현상이 나타났다. 환경 관련 규제에 대해 기업가들이 이의를 제기한 사건의 경우, 세 명의 공화당원으로 이루어진 재판부는 두 명의 공화당원과 한 명의 민주당원으로 이루어진 재판부보다 환경 관련 규제를 철폐해야 한다는 판결을 내릴 확률이 훨씬 컸다. 또한 재판부가 모두 같은 정당에 소속된 판사들로만 구성되었을 경우 법정의 판결은 훨씬 더 극단적인 성격을 띠었다.[4]

이런 현상이 나타나는 이유는 환경 관련 규제에서 공화당원이 재판부의 다수를 이루는 경우와 민주당원이 재판부의 다수를 이루는 경우 사이에 굉장히 큰 입장 차이가 있기 때문이다. 공화당이 다수인 경우에는 50퍼센트를 훨씬 넘는 비율의 사건에서 사업자가 승소하지만, 민주당원이 다수인 경우에는 기업가가 승소하는 비율이 50퍼센트에 훨씬 못 미친다.[5] 판사 개개인의 판결이라는 점에서 보았을 때, 집단으로서 재판부가 판사 개인에게 미치는 영향도 상당하다. 두 명의 공화당원과 같은 재판부에 속한 민주당원 판사는 39퍼센트의 경우에 기업가의 편을 들어준다. 두 명의 민주당원과 같은 재판부에 속한 공화당원 판사는 바로 앞에서 언급된 39퍼센트라는 수치와 통계학적으로 유의미한 차이가 없는 수치인 38퍼센트의 경우에 기업가를 지지하는 판결을 내린다.[6]

이제 같은 정당 소속 대통령이 지명한 판사들로만 이루어진 법정에서 어떤 일이 일어나는지 살펴보자. 집단 편향성 현상을 통해 예측할 수 있듯이, 세 명의 공화당원 판사로 이루어진 재판부가 환경 관련 규제 소송에서 기업가의 손을 들어줄 가능성은 두 명의 공화당원과 한 명의 민주당원으로 이루어진 재판부가 기업가의 손을 들어줄 가능성보다 훨씬 크다.[7] 최근 몇 년(1995~2002년) 동안, 공화당원만으로 이루어진 재판부에 속한 공화당원들은 69퍼센트의 경우에 기업가 승소 판결을 내렸다.[8] 반면에 세 명 중 두 명만이 공화당원이었던 재판부에서는 52퍼센트의 공화당원이, 그리고 한 명만이 공화당원이었던 재판부에서는 44퍼센트의 공화당원이 원고 승소판결을 내렸다.[9] 그 이전의 몇 년(1986~94년) 동안 공화당원들은 모두가 공화당원으로 이루어진 재판부의 경우는 80퍼센트, 두 명이 공화당원인 경우는 48퍼센트, 한 명만이 공화당원인 경우는 14퍼센트의 비율로 원고를 지지했다.[10] 이보다 더 이전의 몇 년(1970~86년) 동안 공화당원들은 전체가 공화당원으로 이루어진 재판부의 경우는 100퍼센트, 두 명이 공화당원인 경우는 50퍼센트, 한 명만이 공화당원인 경우는 30퍼센트의 비율로 원고를 지지했다.[11]

이와 같은 자료를 모아 보면, 우리는 1970년에서 2002년 사이에 워싱턴 D.C.의 항소법원에서 기업가가 환경 관련 규제를 대상으로 제기한 소송과 관련해 판사들이 어떤 판결을 내렸는지에 대해 충분히 분석해 볼 수 있다. 모두가 공화당원으로 이루어진 재판부에서, 공화당원들은 73퍼센트의 경우에 사업자의 손을 들어주었다. 두 명의 공화당원과 한 명의 민주당원으로 이루어진 재판부에서 공화당원들은 50퍼센트의 경우에 기업가의 손을 들어주었다. 두 명의 민주당원과 한 명의 공화당원으로 이루어진 재판부에서 공화당원들은 오직 37퍼센트의 경우에만 기업가의 손을 들어주었다. 이와 같이 재판부의 구성에 따라 판결의 결과가 달라지는 모습은 공화당원 판사들의 경우에서만 나타나는 것이 아니라, 민주당원 판사들에 대한 자료를 모아 보아도 마찬가지였다. 환경 단체가 정부의 정책에 반해 제기한 소송의 경우, 세 명의 민주당원으로 이루어진 재판부가 두 명의 민주당원과 한 명의 공화당원으로 이루어진 재판부에 비해 환경 단체의 손을 들어줄 확률이 크다.[12] 민주당원이 환경 단체의 손을 들어주는 방향으로 투표할 확률은 재판부가 두 명의 공화당원과 한 명의 민주당원으로 이루어졌을 때는 더욱 작아진다.[13]

## 이견을 제기하는 판사들의 역할

앞서 다룬 연구와는 별개로 이루어진 또 다른 연구에서는, 이견 제시자가 법정이 합법적인 판결을 내리도록 하는 데 중요한 역할을 한다는 사실이 발견되었다.[14] 항소법원 재판부에 민주당원 판사가 존재하는 것이 재판부가 합법적인 판결을 내리는 것을 보장하는 데 대단히 중요할 역할을 하는 것으로 드러났다. 이 연구에서 세 명의 공화당원으로 이루어진 재판부는, 다른 정당 소속 판사의 견제를 받지 않는 만큼, 연방대법원이 제정한 법률에 부합하지 않는 판결을 내릴 위험이 존재한다는 것을 보여 준다. 물론 여기에서 증명할 수는 없지만, 나는 다른 분야에 대한 조사가 이루어질 경우, 민주당원만으로 이루어진 재판부 역시 합법적인 판결을 내리지 않을 위험이 클 것이라고 확신한다. 내가 뒤이어 설명할 자료를 통해 우리가 얻을 수 있는 가장 중요한 교훈은, 한 정당의 판사들[예컨대 민주당원 판사들_옮긴이]이 다른 정당의 판사들보다 합법적인 판결을 내릴 확률이 크다는 것이 아니라, 다양한 견해가 존재하는 것이 잘못된 판결을 내리지 않을 수 있도록 도움을 준다는 것이다.

이 연구를 이해하기 위해서는 약간의 배경 지식이 필요하다. 셰브런 대 천연자원보호협회Chevron v. NRDC, Natural Resources Defense Council 소송에 대한 연방대법원의 판결에 따라, 법원은 행정기관의 법률 해석이 의회에서 명백하게 지시한 내용을 위반하지 않는 한, 그리고 그런 해석이 "합리적"인 한 행정기관의 법률 해석을 번복하지 못한다.[15] 이와 같은 판결에 따르자면, 환경보호국Environmental Protection Agency이나 연방통신위원회는 그 해석이 합리적인 한 모호한 법률에 대해서 원하는 대로 해석할 수 있다. 그러나 법률이 모호한지, 그리고 그 해석이 합리적인지는 과연 어떤 기준에 따라 결정되는 것일까. 기존의 법률에 따르면 이와 같은 사항을 결정하는 데 있어서 판사들은 상당한 자유를 누린다. 이에 따라, 사법부에서 행정기관의 법률 해석이 무효라는 판결을 내리고자 한다면 이와 같은 판결을 뒷받침할 수 있는 합리적인 근거를 찾는 것은 어려운 일이 아니다. 결국 여기에서 중요한 것은, 어떤 경우에 판사들이 행정기관의 법률 해석이 무효라는 합리적인 근거를 찾았다고 주장하는가다. 일단 셰브런 사건에 대한 판결에 비추어 본다면, 대부분의 경우 법원이 행정기관의 해석을 지지할 것으로 예상할 수 있다.

이와 관련해, 환경 보호 규제와 같은 다양한 규제 조항에 대해 이루어진 연구는, 판사가 속한 정당이 판결에 상당한 영향을 미친다는 주장이 옳다는 것을 확인했다. 소송이 기업에 의해서 제기되었는지, 공익 단체에 의해서 제기되었는지에 따라 사건을 크게 나누어 보면, 재판부에 두 명 이상의 공화당원이 있을 때는 54퍼센트의 경우에 보수적인 판결이 내려졌고, 두 명 이상의 민주당원이 있을 때는 32퍼센트의 경우에만 보수적인 판결이 내려졌음을 볼 수 있다.[16] 여기에서도 판사들이 판결을 내릴 때 정치적 신념의 영향을 받는다는 증거가 발견된 것이다.

여기에서 내가 주장하고자 하는 바와 관련해 가장 중요한 사실은, 모두가 같은 정당에 소속된 판사들로 이루어진 재판부와, 서로 다른 두 정당의 판사들로 이루어진 재판부 간에 상당한 차이가 발견되었다는 점이다. 두 명의 공화당원과 한 명의 민주당원으로 구성된 재판부에서는, 정치적인 면에서 공화당원들이 해당 소송의 당사자인 정부 기관에 대해 적대적일 것으로 예상되는 경우에, 행정기관의 해석을 무효로 판결할 가능성이 클 것으로 예상된다. 그럼에도 불구하고, 이와 같은 재판부에서도 62퍼센트에 해당하는 경우에 행정기관의 해석이 인정되었다. 그러나 재판부 구성원들이 모두 공화당 소속이며 공화당원들이 정치적인 이유에서 해당 행정기관에 적대적인 경우에는, 오직 33퍼센트의 경우에만 정부 기관의 해석이 인정되었다. 그러나 이는 일반적인 사례가 아니라는 점을 주목할 필요가 있다. 정치적인 이유로 말미암아 민주당원들이 해당 행정기관의 결정에 반대할 것으로 예상되는 경우라도, 민주당원들이 다수인 재판부들은 70퍼센트 이상의 경우에 정부 기관의 해석을 인정했다. 즉 민주당원만으로 이루어진 재판부에서는 71퍼센트의 경우에, 그리고 민주당원 두 명과 공화당원 한 명으로 이루어진 재판부에서는 86퍼센트의 경우에 행정기관의 해석을 인정했다.[17]

| 재판부 구성 | 공화당원 3명 | 공화당원 2명과<br>민주당원 1명 | 민주당원 3명 | 민주당원 2명과<br>공화당원 1명 |
|---|---|---|---|---|
| 정부 기관 결정 인정 | 33% | 62% | 71% | 86% |
| 정부 기관 결정 무효화 | 67% | 38% | 29% | 14% |

공화당원 판사들로만 이루어진 재판부에서 행정기관의 해석이 67퍼센트가량 무효화되었다는 이해하기 힘든 결과는 집단의 영향력, 특히 집단 편향성에 의한 것으로 볼 수 있다. 모두가 공화당원 판사로 이루어진 재판부는 행정기관의 해석을 기각하는 일반적이지 않은 결정을 내릴 준비가 되어 있는 셈이다. 반대로, 두 개의 정당 소속 판사들이 모두 포함된 재판부의 경우에서는 일반적이지 않거나 극단적인 결정을 내리는 것을 어렵도록 견제하는 힘이 존재하기 때문에, 행정기관의 해석을 인정하는 일반적인 결정을 내릴 확률이 크다. 두 명의 공화당원과 한 명의 민주당원으로 구성된 재판부에서는, 민주당 소속 판사가 이견을 제기함으로써 항소법원이, 모호한 법률에 대한 정부 기관의 해석을 인정해야 한다는 연방대법원의 명령에 어긋나는 판결을 내리고자 하는 공화당 소속 판사들의 의지를 꺾는 역할을 하는 것이다.[18]

## 정치적 신념의 증폭과 완충

앞에서 간략히 살펴본 연구 결과를 이해하고, 재판부 안에서 어떤 일이 일어나는지를 이해하기 위해서는, 다시 한 번 사회적 영향력의 일반적 역할에 대해 생각해 볼 필요가 있다.

증폭. 정치적 신념의 증폭 현상부터 살펴보도록 하자. 여기서 핵심은, 극단적인 투표 결과는 언제나 모두가 공화당원으로 이루어지거나 민주당원으로 이루어진 재판부에서 나타난다는 점이다. 어째서 이런 현상이 나타나는 것일까?

일단 집단 편향성이 중요한 역할을 한다는 것은 분명하다. 비슷한 사고방식을 가진 사람들이 서로가 이미 가지고 있었던 신념을 증폭시킨다면, 같은 정당에 소속된 판사들만으로 이루어진 재판부에서 극단주의가 나타난다는 사실을 쉽게 이해할 수 있다. 여기에서 우리가 기억해야 하는 한 가지 사실은, 공화당원들로만 구성된 재판부가 평균적으로 갖는 견해와, 두 명의 공화당원과 한 명의 민주당원으로 이루어진 재판부가 평균적으로 갖는 견해가 상당히 다를 가능성이 크다는 것이다. 이 현상을 이해하기 위해서, 다음과 같은 몇 가지를 가정해 보자. $+4$가 기업을 위해서 행정기관의 결정을 무효화하고자 하는 강한 의지를 나타내고, $-4$가 기업의 소송에 맞서 행정기관의 결정을 존중하고자 하는 강한 의지를 나타낸다고 가정해 보자. 또한 평균적인 공화당원의 견해는 $+2$, 그리고 평균적인 민주당원의 견해는 $-2$라고 가정해 보자. 이 경우, 모두가 공화당원으로 이루어진 재판부가 논의를 거치기 이전에 갖는 평균적인 견해는 $+2$, 그리고 두 명의 공화당원과 한 명의 민주당원으로 이루어진 재판부가 논의를 거치기 이전에 갖는 평균적인 견해는 $+0.67$이다. 집단 편향성 현상이 일어난다고 가정했을 때, 모두가 공화당원으로 이루어진 재판부의 견해는 논의 이후에 +3 정도, 그리고 두 명의 공화당원과 한 명의 민주당원으로 이루어진 재판부의 견해는 논의 이후에 +1 정도로 변할 것으로 예상할 수 있다. 물론 정치적 견해를 이와 같이 수치로 표현하는 것은 독자의 이해를 돕기 위해 현실을 매우 단순화한 것이다. 같은 민주당 소속의 판사라 하더라도 견해는 크게 다를 수 있으며, 이는 공화당 소속의 판사들도 마찬가지다. 단순히 숫자를 이용해서 한 명의 판사가 어떤 견해를 갖고 있는지를 나타내는 것은 불가능하다. 그러나 이와 같은 수치를 이용해서 생각해 보면, 공화당원만으로 이루어진 재판부와 공화당원 두 명과 민주당원 한 명으로 이루어진 재판부의 견해에 차이가 있을 수밖에 없다는 것을 쉽게 이해할 수 있다. 그리고 판사들도 다른 사람들과 마찬가지로 서로의 영향을 받기 때문에, 같은 정당에 소속된 판사들로만 이루어진 재판부에서 좀 더 극단적인 판결이 내려질 것이라고 예상해 볼 수 있다.

집단 편향성은 그 자체로 모두가 공화당원으로 이루어지거나 모두가 민주당원으로 이루어진 재판부에서 일어나는 정치적 신념의 증폭 현상을 설명하는 데 도움을 준다. 게다가 여기에서 내가 다루고 있는 것은 판사들의 견해가 아니라 판사들이 내린 판결이라는 점을 다시 한 번 상기해 보자. 판사들은 법을 얼마나 넓게[자의적으로_옮긴이] 해석할 것인지 또는 좁게[엄격하게_옮긴이] 해석할 것인지를 스스로 결정할 수 있는 권리를 갖고 있다. 나는 동일한 판결을 내린 재판부들 사이에서도, 모두가 공화당원으로 이루어진 재판부의 경우에는 판사들이 좀 더 자유롭게[소신껏_옮긴이] 판결을 내릴 것이며, 양 당의 판사들이 모두 있는 재판부에서는 판사들이 좀 더 조심스러운 판결을 내릴 것이라고 생각한다. 모두가 민주당원인 재판부의 경우에도 마찬가지다. 이에 따라, 앞에서 표(판사들이 어떤 판결을 내렸는지에 대한)를 통해서 알아볼 수 있는 신념의 증폭은 실제로 재판부 내에서 일어나는 판사들의 신념의 증폭보다는 대체로 적을 것으로 생각된다.

집단 편향성이라는 개념에 비추어 생각해 보았을 때, 우리는 재판부가 같은 정당 소속의 판사들로만 구성되어 있는지, 혹은 서로 다른 정당 소속의 판사들로 구성되어 있는지에 따라서 법정에서 개진되는 의견의 범위가 크게 다를 것으로 예상할 수 있다. 예를 들어 환경보호국의 조치를 무효화하고자 하는 세 명의 공화당원으로 이루어진 재판부에서는 환경보호국의 조치를 무효화해야 한다는 근거가 그 반대 근거보다 훨씬 많이 논의될 것이다. 그러나 만일 그 재판부에 환경보호국의 결정을 지지하는 판사가 있다면, 그 결정을 인정해야 한다는 주장에 대한 근거가 논의될 뿐만 아니라 강하게 주장될 가능성이 훨씬 커진다. 실제로 판사가 민주당원이라는 사실 만으로도 이와 같은 현상이 일어날 가능성이 커진다. 민주당원인 판사가 두 명의 공화당원 판사와 같은 재판부에 속해 있을 경우, 이 민주당원 판사는 자신이 나머지 두 명의 판사들과는 다른 집단에 속해 있다고 생각하기 때문이다(앞에서 사람들이 서로가 다른 집단에 속해 있다고 생각할 때, 상대방의 의견과 반대되는 의견을 주장할 가능성이 커진 다는 사실이 확인되었음을 기억해 보자). 우리는 또한 서로가 서로의 의견을 지지하는 상황에서는 해당 의견에 대한 확신이 커지고, 그로 인해서 극단주의가 나타난다는 점도 확인한 바 있다. 같은 정당 소속의 판사들만으로 이루어진 재판부에서는 판사들이 서로의 주장을 지지할 가능성이 크다. 환경 규제의 문제를 다루는 법정에서 나타나는 현상은, 적극적 시정 조치를 다루는 법정이나, 성차별 문제를 다루는 법정에서도 나타난다. 비슷한 사고방식을 가진 세 명의 판사들로 이루어진 재판부가 극단적인 결론을 내리는 것은 전혀 놀라운 일이 아니다.

이와 같은 맥락에서 보았을 때, 같은 정당 소속의 판사들로만 이루어진 재판부와 서로 다른 정당 출신의 판사들로 이루어진 재판부 사이의 차이는, 자신이 수적으로 불리한 위치에 있음을 깨달은 한 명의 판사가 나머지 판사들의 주장에 대한 이견을 공적으로 발표할 가능성에 따라 구체화될 수 있다. 그 판사가 주장한 이견은 연방대법원의 관심을 불러일으킬 수 있으며, 재판부 내의 다수 의견을 차후에 뒤집는 결과를 가져올 수도 있다. 이처럼 이견을 제시하는 사람은 일종의 내부고발자 역할을 할 수도 있다. 셰브런 사건과 관련된 연구는 이와 같은 가설에 대한 직접적인 근거를 제공할 뿐만 아니라, 서로 다른 정당 출신의 판사들로 구성된 재판부가 적극적 시정 조치, 성차별, 기업 윤리, 성희롱 관련 소송에 있어서 좀 더 중도적인 판결을 내리는 이유를 설명하기도 한다. 물론 연방대법원에서 재심이 이뤄지는 경우는 매우 드문 편이며, 일반적인 소송의 경우 그와 같은 가능성 때문에 법원의 결정이 크게 달라지지는 않는다. 그러나 다수의 의견을 작성하는 판사들은 이견이 있다는 사실을 [판결문에서_옮긴이] 인정하거나, 이견에 대답하는 것을 대

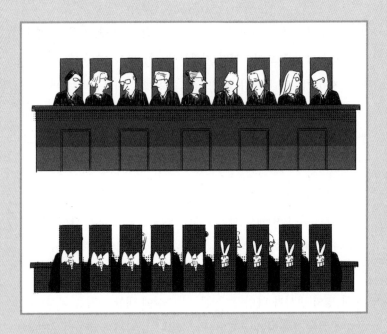

사람들은 대체로 "인간이 아닌 법에 의한 통치"를 실천에 옮기는 것이 법의 지배의 핵심이라고 단언한다. 그러나 이는 매우 모호한 주장에 지나지 않는다. 통치는 법으로 이루어질 수 없다. 법을 운용하는 제도들은 사람들로 채워져 있으며, 법은 이들의 해석에 의존한다. 모두 같은 법복을 입고 있지만, 누가, 어느 정당이 임명한 대법관인가에 따라 판결의 내용은 크게 달라진다(위의 그림에서 코끼리는 공화당, 당나귀는 민주당을 의미한다).

체로 달가워하지 않는다. 게다가 제기된 이견이 실제로 좀 더 합리적인 주장일 경우, 재판부의 다수인 두 명의 판사들은, 그들이 환경보호국의 결정을 무효화시키고 싶다 하더라도, 좀 더 일반적인 판결, 즉 환경보호국의 결정을 인정하는 판결을 내릴 가능성이 크다. 연구 결과를 통해서 나타난 자료도 이와 같은 현상이 일어나고 있음을 보여 준다.

우리는 내부고발자 효과를 강한 내부고발자 효과와 약한 내부고발자 효과로 구분해 볼 수 있다. 강한 내부고발자 효과는 법적으로 보았을 때 한 명의 의견이 명백하게 좀 더 합법적이며, 한 명의 판사가 다른 두 명의 판사들을 설득할 수 있는 경우에 나타난다. 셰브런 사건의 경우, 이와 같은 강한 내부고발자 효과가 나타난 것으로 볼 수 있다. 즉 셰브런 사건에서는 두 명의 공화당원과 한 명의 민주당원으로 이루어진 재판부에서, 한 명의 민주당원이 두 명의 공화당원에게 행정기관의 결정을 인정해야 함을 설득했다. 약한 내부고발자 효과는 법적으로 어떤 의견이 좀 더 합리적인지 쉽게 판단할 수 없는 상황에서, 서로 다른 정당에 속한 판사들이 나름대로의 합리적 의견을 가지고 있을 때 나타난다. 이런 약한 내부고발자 효과는 서로 다른 정당에 속한 판사들이 있는 재판부보다 같은 정당에 소속된 판사들로만 이루어진 재판부에서 정치적 신념이 왜 더욱 강화되는지를 설명하는 데 도움을 준다.

완화. 우리는 집단 편향성과 내부고발자 효과를 통해 정치적 신념의 증폭 현상이 왜 나타나는지를 이해할 수 있었다. 그러나 집단 편향성 현상이나 내부고발자 효과는 어째서 정치적 신념의 완화 현상이 나타나는지를 설명하지는 못한다. 두 명의 민주당원과 배석한 한 명의 공화당원이 중도적인 민주당원처럼 판결을 내리는 이유는 무엇일까. 마찬가지로, 두 명의 공화당원과 배석한 민주당원이 중도적인 공화당원처럼 판결을 내리는 이유는 무엇일까.

이와 같은 현상이 일어나는 것은 다음과 같은 세 가지 요인이 작용하기 때문이다. 첫째, 자신과는 다른 정당의 대통령이 지명했다 하더라도, 동료 판사들이 내리는 판단은 재판부에 속한 개개인의 판사가 무시할 수 없는 정보를 제공하는 역할을 한다. 애쉬의 실험 결과는 여기에서도 나타난다. 즉 올바른 선택을 해야 할 경우, 사람들은 자신이 가진 의견을 끝까지 고집하기보다는 다른 사람들의 의견에 동의하고자 하는 경향을 보인다. 둘째, 다수의 의견에 반하는 이견을 설득력 있게 주장하기 위해서는 많은 시간과 노력이 필요하지만, 결국에는 다른 판사들의 반대에 부딪혀서 아무런 성과를 거두지 못할 가능성이 크다. 따라서 판결에 아무런 영향을 미치지 못할 가능성이 크다면, 굳이 더 많은 노력을 기울이려 하지 않을 것이다. 셋째, 이견을 제시하는 것은 판사들 사이에서 긴장감과 불화를 일으킬 수 있는데, 이는 판사들이 대부분의 경우 오랜 시간 동안 함께 일해야 한다는 점에서 문제가 될 수 있다. 속설에 따르면, 항소 법정의 판사들 사이에는 다음과 같은 암묵적 협약이 있다고 한다. 즉 "당신이 내 의견에 반대하지 않는 이상, 나도 당신의 의견에 반대하지 않는 것으로 합시다. 물론 우리의 의견에 매우 큰 차이가 있으면 어쩔 수 없지만 말입니다." 정치적 신념이 완화되는 이유

가운데 하나는, 사람들이 실제로 설득을 당했는지의 여부와는 관계 없이 동료의 의견에 공개적으로 동의하는 현상인, 동료들 사이에서 의 의견 일치collegial concurrence가 나타나기 때문이다.

이와 같은 동료들 사이에서 나타나는 의견 일치 현상은 애쉬와 그의 동료들이 발견한 사실(즉 사실 관계, 정책 결정, 그리고 법률에 있어 서 동조 현상이 매우 크게 나타났다는 사실)과 같은 맥락에서 나타나는 현상으로 이해될 수 있다. 사람들은 홀로 이견을 주장하는 것을 내 켜 하지 않는다. 애쉬의 실험 대상자 가운데 상당수가 동료 간의 협 력 현상을 보였다. 만일 한 방에 있는 사람 대부분이 같은 의견을 주장한다면, 실제로는 다른 의견을 갖고 있는 사람조차 다수의 의 견에 동의할 확률이 크다. 판사들 역시 평범한 사람들과 동일한 방 식으로 행동한다. 여기에서 중요한 사실은, 전문적인 지식을 가지 고 있을 뿐만 아니라 상당한 경험과 확신을 가진 법관이라 하더라 도, 정치적 신념과 관련된 사건에서조차 동조 효과의 영향을 매우 크게 받는다는 점이다.

**두 가지 예외와 하나의 반론**

나는 지금까지 우리가 발견한 사실에 대한 두 가지 예외가 있음을 발견했다. 낙태와 사형 제도가 바로 그것이다. 낙태와 사형 제도 관 련 사건에서는, 민주당과 공화당이 이 두 가지 문제에 대해 서로 첨 예하게 대립한다는 점에서, 판사가 어떤 정당에 소속되어 있는지가 매우 중요하다. 그런데, 이 두 사건과 관련해서는 정치적 신념의 강화나 완화 현상이 거의 나타나지 않았다. 1982~2002년 사이 연방 법원의 낙태 관련 사건에서, 낙태를 선택할 권리를 침해하는 법률을 폐지해야 한다는 판결을 내린 공화당원 판사는 49퍼센트였다. 민주당원들은 70퍼센트의 경우에 그와 같은 법률을 폐지해야 한다는 판결을 내렸다. 그러나 판사들의 판결은 재판부의 구성에 의해서는 아무런 영향을 받지 않는 것으로 드러났다. 사형 제도에서도 비슷한 현상이 나타났다. 1995~2002년 사이에, 민주당원들은 42퍼센트의 경우에 있어서 사형이 집행되지 않아야 한다는 판결을 내렸으며, 이와 같은 비율은 재판부가 세 명의 민주당원으로 이루어졌는지, 두 명의 공화당원과 한 명의 민주당원으로 이루어졌는지, 한 명의 공화당원과 두 명의 민주당원으로 이루어졌는지에 관계없이 일정하게 나타났다. 공화당원들도 비슷한 행동 양식을 보였는데, 그들은 재판부의 구성과 관계없이 약 20퍼센트의 경우에 사형 집행이 이루어지지 않아야 한다는 판결을 내렸다.

이와 같은 현상은 왜 일어나는 것일까? 낙태나 사형 제도와 같은 문제에 대해서 판사들이 매우 강한 신념을 갖고 있다는 가설을 세워 볼 수 있다. 이 가설이 사실이라면, 판사들은 다른 판사들로부터 영향을 받지 않고 자신의 신념에 따라서 판결을 내릴 가능성이 크다. 또한 그들은 그 사안을 매우 중요하게 생각하기 때문에, 다른 사람들의 의견에 동조하려 하지 않을 것이다. 그러나 나는 이와 같은 현상, 즉 다른 판사들로부터 영향을 받지 않고 소신껏 판결을 내리는 현상이 다른 사안에 대해서는 나타나지 않는다는 사실을 발견했다. 이로부터 낙태와 사형 제도에 대해서는 사람들의 신념이 매우 뿌리 깊다는 것을 확인할 수 있다.

물론 이런 견해에 회의적인 사람들은 변호사들이 판사들 앞에서 변론을 펼친다는 점에 주목할 수 있다. 즉 재판부에 있는 한 판사는 다른 판사들의 의견뿐만 아니라, 변호사들의 변론으로부터 영향을 받으며, 나아가 다른 배석 판사보다는 변호사들의 의견에 더 많은 영향을 받는다고 주장할 수 있다. 물론 판사들의 의견은 변호사들의 변론에 영향을 받는다. 하지만 그렇다 하더라도, 판결을 내리는 데 있어서 중요한 것은 판사들이 갖고 있는 견해다. 따라서 판사들 사이에서 이견을 제시하는 사람의 존재가 중요하다. 앞서 논의된 처벌 강도에 대한 연구에서 살펴보았듯이, 피실험자들로 이루어진 '배심원단'은 양 쪽의 견해 모두에 대해서 정보를 가지고 있었지만, 집단 편향성은 이와 상관없이 나타났다.[19] 이와 관련해 판사들이 서로에게 자신의 견해에 대한 근거를 제시하는 데 얼마나 많은 공을 들이는지는 편향성의 발생과 관계가 없다는 점을 지적할 필요가 있다. 특정한 견해가 존재한다는 사실을 아는 것 자체가 중요한 것이지, 그 견해가 어떤 근거에 기반을 둔 것인지는 중요하지 않다.[20] 제시되는 근거와 관계없이 단순히 투표만을 하도록 하는 체계는, 판사들의 의견을 극단화할 가능성을 높인다. 물론 한 가지 의견에 대해 좋은 근거를 제시하는 것은, 그 의견을 지지하는 표를 던지는 행위 자체가 더욱 설득력을 갖도록 할 수는 있다.

## 판사들의 극단화를 막는 방법에는 무엇이 있을까?

우리는 비슷한 견해를 가진 판사들이 극단화되기 쉽다는 사실에 대해 어떻게 생각해야 할까? 같은 재판부에 있는 다른 판사들의 정치적 신념이 각각의 판사들에게 큰 영향을 미친다는 사실은 공정한 판결이 내려지는 데 긍정적인 영향을 미칠까, 아니면 부정적인 영향을 미칠까? 좀 더 일반적으로 말하자면, 연방 법원에 다양한 의견을 가진 판사들이 임명되도록 보장하는 것이 필요할까? 대체로 세 명의 판사로 이루어진 재판부에 다양성이 존재하도록 하는 것이 필요할까? 여기에서 중요한 것은 성별, 인종 혹은 종교의 다양성이 아니라 의견의 다양성이라는 점을 강조할 필요가 있다. 그렇다면 의견의 다양성이 판결이 내려지는 데 영향을 미치는 것으로 드러난 만큼, 다양성이 존재하도록 보장해야 하는 것일까?

상당수의 미국인들은 각기 다른 정당에 속한 대통령이 지명한 판사들 간에 근본적인 차이가 있다고 생각하지 않는다. 이런 생각을 가진 사람들은, 지명된 판사들이 그들을 지명한 대통령의 기대를 저버리는 경우가 많다는 점을 근거로 제시한다. 이와 같은 관점은 오해를 불러일으킬 뿐만 아니라 근본적으로 옳지 못하다. 물론 일부 판사들은 자신을 지명한 대통령을 실망시키기도 한다. 드와이트 아이젠하워 대통령은 그가 지명한 얼 워런● 연방대법원장과 윌

---

● 얼 워런(Earl Warren) | 미국의 제14대 연방대법원장(1953~69). 워런은 1953년 아이젠하워 대통령의 임명으로 연방대법원장이 되어 1969년 퇴임할 때까지 봉직했다. 1954년 그는 학교에서의 인종차별에 관한 핵심적 사례인 브라운 대 토피카 교육위원회(Brown v.

리엄 브레넌● 연방대법원 판사의 자유주의적/진보적인 판결에 크게 실망했었다. 해리 블랙먼●● 대법원 판사는 닉슨 대통령이 기대했던 것보다 훨씬 자유주의적/진보적인 것으로 드러났다. 그러나 우리는 이와 같은 예가 전형적인 사례인 것처럼 착각해서는 안 된다. 공화당 소속의 대통령들이 지명한 판사들은 민주당 소속의 대통령들이 지명한 판사들과는 사뭇 다르다.

하지만 어떤 게 좋은 것인지에 대한 입장, 즉 판사들이 어떤 판단을 내리길 우리가 원하는지에 대한 기준 없이는, 내가 지금까지 설명한 판결들을 평가하기 어렵다. 예를 들어 세 명의 공화당원으로 이루어진 재판부가 적극적 시정 조치를 폐지할 가능성이 특히

---

Board of Education of Topeka, 347 U. S. 483) 판결에서, 공립학교의 아동들을 인종에 따라 격리하는 것은 위헌이라는 법관 전원 일치로 내렸다. 또한 1957년 왓킨스 대 연방 정부(Watkins v. United States, 354 U. S. 178) 판결에서는 의회 위원회에서 증언을 거부할 수 있는 증인의 권리를 인정했고, 연방과 주의 충성과 안보 조사에 관련된 의견에서도 마찬가지로 1950년대에 미국 전역에 퍼져 있던 공산주의자들의 체제 전복의 위협을 인정하지 않았다.

● 윌리엄 브레넌(William Brennan) | 미국의 연방대법원 판사(1956~90). 연방대법원 재직시 헌법을 상당히 자유주의/진보적으로 해석한 것으로 유명하다. 아일랜드 노동운동가였던 아버지의 영향을 많이 받았다.

●● 해리 블랙먼(Harry Blackmun) | 미국의 연방대법원 판사(1970~94). 일부 사안에서는 보수주의로 기울기도 했으나 대부분 중도파 입장을 견지했다. 그는 여성의 권리에 대한 획기적인 판결이 나온 1973년 "로 대 웨이드 사건"에서 다수 의견을 집필했다. 그 사건에서 임신 여부 결정권은 수정헌법 제14조에 의거해 여성 자신에게 귀속된다는 판결을 내렸다. 이 판결에 의해 정부의 부당한 개입 없이 낙태할 수 있는 여성의 권리가 인정되었다.

크고, 세 명의 민주당원으로 이루어진 재판부가 적극적 시정 조치를 인정할 가능성이 특히 크다고 가정해 보자. 일견, 이와 같은 사실은 우리가 이미 적극적 시정 조치가 폐지되는 것, 혹은 인정되는 것이 옳다는 생각을 미리 갖고 있지 않다면 그다지 문제가 될 이유가 없다.

그러나 나는 이와 같은 결론은 다소 극단적이라고 생각한다. 몇몇 사건들에서는, 법이 어느 한 관점을 강력하게 요구하는 경우도 있다. 세 명의 판사로 이루어진 재판부에 다양한 견해들이 존재하는 것은 그와 같은 법의 요구를 드러내고, 재판부의 결정이 법이 실제로 요구하는 바에 좀 더 부합하도록 할 수도 있다. 정치적으로 다양한 신념을 가진 판사들이 같은 재판부에 속해 있으며, 잠재적인 이견 제시자와 내부고발자가 재판부 내에 존재한다는 점은, 판사들이 합법적인 판결을 내릴 가능성을 높인다. 셰브런 사건과 관련된 연구는 이 점을 강하게 뒷받침한다. 연방대법원의 셰브런 판결에 따르면, 행정기관의 법률에 대한 해석이 입법부의 명령을 명백히 위반하거나, 비합리적이지 않은 이상, 사법부는 그 해석을 인정해야 한다. 재판부 내에 다른 정치적인 신념을 가진 판사, 즉 다른 정당 소속의 대통령이 지명한 판사가 존재한다는 사실은, 셰브런 판결에 의하면 불법적이라고 볼 수 있는 판결이 내려질 가능성을 줄일 수 있는, 잠재적인 내부고발자가 재판부 내에 존재하도록 보장한다.[21] 집단이 개인에게 미치는 영향력에 대해서 이해한다면, 우리는 서로 다른 견해를 가진 판사들이 지지하는 판결이 좀 더 옳을 확률이 크고, 정치적 영향을 받을(부정적인 의미에서) 확률은 낮다는 오래된 생각이, 사실은 현명한 생각임을 알 수 있다.

여기에서 짚고 넘어가야 할 사실이 또 있다. 민주당 소속의 대통령이 지명한 판사의 의견이 옳은지, 혹은 공화당 소속의 대통령이 지명한 판사의 의견이 옳은지를 알 수 없는 경우가 많다고 가정해 보자. 그렇다면 우리는 합리적 의견이 좀 더 많이 제시되어야 한다는 단순한 이유 하나만으로도, 사법부에 양 쪽의 의견을 주장하는 사람이 모두 있기를 바라야 할 것이다. 그리고 우리가 정말로 판사들이 어떤 판결을 내려야 할지를 알지 못한다면, 우리는 판사들의 의견이 좀 더 중도적이 될 수 있기 위해서라도 다양한 의견이 사법부 내에 존재하는 것이 옳다고 생각해야 할 것이다. 어떤 판결이 옳은지 불확실할 경우, 합리적인 사람들은 중도적인 입장을 취하기 마련이다.

마지막으로 우리는 법정에서 법률이 공평하게 적용될 수 있도록 하기 위해서는 어떻게 해야 하는지에 대해 생각해 볼 필요가 있다. 우리는 많은 사례들에서, 공화당원만으로 이루어진 재판부는 민주당원만으로 이루어진 재판부와는 다른 판결을 내릴 가능성이 크다는 사실을 이미 확인했다. 물론 유능한 판사라면 법률을 무시하지 않을 것이다. 그러나 어떤 판결이 합법적인 것인지가 불분명하다면, 공화당원만으로 이루어진 재판부에서는 보수주의적인 방향으로 그 의견이 크게 기울어질 것이고, 민주당원만으로 이루어진 재판부에서는 자유주의적/진보적인 방향으로 의견이 크게 기울 것이다. 여기에서 발생하는 문제점은 이에 따라 피고와 원고 측이 승소할 가능성도 크게 달라진다는 점이다. 비슷한 상황에 처한 사람이라 하더라도, 재판부가 어떤 정치적 신념을 가진 판사들로 구성되었는지에 따라서 크게 다른 판결을 받을 수 있다. 그 결과, 법률이 일관적이지 못하게 적용될 수 있으며, 이는 법이 실현하고자 하는 이상에 크게 어긋나게 된다. 판사들은 단순히 판결에 대해 투표할 뿐만 아니라 의견서를 작성하기도 한다는 점을 상기해 보자. 모두가 공화당원으로 이루어진 재판부에 속한 판사가 작성한 의견서는 근본적으로 똑같은 사건에 대해서 모두가 민주당원으로 이루어진 재판부에 속한 판사가 작성한 의견서와 다를 가능성이 상당히 크다. 이와 같은 경우, 사람들은 불공정한 판결의 희생자가 될 수밖에 없다.


## 비유를 통한 설명

위와 같은 상황을 다음과 같은 비유를 통해서 생각해 보도록 하자. 오늘날 미국에서는 많은 경우 독립적인 규제 위원회가 법률과 정책을 제정한다. 이와 같은 규제 위원회에는 연방통상위원회, 증권거래위원회, 전국노동관계위원회, 연방통신위원회 등이 있다. 많은 경우, 이와 같은 기관들은 연방 법원과 비슷한 기능을 한다. 그들은 판결을 내림으로써 분쟁을 해결한다. 그리고 의회는 연방법을 통해 이와 같은 기관들을 민주당이나 공화당이 독점하지 않도록 보장하기 위해 노력을 기울여 왔다. 특정 정당 소속 구성원의 수가 한 기관의 과반수를 넘을 수는 있지만, 크게 뛰어넘을 수는 없도록 법으로 규정되어 있다.

우리는 집단 영향력을 통해 이와 같은 규제가 왜 필요한지를 설명할 수 있다. 모두가 민주당원 혹은 공화당원만으로 구성된 독립적인 기관은 극단적인 견해, 즉 평균적인 민주당원 혹은 평균적인 공화당원의 견해보다 더욱 극단적이거나, 심지어는 극단적인 신념을 가진 한 개인의 신념보다도 더욱 극단적인 견해를 취하게 될 수 있다. 다양한 논쟁의 대상이 되는 분야인 노동법을 다루는 전국노동관계위원회에서 어떤 일이 일어날 수 있을지 생각해 보는 것은, 이에 대한 좋은 예를 제공한다. 만일 노동관계위원회가 레이건 대통령이나 부시 대통령 아래에서는 극우적인 태도를 보이고, 카터 대통령이나 클린턴 대통령 아래에서는 극좌에 가까운 태도를 보인다면, 이는 많은 사람들을 불안하게 할 것이다. 물론 서로 다른 행정부 아래에서 노동관계위원회가 어느 정도 다른 입장을 취하는 것은 자연스러운 현상일 뿐만 아니라, 긍정적일 수도 있다. 그러나 노동관계위원회에 민주당과 공화당 위원들이 모두 소속되어 있어야 한다는 것은 극단적인 변화가 일어나지 못하도록 막아 주는 역할을 한다. 의회는 위원회들이 집권 정당에 따라서 극단적인 변화를 보일 수 있다는 것을 잘 알고 있었다. 각 위원회들이 정책 결정 과정에서 큰 영향력을 행사한다는 것을 생각할 때, 각 위원회 내에서 극단적인 의견 변화가 일어나지 않도록 보장하는 것이 중요하다. 여기에서 우리가 제시한 예는 이와 같은 조치를 취하는 것이 옳다는 것을 보여 준다.

그러나 이런 독립적인 규제 위원회들이 극단적인 의견을 취하지 못하도록 하는 규제가 존재한다는 것은 또 다른 의문을 제기한다. 즉 그렇다면 어째서 법정에는 이런 규제가 없는 것일까? 어째서 재판부들이 서로 다른 정당 소속의 판사들로 구성되도록 하는 법률은 없는 것일까? 이에 대한 부분적인 답은 독립적인 규제 위원회와는 달리, 판사들은 정책에 대한 결정권을 갖지 않는다는 점이다. 일반적인 관점에서 보았을 때, 판사들의 의무는 정책을 결정하는 것이 아니라 법을 따르는 것이다. 각 재판부에 서로 다른 정당 소속의 판사들이 포함되도록 하는 것은 이와 같은 믿음과 배치되는 것이다. 그러나 판사들이 정책 결정권자가 아니라는 생각은 옳지 않다. 판사들은 실제로 매우 중요한 정책 결정권자다. 판사들이 가진 정치적 신념은 그들이 내리는 판결에 큰 영향을 미친다. 원칙적으로 보았을 때, 세 명의 판사로 이루어진 재판부라 하더라도, 항소법원의 재판부에 서로 다른 정당 소속의 판사들이 포함되도록 해야 할 만한 충분한 이유가 있다. 원칙적으로 보았을 때, 다섯 명의 판사로 이루어진 재판부가 세 명의 판사로 이루어진 재판부보다는 낫다고 볼 수 있는데, 다섯 명의 판사로 이루어진 재판부가 재판부 내에 좀 더 다양한 종류의 의견이 존재하는 것을 더욱 효과적으로 보장하기 때문이다. 그러나 다섯 명의 판사로 이루어진 재판부를 도입하는 것은 납세자의 세금 부담을 높일 것이기 때문에, 다섯 명의 판사로 이루어진 재판부가 현실화될 확률은 매우 낮다.[22] 세 명의 판사로 이루어진 재판부가 좀 더 공정한 재판을 진행하도록 하기 위해 어떤 조치를 취할 수 있을까? 현재는 항소법원 내에서 판사들을 특정 재판부에 무작위로 지명한다. 대법원장들은 가능한 범위 내에서 각 재판부가 서로 다른 정당 소속의 판사들을 포함하도록 하여 공화당원 혹은 민주당원 판사들로만 구성된 재판부가 없도록 해야 할 것이다.

판사들을 포함해 대부분의 사람들은 이와 같은 주장이 현실화되는 것을 반기지 않을 것이다. 일단 사람들은 다양한 종류의 의견이 대변되도록 노력하는 것이, 사법부가 정치적인 성격을 띠도록 만들지도 모른다고 우려할 것이다. 그러나 지금까지 조사한 바에 따르면, 사법부는 이미 정치적인 성향을 띠고 있다. 사람들은 다양한 의견이 골고루 대변되도록 하는 것이 판사들 스스로 특정 정당에 속한 것으로 생각하도록 할지 모른다고 우려할 수도 있다. 즉 판사들이 스스로 특정 사건을 합법적으로 해결해야 한다고 생각하기보다는 공화당의 입장 혹은 민주당의 입장을 반영하는 판결을 내려야 한다고 생각하도록 만들지도 모른다는 것이다. 만일 내 주장대로 했을 때 정말로 이와 같은 현상이 나타난다면, 내 의견에 대한 반론이 당연히 제기되어야 할 것이다. 그러나 여기에서 우리는, 판사들이 스스로를 특정 정당의 의견을 대변하는 것으로 생각하는 것과, 모두가 공화당원 혹은 민주당원으로 이루어진 재판부가 정당화될 수 없는 극단적인 판결을 내리는 것 중에서, 어느 것이 더욱 심각한 문제인지를 생각해 보아야 한다.

물론 다양성, 혹은 서로 다른 관점의 존재라는 표현이 무엇을 의미하는지 정의하기는 어렵다. 예를 들어서 헌법을 따르는 것을 거부하거나 헌법이 다양한 정치적 의견이 제기되는 것을 억압하고, 인종차별을 장려한다고 생각하는 사람들이 연방대법원 판사가 되어서는 안 될 것이다. 다양성은 법정에서도 역시 적절한 수준으로 제한되어야 할 것이다. 법정이 필요로 하는 것은 합리적인 다양성, 혹은 합리적인 의견의 다양성이지, 무조건적인 다양성은 아니다. 물론 이와 비슷한 맥락에서 합리적인 다양성이 무엇을 의미하는지에 대해 서로 다른 의견이 있을 수 있다. 내가 여기에서 주장하고자하는 바는 합리적인 다양성이 실제로 존재하며, 판사들이 변호사들의 의견에 노출되는 것뿐만 아니라, 판사들 사이에 합리적인 다양성이 존재하도록 하는 것이 중요하다는 점이다.

## 상원의 역할

지금까지 우리가 논의한 내용은, 많은 논쟁의 대상이 되는 다음과 같은 사실, 즉 대통령들이 연방 판사들을 임명할 때에는 상원의 "자문과 인준을 받아야 한다"는 헌법의 규정을 새로운 시각에서 볼 수 있게 한다. 무엇보다도, 사회적 영향력에 대한 이해를 통해 우리는 상원이 합리적인 관점의 다양성을 보장하기 위해 이와 같은 헌법적 권한을 행사할 책임이 있다는 것을 알 수 있다. 헌법의 역사는 헌법 제정자들이 연방 판사들의 임명에 있어서 상원이 독립적인 역할을 수행하기를 원했다는 것을 보여 준다.[23] 헌법 제정자들의 생각에 따르자면, 상원은 대통령이 지명한 판사들의 일반적인 견해와, 그로부터 예상될 수 있는 그들의 판결 방식을 검토할 수 있는 기회를 준다. 이는 견제와 균형 체계의 중요한 구성 요소이며, 집단 편향성이 일어나지 않도록 방지하는 헌법적 규정의 또 다른 부분이다. 대통령이 자신이 지명하는 판사들의 일반적인 견해와 정치적 신념을 고려한다는 점에는 의심의 여지가 없다. 리처드 닉슨, 로널드 레이건, 빌 클린턴, 조지 W. 부시 대통령과 같은 최근의 대통령들은 자신이 지명하고자 하는 판사들이 다양한 사안에 있어서 어떤 입장을 취할지를 고려해 왔다. 상원 역시 대통령이 지명하고자 하는 판사들이 다양한 사안에 있어서 어떤 입장을 취할지를 고려할 수 있는 권한을 갖는다. 만일 이와 같은 체계가 제대로 작동할 경우, 대통령과 상원은 서로를 견제함으로써 건강한 경쟁 관계를 형성할 수 있다. 이와 같은 체계는 다양한 관점을 가진 사람들이 사법부가 어떤 방향으로 나아가야 하는지를 사회적으로 심의하는 과정의 일부다.

이에 반대하는 입장을 가진 사람들은 자신들의 주장에 대해 어떤 근거를 제시할까? 어떤 사람들은 법을 해석하는 방식은 오직 한 가지밖에 없다고 생각한다. 즉 이들은 헌법은 그것이 제정될 당시에 그것이 의미했던 바대로 해석해야 하며, 이것이 헌법에 대한 유일한 합법적 해석 방식일 뿐만 아니라, 이에 반하는 모든 사람은 비합리적인 견해를 갖고 있다고 생각한다. 이와 같은 사고방식을 가진 사람들은 의견의 다양성을 보장할 필요가 없다고 생각한다. 정답이 무엇인지가 이미 분명하고, 이견이 쟁점의 해결에 방해가 된다고 생각한다면, 의견의 다양성은 굳이 필요하지 않을 뿐만 아니라 아무런 가치를 갖지도 않는다. 또한 상원이 판사 지명에 적극적으로 참여하는 것은 지나치게 많은 갈등을 불러일으키며, 대통령이 판사를 마음대로 지명할 수 있도록 상원이 허락한다면, 자연스럽게 발생하는 정치적 경쟁과 선거 과정을 통해 시간이 지남에 따라 합리적인 의견의 다양성이 자연스럽게 보장될 것이라고 생각하는 사람들 역시 상원이 이와 같은 권한을 갖는 것에 반대한다.

물론 이와 같은 과정을 통해서도 합리적인 의견의 다양성이 이루어질 수 있을 것이다. 그러나 법률을 합법적으로 해석하는 방법에는 여러 가지가 있으며, 공화당 지명자 혹은 민주당 지명자들만이 올바른 접근 방식을 취할 수 있다고 생각하지 않는다. 내가 주장하고자 하는 바는 연방 정부의 사법부에 높은 수준의 다양성이 보장되는 것이 긍정적인 일이며, 상원이 합리적인 다양성을 증진시키기 위해 노력할 권한이 있으며, 이와 같은 다양성이 없다면 재판부들이 정당화되기 힘든 방향으로 갈 수밖에 없다는 것이다. 집단 영향력에 대해 이해하는 것은 다양성과 이견 제기가 어째서 이토록 중요한지를 설명할 수 있도록 도와준다.

**헌법과 여론**

이제 조금 더 시야를 넓혀 보도록 하자. 연방대법원의 판사들은 투표를 통해 선출된 사람들과는 달리, 다수 유권자들의 의견을 대변하는 역할을 하지 않는다. 이와 같은 이유에서, 연방대법원은 많은 경우 미국 정부에서 "다수 의견에 반대하는" 역할을 수행하는 것으로 생각된다. 많은 사람들은 연방대법원이 독립적인 의견을 가짐에 따라, 시민들과 시민들이 선출한 대표의 판단을 거부하는 상황에 대해 우려한다. 헌법에서 중요한 역할을 하는 표현들, 즉 법 앞에서의 평등, 언론의 자유, 잔인한 처벌로부터의 보호와 같은 표현들은 꽤나 모호하다. 어쩌면 판사들은 이와 같은 표현을 그들의 개인적인 신념에 맞추어 해석할지도 모른다. 이와 같은 사실이 문제가 될 수도 있다고 생각하는 사람들은 헌법이 헌법을 제정하고 통과시킨 사람들이 이해한 방식 그대로 해석되어야 한다고 생각하거나, 연방대법원이 입법부의 합리적인 결정을 무조건적으로 인정하거나, 사법부의 전례에 따라야 한다고 주장한다.[24]

이와 같은 문제에 대해 생각해 볼 때 우리는, 20세기 초에 유행했던 다음과 같은 어구에 대해서 생각해 볼 필요가 있다. 즉 "헌법이 정부에 따라 바뀌든 안 바뀌든, 연방대법원은 선거 결과를 따른다."[25] 연방대법원은 정말 선거 결과를 따를까? 이와 같은 주장은 우리가 '연방대법원이 선거 결과를 따른다'는 어구를, 연방대법원이 확고한 국민 여론과 크게 다른 결정을 내릴 가능성이 낮다는 점을 의미하는 것으로 받아들인다면 상당한 설득력을 갖는다.[26] 실제로 연방대법원의 결정 가운데 시민들이 가장 환영했던 판결들은 많은 경우 그 당시의 정치적 다수의 의견에 따르는 것이었다. 예를 들어 현대적인 의미에서의 사생활의 자유는, 당시에 상당한 논쟁거리가 되었던 그리스월드 대 코네티컷 주 소송에서 내려진 판결에 근거하는데, 이 판결에서 연방대법원은 결혼한 사람들이 피임 수단을 사용하는 것을 금하는 법률을 무효화시켰다.[27] 당시에 이와 같은 연방대법원의 결정은 상당히 대담한 것이었다. 브라운 대 교육위원회*에 대한 연방대법원의 판결은 교육기관 내에서의 인종 간의 분리를 무효화했을 뿐만 아니라 연방대법원의 역할에 대한 논쟁을 불러일으켰지만, 사실 미국 시민 다수의 의견을 반영하는 판결이었다.[28] 당시 대부분의 미국인들은 교육기관 내에서 인종들이 분리되어야 한다는 사실에 반대하고 있었다. 1954년에 내려진 브라운 사건의 판결 내용은 폭넓은 지지를 받았는데, 만일 이와 같은 판결이 1900년, 1910년, 혹은 1920년에 내려졌다면 이런 폭넓은 지지는 없었을 것이다. 여기에서 가장 중요한 사실은, 대다수의 미국 시민들이 교육기관 내에서의 인종 분리를 명령하는 법률이 무효화되기를 원하기 전까지는, 연방대법원이 그 법률을 무효화시키려 하지 않았다는 점이다.

1970년대와 1980년대에 연방대법원이 성차별적인 법률을 무효화시키기 시작한 것은, 연방대법원이 스스로 변화를 추구했기 때문이라고 볼 수 없다. 반대로, 이는 성차별이 정당하지 않다는 사회 전반의 의견을 연방대법원이 따랐기 때문이다. 물론 낙태의 권리를 보호하기로 결정한 로 대 웨이드 사건*에 대한 판결은 이와 같은

---

● 브라운 대 교육위원회(Brown v. Board of Education) | 정식 명칭은 브라운 대 캔자스 주 토피카 교육위원회(Brown v. Board of Education Topeka, Kansas) 사건이다. 1951년 캔자스 주 토피카에 살던 흑인 올리버 브라운은 1.6킬로미터 떨어진 흑인 학교에 다니던 딸 린다 브라운을 바로 이웃에 있는 백인 학교로 전학시키려 했으나, 백인 학교는 이를 받아들이지 않았다. 이에 브라운은 토피카 시 교육위원회를 상대로 연방대법원에 위헌 소송을 제기했다. 1954년 미국 연방대법원은 올리버 브라운이 토피카 교육위원회를 상대로 낸 소송에 대한 판결을 내렸는데, 워런 대법원장은 판결에서 "공교육 분야에서 '분리하되 평등하면 된다'는 것은 있을 수 없는 처사"이며 "분리된 교육 시설물들은 본질적으로 평등하지 않은 것"이라고 밝혔다. 이로써 1896년 이른바 '플레시 대 퍼거슨' 사건에서 "분리되어 있지만 평등하기만 하면 흑백 학생들의 분리는 합헌"이라는 인종 분리 교육 정책은 막을 내렸다.

● 로 대 웨이드(Roe v. Wade) 사건 | 1973년 비혼모인 제인 로(Jane Roe, 가명)가 택사스

틀에서는 이해하기 힘들 수도 있다.[29] 상당수의 미국인들은 낙태의 자유가 보장되어야 한다고 생각하지 않는다. 그러나 로 대 웨이드 사건에 대한 판결에 있어서도, 연방대법원의 결정은 대부분의 미국인들이 가진 견해와 일치했다. 낙태의 권리를 보장함으로써, 연방대법원은 선거 결과(1972년 대선에서는 낙태에 반대하는 공화당 닉슨 후보가 당선되었다_옮긴이)를 따르지는 않았다. 하지만 낙태와 관련해, 연방대법원이 대다수의 미국 시민들이 가진 관점에 반대되는 윤리적 결정을 내린 것은 아니었다. 여기에서 내가 연방대법원의 판결을 정당화하려고 하거나, 낙태 혹은 기타 쟁점과 관련해서 연방대법원이 단순히 시민 다수의 의견에 따랐음을 주장하고자 하는 것은 아니라는 점을 짚고 넘어갈 필요가 있다. 내가 주장하고자 하는 바는, 연방대법원의 가장 대담한 판결조차도, 사람들이 생각하는 것처럼 "다수의 의견에 반대하는" 것은 아니었다는 점이다.

연방대법원이 때때로 헌법에 의해서 보장되는 권리를 축소하거나, 이전까지 보장되던 권리를 무효화하는 결정을 내리는 것 역시 이와 같이 시민들 사이에 나타난 새로운 다수 의견에 따르는 경우가 일반적이다. 1905년에서 1936년 사이에는 일반적으로 보장되었지만, 프랭클린 루스벨트 대통령이 1936년에 재선된 이후에는 거의 보장되는 경우가 없었던 계약의 자유*가 좋은 예다. 이와 같

---

주를 상대로 낸 낙태권 인정에 대한 소송 사건으로, 연방대법원은 사생활에 대한 권리가 보장되어야 한다는 근거로 낙태권을 합법으로 인정하고 임신 7개월 이후에만 금지시킬 수 있다고 판결했다.

은 결정을 통해 연방대법원이 보여 준 헌법에 대한 유연한 이해는, 연방대법원이 대중의 의견에 어느 정도 동조한다는 것을 잘 보여 준다.

헌법에 대한 연방대법원의 해석이 달라지는 것을 대통령의 판사 지명권 때문으로 생각하는 것은 설득력이 있어 보일 뿐만 아니라, 연방대법원의 행동 방식을 이해하는 데 어느 정도 도움이 되기도 한다. 루스벨트 대통령은 자신이 원하는 정책을 지지할 것으로 예상되는 판사들을 지명했다. 닉슨 대통령, 레이건 대통령, 부시 대통령 등은 자유주의적/진보적인 결정을 지지하지 않을 것으로 예상되는 판사들을 지명했다. 대통령의 판사 지명이 연방대법원에 큰 영향을 미친다는 사실에는 의심의 여지가 없다. 그러나 연방대법원은 대중의 의견도 상당한 영향을 받으며, 우리는 이미 그 이유를 잘 알고 있다. 대부분의 사람들이 성차별을 윤리적으로 정당화될 수 없을 뿐만 아니라 인종차별과 비슷하다고 생각한다면, 몇몇 판사들은 이와 같은 의견에 귀를 기울일 것이다. 만일 이런 의견이 사회의 지배적인 의견이 된다면 이와 같은 의견에 동의할 수밖에 없을 것이다. 특정 의견이 사회적으로 지배적인 의견이 될 경우, 대부분의

---

● 계약의 자유(freedom of contract) | 정부는 계약관계, 특히 고용 관계의 조건에 관한 규제에 있어 매우 제한적인 권한만을 행사할 수 있다는 헌법상의 원칙을 말한다. 미국 대법원이 1897~1937년까지 따랐으나 현재는 폐기한 상태다. 오늘날에는 연방 또는 주 정부가 고용 관계, 소비자 거래 및 기타 계약관계에 있어 합리적인 조정을 할 수 있는 광범위한 권한을 가지고 있으며 이를 계약의 자유를 원용함으로써 배척할 수 없다.

사람들, 그리고 심지어는 판사들도, 이 의견이 옳다고 생각할 만한 근거를 갖게 된다. 물론 무조건적으로 이를 주장할 수는 없다. 사회적 영향력이 사람들에게 작용하는 방법을 이해하는 것은 쉬운 일이 아니다. 판사들이 다수의 의견을 만족시키기 위한 방법으로 헌법을 해석하는 것은 아니다. 그러나 헌법에는 분명히 빈틈이나 모호한 부분이 있을 뿐만 아니라, 사회적으로 지배적인 의견은 그 사회에 속한 모든 사람에게 영향력을 행사하기 마련이다. 그리고 판사들 역시 사회에 속한 개인에 불과하다.

연방대법원이 단순히 법률을 해석하는 역할만을 한다고 생각하는 사람들은 내가 여기에서 펼치는 주장을 이해하기 힘들 수도 있다. 그렇다면 연방대법원의 가장 자유주의적/진보적인 판사들조차 1970년대에 걸쳐서 동성애자 인권에 거의 아무런 관심을 보이지 않았음을 생각해 보기 바란다. 자유주의적/진보적인 헌법적 평등을 가장 열성적으로 주장했던 브레넌 대법원 판사나 서굿 마셜● 대법원 판사조차 인권 운동을 통해 많은 성과가 있었던 1980년대에 이르러서야 동성애자 인권에 관심을 표명했다. 1990년대에 이르러서는, 동성애자 인권 운동이 미국의 주류 사회에서도 나타나기

---

● 서굿 마셜(Thurgood Marshall) | 미국 연방대법원 최초의 흑인 판사(1967~91). 변호사 시절 역사적인 "브라운 대 토피카 교육위원회 사건"(1954)에서 공립학교의 인종 분리 정책이 위헌이라는 연방대법원의 판결을 얻어 내기도 했다. 연방대법원 판사로 재직하는 동안에도 확고한 자유주의자로서 주 정부와 연방 정부가 국민 소수집단을 형평에 맞도록 공정하게 대우해야 한다는 이전의 자신의 견해를 고수했다.

시작했다. 연방대법원은 1996년에 처음으로 동성애자를 차별하는 법률을 무효화했는데, 이는 레이건 대통령이 지명한 보수주의자인 앤서니 케네디* 대법원 판사가 작성한 의견서를 통해서였다.[30]

사법부는 2003년의 로렌스 대 텍사스 주 사건**에 대한 판결을 통해,[31] 바우어스 대 하드위크 사건***의 판결을 뒤집었을 뿐만 아니라, 주 정부가 서로의 동의에 따라 이루어지는 동성애 행위를 금지하는 것은 헌법에 위배되는 것이라는 결정을 내렸다. 연방대법원이 내린 판결에서 가장 놀라운 것은, 그 판결이 대중의 견해를 근거로 제시했다는 점이다. 유럽과 미국에서 나타난 새로운 경향성을 강조하며, 연방대법원은 성인들이 서로 동의할 경우, 사적인 공간에서 자유롭게 성적인 행위를 할 수 있도록 보호해야 한다는 사실이 "사

---

● 앤서니 케네디(Anthony Kennedy) | 미국의 연방대법원 판사(1988~ ). 애초 레이건은 헌법 해석에서 극단적인 보수적 견해를 표명하던 로버트 보크(Robert Bork)를 연방대법원 판사로 임명하려 했으나, 그에 대한 상원 인준이 거부되자, 레이건은 다소 중도적으로 보였던 케네디 판사를 임명했다. 그러나 임명 이후 그는 대부분의 사안에서 보수주의적 입장을 분명히 했으며, 소수민족이나 여성의 권리 확대 법안, 낙태법 등 여러 자유주의적/진보적 정책들의 파기에 동조했다.

● ● 로렌스 대 텍사스 주(Lawrence v. Texas) 사건 | 텍사스 주 경찰이 1998년 자신의 집에서 성행위를 한 존 로렌스(John Lawrence)와 타이런 가너(Tyron Garner)를 동성 간 성행위를 처벌하는 소도미법(Sodomy Law)을 적용, 이들을 체포하자, 로렌스가 이에 불복하고 위헌 제청을 제기한 사건이다. 2003년 연방대법원은 소도미법이 위헌이라고 결정했다. 결정문에서 케네디 대법관은 "이 법은 동성애자의 삶의 품격을 떨어뜨리는 법"이라고 평가하고 "이들 동성애자는 자신의 사생활을 존중할 권한을 갖고 있다"고 설명했다.

● ● ● 바우어스 대 하드위크(Bowers v. Hardwick) 사건 | 조지아 주의 동성애 금지법에 대해 1986년 연방대법원이 내린 합헌 판결.

회적으로 인정되기 시작되었다"는 점을 강조했다. 이 사건에 대한 연방대법원의 근본적인 입장 변화는 연방대법원이 대중의 의견에 영향을 받는다는 사실을 잘 보여 준다.

판사들이 언제나 선거 결과에 따르는 것은 아니며, 대중의 의견은 많은 경우 사법부가 어느 정도의 재량권을 가질 수 있도록 한다. 그러나 헌법적 법률이 변하는 것은, 많은 경우 사람들이 사회를 새로운 관점에서 바라보게 되었기 때문이다. 이 점에서는 판사들 역시 동조주의자라고 볼 수 있다.

9장

고등교육에서의

적극적

시정

조치

대학 입학 사정 과정에 적극적 시정 조치가 필요한 것일까? 흑인 지원자들에게 "가산점"을 주는 것이 정당한 일일까? 이와 비슷한 질문을 보수적인 성향의 동료에게 던진 적이 있다. 그는 "어느 정도"라고 대답했다. 나는 그에게 "어느 정도"가 대체 어느 정도인지 되물었다. 그는 "조금"이라고 답했다.

나는 내 동료의 대답이 현명했다고 생각한다. 백인이 대부분이거나, 모두가 백인인 법과대학원은 교수와 학생 모두에게 좋지 못하다. 어느 정도의 인종 "가산점" 없다면, 미국의 명문 법과대학원 학생 대부분은 백인일 것이다. 이것이 바로 나의 동료 교수가 적극적 시정 조치가 필요하다고 대답한 이유다. 그러나 공격적인 적극적 시정 조치 프로그램, 즉 동료들에 비해서 성적이 훨씬 뒤처지는 지원자들을 합격시키는 적극적 시정 조치 프로그램은 그 프로그램을 통해 혜택을 보는 지원자는 물론 많은 사람들에게 문제가 될 수 있다. 바로 그래서 나의 동료 교수가 적극적 시정 조치는 "조금"만 적용되어야 한다고 대답한 것이다. 그러나 대체 어느 정도가 "조금"일까? 이 질문에 구체적으로 답하는 것은 쉽지 않다. 이는 적극적 시정 조치가 없어서는 안 되겠지만, 성공적으로 학교생활을 할 수 없는 사람을 입학시킬 정도로 적극적 시정 조치가 시행되어서는 안 된다는 것을 의미한다. 이 이상 구체적인 답을 내리는 것은 쉽지 않다. 이 장에서 내가 적극적 시정 조치에 대한 구체적인 견해를 개진하고자 하는 것은 아니다. 이 장의 목적은 적극적 시정 조치가 헌법적으로 정당한지를 둘러싼 논쟁에 동조 현상과 이견 제기의 필요성에 대한 논의를 대입해 보는 것이다.

수많은 교육기관들이 다양성을 도입하고자 한다. 대부분의 미국 사립 및 공립 교육기관들은 다양한 관점, 다양한 교수진, 그리고 다양한 학생들을 유치하려고 한다. 물론 예외도 있다. 일부 교육기관들은 매우 비슷한 견해와 배경을 가진 교수진과 학생들로 이루어져 있다는 점을 자랑으로 삼는다.[1] 구체적인 논의에 앞서, 다양성이 무엇을 의미하는지를 분명히 해둘 필요가 있다. 대학은 추상적인 의미에서의 다양성을 추구하지 않는다. 그들은 엘비스 프레슬리의 유품을 모으거나, 감자 칩 외의 다른 음식은 먹지 않거나, 미국을 증오하거나, 고약한 냄새를 풍기거나, 서부 영화에 열광하거나, 대학 입학 능력 시험에서 낮은 점수를 받은 학생을 입학시키기 위해 노력하지는 않는다. 미국 대학들이 추구하는 다양성은 특정한 종류의 다양성일 뿐만 아니라, 이와 같은 다양성을 추구하려는 노력 역시 무조건적인 것도 아니다. 물론 많은 사람들이 주장하듯이, 미국 대학들은 어떤 종류의 다양성은 지나치게 중시하고, 어떤 종류의 다양성은 무시할 수도 있다. 그러나 여기에서 주장하고자 하는 바는 미국 대학들이 일부 식별 가능한 다양성을 보장하기 위해 노력하고 있다는 점이다.

모든 사람들은 대학이 다양한 관점을 가진 학생을 유치해, 다양한 종류의 합리적인 견해가 논의될 수 있도록 하는 것이 정당하다는 주장에 동의할 것이다. 물론 여기에서 말하는 다양성은 제한적인 범위의 다양성이다. 대학은 남아프리카공화국에서의 인종 격리 정책을 지지하거나, 공산주의의 몰락을 안타까워하거나, 태양이 지구 주위를 돈다고 믿거나, 외계인들이 우리 가운데에 숨어서 살아가고 있다고 주장하는 학생을 유치하기 위해 특별한 노력을 기울이지는 않는다. 대학이 추구하는 것은 배경과 관점에서의 합리적인 다양성, 즉 교육의 질을 높일 수 있는 다양성이다. 물론 대학 혹은 교육기관마다 합리적인 다양성을 다양하게 정의하고 있다. 또한 그와 같은 합리적인 다양성에 대한 정의가 과연 합리적인지에 대해서도 의견이 분분하다. 이 점에서 각 교육기관이 합리적인 다양성을 어떻게 정의하는지 알아보고, 그 정의들이 과연 합리적인지에 대해서 따져 본다면, 틀림없이 동조 현상, 이견의 존재, 그리고 다양성 간의 관계에 대한 새로운 사실을 발견할 수 있을 것이다.

다양한 종류의 다양성과 정치적인 이견의 존재 사이에는 단순한 상관관계가 존재하지 않는다. 오클라호마대학의 한 동아리 구성원들은 모두 오클라호마 출신일 수는 있지만, 인종, 종교, 민족에서는 다양할 수 있다. 그리고 그 학생들의 인종, 종교, 민족에 대해서 아는 것만으로는 그들 가운데 얼마나 많은 수의 학생들이 지역적 혹은 국가적 문제에 대해 오클라호마 대학의 학생 대부분이 갖는 의견에 반대하는지 알 수 없다. 첨예한 의견 차이와 끊임없는 이견의 제시는 많은 경우 겉보기에는 그다지 다양해 보이지 않는 사람들로 이루어진 집단에서 나타난다. 반면에 남자와 여자, 부자와 가난한 사람, 교육 수준이 높은 사람과 낮은 사람, 백인과 흑인을 모두 포함하는 인종적으로 다양한 집단에서 사람들이 서로 비슷한 의견을 갖고 있으며, 그들 사이에서 동조 현상이 나타나는 경우도 있다. 이처럼 인종적 다양성 자체는 집단 내에서 다양한 의견이 제시될 것임을 반드시 의미하지는 않는데, 이 점에 대해서는 아래에서 좀 더 자세하게 다루도록 하겠다.

이 장에서 나는 다양성의 일반적인 의미를 다루거나, 어떤 종류의 다양성이 어떤 상황에서 생산적인 상호 작용을 불러일으키며, 교육의 질을 높이는지를 살펴보지는 않을 것이다. 나는 오늘날 논란이 되고 있는 하나의 문제, 즉 교육기관이 학생들의 인종 구성에 영향을 미치는 적극적 시정 조치를 통해 다양성을 증진하고자 하는 것이 헌법적으로 정당한가에 대해서 이야기해 보고자 한다. 결론부터 말하자면, 나는 인종적 다양성이 합리적으로 보았을 때 교육의 질을 높일 수 있다면 학생들의 인종 구성에 영향을 미치는 적극적 시정 조치를 시행하는 것이 정당하다고 생각한다. 나는 대학 학부 혹은 법과대학원에서는, 다양한 범위의 생각과 경험을 가진 학생들이 함께 공부할 수 있도록 하는 것이 중요하다고 생각한다. 이처럼 구체적인 경우에는, 신중하게 계획된 적극적 시정 조치가 헌법에 의해 용인되어야 할 것이다. 적극적 시정 조치는 교육기관 내에서 이루어지는 논의가 쏠림 현상과 집단 편향성의 영향을 받지 않도록 할 수 있는 합리적인 조치다. 그러나 쏠림 현상과 집단 편향성이 교육기관 내의 논의에 영향을 미치지 않도록 하기 위해서는, 적극적 시정 조치를 시행하는 것 이상의 노력이 필요하다.

## 다양성과 루이스 파웰* 연방대법원 판사

대학이 인종적 다양성을 추구하는 이유는 다양하다. 일단 다양한 종류의 학생을 가진 대학이 좋은 교수진과 좋은 학생을 유치할 수 있다는 단순한 시장 논리가 그중 하나다. 물론 어떤 사람들은 서로 비슷한 학생들이 다니는 대학에 다니고 싶어 할 수도 있겠지만, 그러나 대부분의 사람은 다양한 학생들이 다니는 대학에 다니고 싶어 한다. 또한 대학은 인종적 다양성을 추구하는 이유로 다양한 종류의 학생들이 같은 학교에 다니는 것이 교육의 질을 높인다는 것을 제시하기도 한다. 이와 같은 주장은 법정에서 중요한 논점이 되어 왔을 뿐만 아니라, 내가 이 책에서 주장하는 내용과도 매우 밀접하게 관련되어 있다.[2] 적극적 시정 조치와 관련된 배키 사건**에

---

● 루이스 파월(Lewis powell) | 미국의 연방대법원 판사(1972~87). 1971년 10월 리처드 닉슨 대통령에 의해 대법원 판사로 임명되어 쉽게 상원의 인준을 받은 후 1972년 2월부터 직무를 시작했다. 1970년대와 1980년대 초까지는 매우 보수적인 판결을 내렸으나, 레이건 대통령이 법원을 우파로 포진시키자, 파월은 이데올로기적으로 중립을 지키면서 균형자적인 역할을 담당했다. 그는 낙태의 합법화, 교회와 국가의 분리, 시민권 관련 사안에 대해서는 중도 또는 자유주의적인 입장을 견지했지만, 범죄와 법 집행에서는 기본적으로 보수적 성향을 보였다.

● ● 배키(Bakke) 사건 | 앨런 배키(Allan Bakke)는 백인 남성으로 1973년과 1974년 두 차례에 걸쳐 캘리포니아대학 데이비스 의과대학에 지원을 했다. 당시 이 학교의 입학 정원은 100명이었으나, 1970년부터 대학은 어려운 처지에 있는 학생이나 소수 인종 학생에 대한 적극적 시정 조치의 일환으로, 16명의 입학 정원을 그들에게 할당하는 특별 입학 전형 절차를 채택했고, 나머지 84명에 대해서는 일반 입학 전형 절차를 적용했다. 배키는 일반 전형 절차에 지원했는데, 1973년과 1974년 두 차례 모두 불합격했다. 그러나 1973년과 1974년 특별 전형 절차에 따라 지원한 소수 인종 학생들은 배키보다 낮은 점수를 받고도 모두 합격했다. 이에 배키는 이런 특별 전형 절차가 인종을 이유로 자신을 차별했으며, 따라서 연방헌법 수정 14조 등을 위반했다고 주장하며 소송을 제기했다. 배키 사건의 쟁점은 크게 두 가지였는데, 첫 번째는 대학 입학 전형 절차에서 인종을 고려하는 것이 정당한가의 문제이고, 두 번째는 인종에 근거해 할당제를 인정한 데이비스 의과대학의 특별 전형 절차가 위헌인지 여부였다. 이 소송에서 연방대법원의 다수 의견은 대학 입학 전형 절

대해 판결을 내릴 때, 루이스 파웰 대법원 판사는 바로 그 주장의
정당성을 인정하는 결정적인 의견을 제시했으며, 이 의견은 고등교
육 기관이 적극적 시정 조치를 이용하는 것과 관련된 사건에서 오
랫동안 기본적인 지침이 되었다.[3]

파웰 대법원 판사는 적극적 시정 조치가 전반적으로 헌법에 위
배된다거나 위배되지 않는다는 두 가지 극단적인 견해 사이에서
중도적인 입장을 취하고자 했다. 그는 당시에 소송 대상이 되었던
특정한 적극적 시정 조치, 즉 캘리포니아주립대학(데이비스)의 의과
대학원에서 소수 인종 학생들에 대한 정원 할당 시스템을 도입한
것은 철회되어야 한다는 판결을 내렸다. 그러나 동시에 파웰 대법
원 판사는 다양성이 인종차별 철폐 조처를 도입하는 것에 대한 정
당한 이유가 될 수 있다는 결론을 내렸다. 다양성이 정원 할당 시스
템을 정당화할 수는 없다. 그러나 파웰 대법원 판사가 보기에, 다양
성을 보장하기 위한 노력은 의과대학원에 입학할 학생을 선발하는

---

차에서 인종을 고려하는 것은 정당하지만, 그것이 할당제와 같은 획일적인 수단을 사용했
다는 점에서는 위헌임을 지적하며, 배키의 입학을 허락하도록 판결했다. 이 판결에서 파
웰은 대학 구성원의 다양성 도모 차원에서 인종을 '하나의' 전형 요소로서 고려할 수는 있
지만, 소수 인종 지원자를 위해 고정된 할당제를 사용하는 것은 대학 구성원의 다양성을
확보하는 유일한 수단이 아니며, 적정하지 않으므로 위헌이라고 판단했다. 이 사건은 미
국 교육에서 인종차별 문제에 대한 획기적인 전기를 마련한 판결이라 할 수 있는데, 대법
관들은 비록 그 근거가 다소 다르긴 했지만, 대학의 입학 절차에서 인종을 고려할 수 있다
고 판시함으로써 적극적 시정 조치를 인정했다. 반면에 적극적 시정 조치는 할당제와 같
이 고정되고 경직적인 것이 아닌 유연한 조치여야 하며, 아울러 대학이 입학 전형에서 고
려해야 할 요소는 다양해야 한다는 조건을 달았다.

과정에서 인종이 하나의 "고려 대상"이 되어야 한다는 주장을 정당화하기에는 충분했다. 그러면 지금부터 파웰 대법원 판사가 어떻게 이와 같은 결론을 내리게 되었는지에 대해 좀 더 자세히 살펴보도록 하자.

파웰 대법원 판사는 고등교육 기관이 다양한 학생들을 유치하고자 하는 것은 헌법의 정신에 어긋나지 않는 목표라고 주장했다. 파웰 대법원 판사는 "다양한 의견의 활발한 교환"이라는 표현의 자유가 추구하는 목적을 실현하기 위한 대학의 노력은 법적으로 허용되어야 한다는 것을 그 근거로 제시했다. 파웰 대법원 판사는 이와 같은 목적을 달성하는 것이 학부 교육, 즉 다양한 논점에 대한 학생들의 의견이 형성되는 교육과정에서 매우 중요하다는 점을 인정했다. 그러나 여기서 더 나아가 파웰 대법원 판사는 의과대학원에서도 "다양성이 기여하는 바는 상당하다"고 주장했다. 파웰 대법원 판사가 보기에, 특정한 민족적 배경 등 특별한 배경을 가진 의학도는 "의과대학원 학생들의 양성 과정을 더욱 풍요롭게 하고, 졸업생들이 인류를 위해 필요한 역할을 수행하는 데 좀 더 큰 이해심을 가질 수 있도록 하는 경험과 관점 그리고 생각을 의과대학원에 제공할 수 있다"[4]고 지적했다. 또한 파웰 대법원 판사는 의사들이 다양한 배경의 환자들에게 의료 서비스를 제공해야 한다는 점을 강조하며, 대학원의 입학 사정 기준에서 졸업생들이 어떤 사회적 역할을 할지에 대해 고려하는 것은 합리적인 일이라고 주장했다.

파웰 대법원 판사는 이와 같은 문제에서 가장 중요한 것은, 인종적 다양성을 높이기 위해 입학 사정 과정에서 소수 인종 학생들

에게 혜택을 주는 것이 다양성이라는 정당한 목적을 달성하는 데
왜 꼭 필요한지를 판단하는 것이라는 결론을 내렸다. 여기에서 파
웰 대법원 판사는 비록 정원을 할당해서는 안 되지만, 인종적 혹은
민족적인 배경이 입학 사정 절차에서 "긍정적인 영향"을 미칠 수는
있다고 결론을 내렸다. 그는 정당한 입학 사정 절차는 "지원자의 특
수한 능력과 자격에 비추어 다양성과 관련된 모든 요소를 고려할
수 있을 만큼 유연해야 하고, 지원자들의 자격 조건을 공정하게 다
루어야 한다. 그러나 각 자격 조건에 대해서 무조건 같은 비중을 둘
필요는 없다"고 생각했다.[5] 따라서 대학들은 "눈에 띄는 열정, 어려
움의 극복, 가난한 사람들과 소통할 수 있는 능력, 또는 중요하다고
생각되는 여타의 자격 조건"과 같은 다양한 요인들을 고려해, "긍
정적이며 교육적인 다원주의"를 추구하도록 노력할 수 있다.[6]


## 적극적 시정 조치를 둘러싼 법적 논쟁

파웰 대법원 판사의 결론에서 가장 중요한 근거, 즉 교육기관 내에
서 "다양한 의견이 활발하게 교환될 수 있도록" 보장하는 것은 가
치 있는 일이며, 이와 같은 의견 교환을 보장하기 위해 인종적 다양
성을 추구하는 것은 정당하다는 점에 대해서 좀 더 생각해 보도록
하자.[7] 파웰 대법원 판사의 의견을 제대로 이해하기 위해서는, 적
극적 시정 조치와 관련된 헌법적 원칙에는 무엇이 있는지 살펴볼
필요가 있다.

연방대법원은 적극적 시정 조치 프로그램들이 다른 모든 프로

그램과 마찬가지로, 법원의 "엄격한 심사"를 받아야 한다는 판결을 내렸다. 적극적 시정 조치들이 "엄격한 심사"를 받아야 한다는 것이 법적으로 의미하는 바는, 특정한 적극적 시정 조치가 공공의 이익을 달성하기 위한 최소한의 규제 수단이 아니라면, 그 프로그램은 무효화되어야 한다는 것을 의미한다.[8] 연방대법원은 과거의 "사회적 차별", 즉 미국에서 과거에 존재했던 '일반적인' 차별을 근거로 백인에게 불리하게 작용하는 차별적 프로그램을 실시하는 것은 정당하지 않다고 판단했다.[9] 그러나 법원은 특정 대학이 최근에 대학 당국이 저질렀던 차별 행위를 수정하기 위해 적극적 시정 조치를 사용하는 것은 허용했다.[10] 예를 들어 한 주립대학이 최근에 흑인의 입학을 거부한 적이 있다고 가정해 보자. 그렇다면 헌법은 그 대학이 과거에 채택했던 차별적인 입학 정책을 수정할 수 있도록, 제한적인 기간 동안 해당 대학의 인종차별적인 행위로 인해 생긴 불평등을 해소할 수 있는 적극적 시정 조치를 사용하는 것을 허용한다.

그러나 공공 기관이 과거의 차별을 바로잡기 위한 적극적 시정 조치가 아니라 미래 지향적인 성격의 적극적 시정 조치를 사용하려고 한다면, 이 또한 허용되어야 할까? 이에 대한 법원의 입장은 분명하지 않다.[11] 예를 들어 경찰 병력이 다양한 인종, 특히 많은 수의 흑인으로 구성되는 것이, 유색인종의 비율이 높은 지역에서 임무를 효과적으로 수행하는 데 도움이 된다는 것을 근거로 경찰을 선발할 때 적극적 시정 조치를 사용하려는 주 정부가 있다고 가정해 보자. 로스앤젤레스와 같은 도시에서 다양한 인종으로 구성된 경찰 병력은 시민들의 신뢰를 받을 가능성이 훨씬 높을 수 있으며, 이에 따라 시민들이 경찰에 협력할 가능성이 훨씬 커질 수 있다. 만일 인종적으로 다양한 경찰 병력이 정말로 범죄 소탕에 도움이 된다면, 경찰 병력을 선발할 때 적극적 시정 조치를 사용하는 것은 정당화될 수 있을 것으로 보인다. 파월 대법원 판사는 고등교육에서도 이와 비슷한 논리를 적용했다. 즉 한 대학이 과거에 흑인이나 다른 인종을 차별했는지에 관계없이, "다양한 생각의 활발한 교환"을 장려하기 위해서는 흑인이나 다른 소수 인종에게 혜택을 주는 것이 허용되어야 한다는 것이다. 그렇다면 집단 영향력에 대해 지금까지 발견된 여러 가지 사실이 적극적 시정 조치의 정당성에 대한 논의에도 적용될 수 있을까?

## 집단 영향력이 파월 대법원 판사의 주장을 뒷받침할 수 있는 몇 가지 이유

아마 모든 사람들은 대학이 다양한 배경의 교수진과 학생을 유치함으로써 다양성과 이견 제시를 장려할 수 있는 권리를 가진다는 점에 동의할 것이다. 여러 대학은 다양한 배경의 교수진과 학생을 유치하기 위해 많은 노력을 기울이며, 입학 사정 과정에서도 다양한 배경의 학생들을 유치하기 위해 많은 노력이 이루어진다. 미시간대학교의 법과대학원이 다양한 견해를 가진 학생들을 유치하기 위해 노력한다면, 이는 헌법에 위배되는 것이 아니다. 나아가 입학 사정 과정에서 특정 견해를 가진 학생들이 선호되거나, 반대로 특정 견해를 가진 학생들에 대한 입학이 거부된다면, 이는 오히려 언론의 자유를 위반하는 셈이 된다.[12] 헌법은 주립대학이 보수주의적 혹은 자유주의적/진보적인 지원자들에게 혜택을 주거나, 받아들이기 힘든 견해를 가졌다는 이유로 지원자들을 불합격시키는 것을 금지할 가능성이 크다. 그러나 공립 교육기관들이 특정 견해에 대해 직접적인 혜택이나 불이익을 제공함으로써 견해의 다양성을 추구하는 것이 금지되어 있다 하더라도, 공립 교육기관들이 교육과정에서 좀 더 양질의 논의가 이루어질 수 있도록 다양한 배경과 경험을 가진 학생들을 유치하려고 노력하는 것은 당연히 허용될 것이다.

파웰 대법원 판사의 의견이 옳다면, 적극적 시정 조치는 이와 비슷한 맥락에서 정당화될 수 있다. 다양한 인종적 구성이 좀 더 다양한 범위의 의견이 존재할 수 있도록 할 뿐만 아니라, 사회적 영향으로 말미암아 생기는 동조 효과, 쏠림 현상, 그리고 집단 편향성의 위험을 감소시킬 수 있기 때문이다.[13] 우리는 법정에서도 다양한 의견을 가진 판사들이 내부고발자 역할을 통해 법이 잘못 적용되는 것을 막을 수 있음을 살펴보았다. 교육기관에서도 인종적 다양성을 포함한 높은 수준의 다양성은 이와 비슷한 역할을 할 수 있다. 백인들이라고 해서 모두 비슷한 의견을 갖고 있는 것은 아니지만, 모두가 같은 인종으로 구성된 학급에서는 학생들이 기존에 가지고 있는 의견에 대한 비판적 검토가 이루어지지 않을 가능성이 크고, 이에 따라 학생들의 의견이 정당화하기 힘든 견해들로 극단화될 가능성도 커진다.

예를 들어 우리는 백인 학생들만으로 이루어진 한 학급에서 공권력이 가져오는 인종차별 관행에 대해 토론할 경우, 다양한 인종의 학생들로 이루어진 학급에서 같은 토론이 이루어질 경우에 비해 논의의 질이 크게 떨어질 것임을 예상할 수 있다. 인종차별 관행으로 인한 차별을 겪지 않은 학생들은 이 논의와 관련된 핵심적인 정보를 갖고 있지 못한 셈이다. 마셜 대법원 판사의 의견에 대한 샌드라 오코너• 대법원 판사의 지적은 이 점과 밀접한 연관성을 갖는다. "마셜 대법원 판사는 이 논의에 아주 특별한 관점을 제공했습니다. …… 그의 관점은 침묵을 강요받은 사람들의 공포를 이해하는 사람의 것이었으며, 이에 따라 그는 그들을 대변하는 목소리를 낼 수 있었습니다. …… 어쩌면 저야말로 마셜 대법원 판사가 하는 이야기들로부터 가장 많은 영향을 받았는지도 모릅니다. …… 논의 과정에서, 저는 마셜 대법원 판사가 눈썹을 치켜 올리거나, 눈을 반짝이고 있지 않을까 하고 그를 쳐다보고 있는 제 모습을 발견하곤 합니다. 이는 그가 또 다른 이야기를 통해 제가 세상을 바라보는 방법을 바꾸어 줄 수 있기를 기대하고 있기 때문입니다."[14] 여기에서 오코너 대법원 판사가 하는 이야기는 미국의 많은 교육기관, 나아가 전 세계의 많은 교육기관에서 교육을 받고 있는 백인 학생들에게도 적용되는 이야기다. 공권력이 가져오는 인종차별 관행과 같은 다양한 사례들에서, 인종적 다양성은 가치 있는 정보와 관점을 제

---

• 샌드라 오코너(Sandra Day O'Connor) | 레이건 대통령 취임 이후 첫 번째로 지명한 연방대법원 판사로, 미국 연방대법원 최초의 여성 판사(1981~2006년).

공할 수 있다. 그리고 이는 그 집단이 세상을 바라보는 시각을 바꿀 수 있다.

이 책을 집필하는 과정에서, 나는 시카고 시가 "명백한 이유 없이" 범죄행위와 결부된 갱단에 속해 있다고 경찰이 생각하는 한 명 이상의 사람들이 특정 장소를 배회하는 것은 불법이라고 판결을 내린 갱단 배회 금지법gang loitering law에 대한 수업을 진행할 기회를 가졌는데, 이 수업을 통해서 중요한 교훈을 얻을 수 있었다. 여기에서 법적인 쟁점은 이 법률이 헌법에 반할 정도로 모호해서, 실제로 아무런 효과를 갖지 못할 뿐만 아니라 경찰에게 지나친 재량권을 주는 것은 아닌지였다.[15] 연방대법원은 이 법률을 6 대 3으로 무효화했다. 수업에 참여한 학생들 가운데 몇몇 흑인 학생들은 이와 같은 법률이 실제로는 경찰이 '잘못된' 피부색을 가진 사람들을 체포할 수 있도록 허락하는 셈이 될 것이라는 점을 근거로, 이와 같은 법률이 크게 잘못된 것이라고 주장했다. 이런 주장을 펼친 학생 가운데 한 명은 명료하게, 그리고 열정적으로 이 점에 대한 논의를 펼쳤다. 물론 그 법률의 위헌성 여부를 판단하기가 매우 어려웠기 때문에 수업에 참여한 학생들은 끝까지 의견을 모으지 못했으며, 이는 흑인 학생들 역시 마찬가지였다. 그러나 다양한 범위의 반응과 논점이 제시됨으로써 이 수업의 질이 더욱 높아질 수 있었다는 사실은 분명하다. 실제로 인종적 다양성을 통해서 얻을 수 있는 이점 가운데 하나는, 같은 인종 집단 내에서도 다양한 의견이 존재한다는 사실을 모두가 알게 된다는 점이다.

## 인종 중립성이란?

인종차별 철폐 조처에 반대하는 사람들은 조지 W. 부시 대통령 시절 법무부가 연방대법원 앞에서 주장했던 다음과 같은 내용에 동의할 것이다. 즉 인종을 바탕으로 지원자들을 차별하기에 앞서서, 대학들은 인종 중립적으로 다양성을 추구할 수 있는 방법을 사용해야 한다는 것이다. 만일 인종 자체를 고려하지 않고도 인종적 다양성을 이룩할 수 있는 방법이 있다면, 헌법적으로는 이와 같은 방법을 사용하는 것만이 타당하다. 예를 들어 법무부는 고등학교에서 상위 10퍼센트 성적으로 졸업하는 학생들의 합격을 보장하는 인종 중립적인 정책을 지지한다. 대학들은 단순히 피부색을 바탕으로 사람들에게 혜택을 제공하는 대신에 이와 같은 정책을 도입해야 하지 않을까?

이와 같은 주장 역시 설득력이 있다. 그러나 여기에는 세 가지 중요한 문제점이 있다. 첫 번째로, 인종 중립적인 방법을 사용할 경우 또 다른 종류의 불공평한 상황이 생기게 된다. 실제로 인종 중립적인 방법들은 바로 그 방법을 통해 사람들을 차별한다. 학생들 사이의 경쟁이 치열한 고등학교에서 상위 20퍼센트의 성적으로 졸업하는 학생은 아무런 경쟁이 없는 고등학교에서 상위 10퍼센트의 성적으로 졸업하는 학생보다 훨씬 우수할 수 있다. 입학 사정 기관들은 왜 고등학교 간의 수준 차이를 무시해야 할까? 단순히 경쟁이 심한 고등학교에 다녔다는 이유로 학생들이 불리한 대접을 받는 것은 정당한가? 반대로, 경쟁이 없는 고등학교에 다녔다는 이유로 학생들이 유리한 대접을 받는 것은 정당한가? 대학 측의 입장에서 보았을 때, 이와 같은 정책을 도입함으로써 생길 수 있는 문제는 더욱 심각하다. 수준 높은 고등학교에 다녔던 학생들은 대학 측의 입장에서 보았을 때, 상위 10퍼센트의 성적으로 졸업하지 않더라도 학교에 많은 기여를 할 수 있다. 대학들은 이와 같은 점을 고려할 수 있어야 할 것이다. 고등학교를 상위 10퍼센트의 성적으로 졸업한 학생들을 무조건적으로 합격시키도록 하는 정책은 지원자들뿐만 아니라 대학에도 불공평하다.

두 번째로 인종 중립적인 방법들은 대부분의 경우 인종적 다양성을 확보하지 못한다. 실제로 캘리포니아 주, 플로리다 주, 그리고 텍사스 주에서 인종 중립적인 방법들이 사용되기도 했는데, 그 결과는 모호했을 뿐만 아니라 복합적이었다. 서로 다른 인종의 학생들이 각기 다른 고등학교에 다니지 않는 이상, 상위 10퍼센트의 성적으로 졸업한 학생들을 입학시키는 정책은 인종적 다양성을 보장하지 못한다. 그러므로 우리는 많은 경우 인종 중립적인 방법들이 실제로는 아무런 효과를 갖지 못할 것임을 알 수 있다.

세 번째 문제는 다소 기술적이기는 하지만, 사실 가장 심각한 문제이기도 하다. 인종에 대해 중립적이지 않은 정책이 헌법에 부합하지 않는다면, 상위 10퍼센트의 성적으로 졸업하는 학생들을 입학시키는 정책, 혹은 인종적 다양성을 보장하기 위한 여타의 정책 역시 헌법에 부합할 수 없다. 그 이유는 흑인 혹은 남미계 학생들의 수를 늘리고자 하는 정책이 그 자체로 위헌이기 때문이다. 이를 이해하기 위해 다음과 같은 상황을 가정해 보자. 즉 만일 어떤 주 정부가 흑인의 정치 참여를 가로막기 위해 흑인의 투표권을 박탈했지만, 이와 같은 주 정부의 정책이 헌법에 의해서 무효화되었다고 가정해 보자. 이에 대한 대응으로 주 정부가 역시 흑인 유권자들을 제외하기 위한 방법으로, 매우 어려운 시험을 통과해야만 흑인 유권자들이 투표권을 가질 수 있도록 하는 법률을 제정했다고 가정해 보자. 연방대법원은 당연히 이와 같은 시험이 인종을 바탕으로 유권자들을 차별하려는 목적을 가진 만큼, 이와 같은 법률 역시 무효화할 것이다. 이와 같은 원칙은 인종적 다양성을 보장하기 위해 사용될 수 있는 인종 중립적인 정책에 대해서도 똑같이 적용될 수 있다. 만일 다양한 인종의 학생들을 뽑기 위한 입학 사정 정책이 헌법에 반하는 것이라면, 인종 중립적인 입학 사정 정책 역시, 그 정책의 실질적인 목적이 특정 인종의 학생들을 더욱 많이 합격시키기 위한 것일 경우 헌법에 반하는 것이기 때문이다.

나는 부시 정부의 주장이 겉보기에는 설득력이 있어 보이지만 결과적으로는 말이 되지 않는다고 생각한다. 인종 중립적인 정책이 인종적 다양성을 이룩할 수 있기 때문에 인종-의식적인 적극적 시정 조치가 무효화되어야 한다고 주장하는 것은 말이 되지 않는다. 물론 이와 같은 주장이 말이 되지 않는다고 해서 이를 이해할 수 없는 것은 아니다. 부시 대통령의 법무부를 포함한 일부 사람들은, 인종을 공개적인 평가 기준으로 사용하는 정책이 모욕적이고 시민들 간의 분쟁을 일으킬 뿐만 아니라, 동일한 문제를 다른 방법으로도 해결할 수 있는 경우, 이와 같은 정책이 사용되어서는 안 된다고 생각한다. 나는 이와 같은 주장을 펼치는 사람들의 근본적인 입장, 즉 인종을 공개적인 평가 기준으로 사용하는 것을 가능한 한 피해야 한다는 입장에 동의한다. 그러나 여기에서 문제가 되는 것은, 인종이 공개적인 평가 기준으로 사용되어야 하는지가 아니라, 연방대법원이 교육의 질을 높이는 데 필수적인 요인인 인종적 다양성을 이룩하기 위해서 수많은 교육기관이 사용할 수 있는 가장 직접적인 방법인 적극적 시정 조치를 사용할 수 없다는 결론을 내리는 방향으로 헌법을 해석해야 하는지 여부다.[16] 만일 우리가 사회적 영향력이 어떻게 작용하는지를 이해한다면, 우리는 다양한 인종의 학생들이 합격할 수 있도록 하는 입학 사정 정책이 전적으로 정당하다는 주장에 동의할 가능성이 크다.

## 다양한 인종의 공존과 인종에 대한 고정 관념

물론 다양한 인종이 공존하는 것이 언제나 논의의 질을 높이는 것은 아니다. 오히려 자유로운 논의를 가로막을 수도 있다. 예를 들어 흑인 학생의 극단적이고 열정적인 논평은 다른 학생들을 침묵시킬 수도 있다. 왜냐하면 다른 학생들은 자신이 그 사안에 대해 무감각하다고 비치거나, 그 흑인 학생의 감정을 상하게 하고 싶지 않기 때문이다. 만일 흑인 학생이 자신이 경험했던 경찰의 인종차별적인 행동에 대해서 이야기한다면, 근거가 없는 수색이나 체포와 관련된 법적 논리에 대한 좀 더 복잡한 논쟁이 남아 있음에도 불구하고, 다른 학생들은 결론이 이미 난 것처럼 행동할 수도 있다. 간단히 말해서, 소수자가 논쟁에 참여하는 것은 치열하고 열린 토의가 이루어지는 것에 방해가 될 수도 있다.

또한 나는 여기에서 백인들이 유색인종 차별 관행이나 갱단의 배회를 금지하는 법률에 모두 동의하고 있다거나, 모든 흑인들이 인종차별을 경험하고 있고 다양한 문제들에 대해 동일한 견해를 가지고 있다는 어이없는 주장을 하려는 것도 아니다. 인종과 관계 없이, 인종 문제에 대해 다양한 견해를 가진 사람들이 존재한다는 것을 굳이 강조할 필요는 없을 것이다(연방대법원 판사 가운데 유일한 흑인인 클래런스 토머스Clarence Thomas 판사는, 갱단의 배회 금지 법률이 높은 범죄율로 인해 고통받는 집단을 도울 수 있다는 이유로, 시카고 시의 갱단 배회 금지법이 유지되어야 한다는 반대 의견을 제시했다).[17] 나는 인종적 다양성의 이점 가운데 하나가 같은 인종에 속한 사람들 사이에도 합리적인 의견 차이가 존재함을 보여 줄 수 있다는 것임을 이미 강조한 바 있다. 이와 같은 맥락에서, 인종적 다양성이 보장되어야 한다는 데에 반대하는 사람들은 교육 환경에서 문제가 되는 것은 한 집단의 학생들이 모두 백인이기 때문이 아니라, 그 집단의 학생들이 처음부터 몇 가지 쟁점에 대해 서로 같은 생각을 갖고 있기 때문이라고 주장할 수 있다. 그리고 만일 이것이 사실이라면, 의견의 다양성이 아닌 인종적 다양성을 보장하는 것이 어떻게 교육 환경을 개선할 수 있는지에 대한 의문이 제기될 수 있다.

이는 분명 좋은 질문이다. 이 질문에 대한 대답은 다음과 같다. 즉 합리적인 대학이라면 흑인 학생들이 살면서 경험한 것을 바탕으로 다른 학생들은 제시할 수 없는 의견을 토론 과정에서 제시할 수 있다고 믿을 것이다. 만일 학생들이 공권력의 인종차별적인 행위가 얼마나 자주 일어나는지, 그리고 그 성격이 어떤지에 대해서 알고자 한다면, 이와 같은 차별 행위를 당해 본 학생들이 큰 도움이 될 것이다. 만일 흑인 학생들이 인종차별 관행이나 갱단 배회 금지법에 대해 훨씬 더 심하게 반대한다면, 이 사실을 인지하고 이해하려고 노력하는 것 자체가 가치 있는 일이다. 반대로 만일 그들이 인종차별 관행이나 갱단 배회 금지법에 대해 크게 적대적이지 않다면, 이 사실을 인지하고 이해하려고 노력하는 것 자체도 마찬가지로 가치 있는 일이다. 물론 학생들에게 추가적인 교재를 읽도록 함으로써 학생들이 다양한 논점을 접하게 할 수도 있다. 그러나 다양성이 갖는 가치는 단순히 사실 관계에 대한 지식을 얻는 것에서 그치지 않는다. 다양성이 갖는 가치의 많은 부분은 다양한 범위의 시각과 그와 관련된 감정을 직접 눈으로 보고, 나아가 그런 관점을 가진 사람들과 그들의 의견을 쉽게 무시할 수 없는 조건 아래에서 같은 공간 내에 존재하는 것에 있다.

교육기관에서 다양한 관점의 존재가 필수적인 만큼, 적극적 시정 조치를 통해 이를 달성하고자 하는 대학의 노력은 정당할 뿐만 아니라 설득력이 있기도 하다. 그러나 적극적 시정 조치가 헌법적 논쟁의 대상이 되는 이유에 대해 다시 한 번 생각해 보자. 적극적 시정 조치가 이와 같은 목적을 실현하기 위한 "최소한의 규제 수단"일까? 나는 헌법이 인종적 다양성을 추구하기 위해서는 인종 중립적인 방법을 사용해야 한다고 말하는 것으로 해석되어서는 안 된다고 주장해 왔다. 그러나 인종의 다양성을 추구하기 위한 프로그램들은 다양한 형태가 있을 뿐만 아니라, 일부 프로그램은 다소 지나친 면이 없지 않다. 그러나 인종을 다양한 사정 기준 가운데 하나로 이용하면서도 "최소한의 규제 수단"이라는 기준을 통과할 수 있는 입학 사정 정책이 충분히 있을 수 있음을 상상하는 것 역시 어려운 일은 아니다.

나는 여기에서 신중하고 제한적인 주장을 펼치고자 한다. 일부의 경우 인종적 다양성은 교육의 질을 높이기 위해서 필요할 수 있다. 그러나 다른 경우에, 다양성을 통해 교육의 질을 높일 수 있다는 주장은 별로 설득력이 없을 수도 있다. 과연 인종적 다양성을 보장하는 것이 수학이나 물리학 수업의 질을 높일 수 있을까? 아마 그렇지는 않을 것이다. 원칙적으로 나는 적극적 시정 조치가 헌법적으로 인종차별 정책과 같은 의미를 갖는다고 생각하지 않는다. 헌법의 역사와 기본 원칙에 비추어 생각해 보았을 때, 나는 적극적 시정 조치가 정책으로서는 문제가 될 수 있을지언정, 법적으로는 용인될 수 있다는 것이 적극적 시정 조치에 대한 헌법의 태도라고 생각한다.[18]

내가 앞서 주장했듯이, 헌법의 정신을 제대로 발휘하기 위해서는 연방대법원의 판결보다 더욱 많은 재량권을 대학에 주어야 할 것이다. 그러나 우리는 연방대법원이 교육기관의 자율성과 다양성이라는 정당한 목표를 인정하고, 다양한 종류의 차이가 있는 학생들을 통해 질 높은 교육이 이루어질 수 있다는 것을 이해했다는 점에서 연방대법원의 판결에 박수를 보내야 할 것이다.

## 인종을 넘어서

동조 현상, 쏠림 현상, 편향성에 대한 이해는 교육에 더욱 폭넓게 적용될 수 있다. 예를 들어 우리가 이와 같은 현상이 나타날 가능성을 줄이고 다양한 정보와 생각을 장려하고자 한다고 생각해 보자. 만약 그렇다면 미국에서 태어난 사람들 간의 인종적 다양성은 미국 밖에서 나타나는 다양성에 비해 매우 작을 수밖에 없다. 내가 여기에서 주장한 내용을 통해서 우리는 교육기관들이 다른 나라의 학생들, 특히 불충분하게 대표된 나라의 학생들을 유치하기 위해 노력하는 것이 교육의 질에 좋은 영향을 미칠 수 있음을 알 수 있다. 만약 학생들의 다양성을 증진시키는 것이 목적이라면, 학교들은 아프리카 출신의 학생들을 유치하기 위해서 아프리카계 미국인 학생들을 유치하기 위한 노력과 같은 수준의 노력을 기울여야 할 것이다. 중국, 영국, 프랑스, 독일, 인도, 이탈리아, 일본, 스페인 등의 나라에서 온 학생들을 유치함으로써 학교들은 교육의 질을 높일 수 있을 것이다. 동조 현상, 쏠림 현상, 집단 편향성이 일어나는 것에 대한 우려는 인종적 다양성뿐만 아니라 학생들의 경제적 배경에서도 다양성을 추구하는 것이 중요함을 알려 준다. 주택 정책 혹은 복지 정책 개선에 대한 토론이 이루어질 경우, 가난한 사람들을 돕기 위한 정책을 직접적으로 경험한 학생들은 매우 중요할 뿐만 아니라 필수적일 수도 있다.

많은 대학들은 이미 다양한 국가에서 온 학생들이 자신의 학교에서 공부한다는 사실을 자랑스러워한다. 그리고 많은 대학들은 다양한 경제적 배경을 가진 학생들이 자신의 학교에서 공부할 수 있도록 노력한다. 물론 이를 위해서는 어려운 결정을 내려야 한다. 미국의 교육기관들, 특히 공립 교육기관들은 미국 시민들에 대한 의무를 갖는다. 제공할 수 있는 장학금 역시 제한되어 있다. 그러나 교육기관들은 다양한 종류의 다양성을 통해서 이익을 얻을 수 있다. 사회적 영향력에 대한 올바른 이해는 인종이 대학 입학 사정의 합리적인 기준이 될 수 있다는 주장에 대한 설득력 있는 근거가 된다. 그리고 만일 우리가 동조 현상, 쏠림 현상, 집단 편향성에 대해 걱정한다면, 우리는 입학 사정 기준뿐만 아니라 일반적인 교육과 관련된 여러 가지 쟁점에 대해서 다시 한 번 생각해 볼 필요가 있다.

# 결론

# 왜

# 이견인가?

19세기에 집필 활동을 했던 존 스튜어트 밀은 그의 저서 『자유론』에서 "다수의 횡포"는 법률에서뿐만 아니라 사회적 압력에서도 발견될 수 있다고 주장했다. "다른 권력의 횡포와 마찬가지로, 다수의 횡포 역시 처음에는 주로 공권력 행사를 통해 그 해악이 드러났다. 사정은 지금도 다르지 않다. 그러나 주의 깊게 관찰해 보면, 사회 자체가 횡포를 부린다고 할 때 — 다시 말해 사회가 개별 구성원에게 집단적으로 횡포를 부린다고 할 때 — 그것은 정치적 권력 기구의 손을 빌린 행위에만 한정되지 않는다. 사회는 스스로의 뜻을 관철시킬 수 있고 실제로도 그렇게 한다. …… 그러므로 정치 권력자의 횡포를 방지하는 것만으로는 충분하지 않다. 사회에서 널리 통용되는 의견이나 감정이 부리는 횡포, 그리고 그런 통설과 다른 생각과 습관을 가진 이견 제시자에게 사회가 법률적 제재 이외의 방법으로 윽박지르면서 통설을 행동 지침으로 받아들이도록 강요하는 경향에 대해서도 대비를 해야 한다."

밀이 보았을 때, 사회는 공권력을 사용하지 않고도 "자신의 목적"을 달성할 수 있다. 여기에서 밀이 하는 이야기가 과연 오늘날의 우리에게도 해당되는 것일까? 밀의 지적은 그가 살았던 시대적 상황의 특수성, 즉 19세기 영국에서 특정 종교 정파들이 시민들에게 극단적인 순응을 강요했던 것에 대한 반작용으로 여겨질 수도 있다. 그러나 동조에 대한 압력은 훨씬 일반적으로 나타난다. 실제로 동조에 대한 압력은 인간 사회의 특징이라고 볼 수 있다. 이 책을 통해 내가 이루고자 했던 주요한 목적 가운데 하나는 인간 사회의 이와 같은 특징을 이해하고 그에 대응하기 위해 우리가 무엇을 할 수 있는지를 살펴보는 것이었다. 이를 위해 나는 동조, 쏠림, 집단 편향성이라는 세 가지 사회적 현상을 동시에 완화할 수 있는 방안을 찾아보고자 했다. 이 세 가지는 타인들의 말과 행동을 통해서 나타나는 정보와 이와 같은 말과 행동을 통해 사회의 구성원들에게 가해지는 사회적 압력에 의해서 발생한다는 공통점을 갖고 있다.

집단들이 극단적인 생각을 갖게 되거나 행동을 하게 될 때, 많은 경우 그 이유는 사람들이 서로에게 행사하는 영향력 때문이다. 이는 서로 반목하고 있는 가족, 종교 조직, 스포츠 팬, 투자클럽, 혁명 집단과 테러리스트, 온라인 동호회, 갱단, 광신도 집단, 정당, 국회, 법정, 행정기관, 심지어는 국가 등 모든 집단에 있어서 마찬가지다. 집단 편향성이 발생할 경우, 사람들은 이미 갖고 있는 정보나 집단 구성원 중 한 명 혹은 소수만이 믿는 정보만을 공유하는 경향이 있다. 이는 집단의 의사 결정 과정에 심각한 해악을 미친다. 집단이 어느 한 극단으로 치닫더라도, 이는 어떤 좋은 근거 때문이어야지, 내적 토론을 통해 기존의 경향성이 강화되고 증폭된 결과 때문이어서는 안 된다.

물론 동조 현상은 많은 경우 대단히 합리적인 것처럼 보인다. 만일 우리가 독자적인 정보를 충분히 갖고 있지 못하다면, 다른 사람들이 하는 대로 행동하는 것이 최선일 수 있다. 동조 현상의 가장 큰 문제는 그것이 사회가 필요한 정보를 얻을 기회를 박탈한다는 것이다. 나는 사회적으로 나타나는 쏠림 현상에 대해서도 이와 같은 점을 지적한 바 있다. 쏠림 현상이 나타날 때, 사람들은 자신들이 알고 있는 바를 공유하는 대신에 타인의 의견과 행동에 따른다.

그 결과, 개인과 집단 모두는 심각한 실수를 저지를 수 있다. 심각한 부정의가 고쳐지지 않는 것은 많은 경우 대부분의 사람들이 다른 사람들이 갖고 있는 생각에 대해 오해하고 있기 때문인 경우가 많다. 그들은 타인의 생각과 행동이 옳을 것이라는 생각, 혹은 사회에서 배척당하는 것에 대한 두려움 때문에 자신의 의견을 주장하지 않게 된다. 이와 같은 이유로 부정의한 상황이 유지되는 것이 특히나 비극적인 이유는, 사람들이 제 목소리를 내기만 한다면 이와 같은 실수와 부정의를 바로잡을 수 있기 때문이다. 그 권력의 크기에 관계없이, 독재자는 일반적으로 벌거벗은 임금님에 불과하다.

여기에서 우리가 얻을 수 있는 교훈은 명백하다. 조직이나 국가는 이견을 환영하고 개방성을 응원할 때 가장 번영할 확률이 높다. 잘 기능하는 사회들은 사회의 구성원들이 가지고 있는 폭넓고 다양한 관점들을 통해 발전할 수 있다. 자유 시장에서는 혁신적인 아이디어나 행동(혁신 자체가 바로 한 형태의 이견이다)이 성공을 보장한다. 표현의 자유와 공개적인 이견 주장이라는 조건 없이 자유 시장은 존재할 수 없다. 그러나 밀이 비판했던 다수의 횡포는 민주주의에서도 나타날 수 있으며, 이는 사회적 압력이 사회의 구성원들이 이견을 제기하는 것을 힘들게 만들기 때문이다.

앞서 우리는 사회적 영향력에 대한 올바른 이해를 통해 법의 표현적 기능이 어째서 필요한지를 설명해 보았다. 법은 그 존재 자체로 인간 행동에 영향을 미친다. 공공장소에서의 흡연 혹은 성추행에 대한 금지가 그 예다. 법의 효율성은 어떤 행동이 옳은 것인지에 대해 사회 구성원들에게 신호를 주고, 타인들이 어떤 행동을 옳다고 생각하는지에 대한 정보를 제공할 수 있다는 점에 기인한다. 사람들이 타인들의 반응에 신경을 쓰는 만큼, 법의 표현적 기능은 사회의 구성원이 법을 위반했다는 사실을 얼마나 쉽게 가시화시킬 수 있는지에 비례해 강해진다. 사회적 영향력에 대해 생각해 봄으로써, 우리는 법이 언제 그 자체로 효력을 가질 수 있고, 언제 그 집행을 위해 많은 노력이 필요한지를 예측할 수 있다. 우리는 또한 사회적 영향력에 대해 생각해 봄으로써 어째서 민주주의보다 독재 체제들이 훨씬 더 공권력과 공포 정치에 의지할 수밖에 없는지도 알 수 있다.

헌법에 규정된 많은 권리 및 제도는 동조, 쏠림 현상, 그리고 집단 편향성으로부터 발생하는 부정적인 결과의 위험을 줄이는 역할을 한다. 그 가장 간단한 예는 표현의 자유로, 표현의 자유는 사회에 부정적인 영향을 미치는 쏠림 현상이나 정당화되지 않은 극단주의를 견제한다. 표현의 자유는 적어도 정부가 특정 관점이 드러나지 않도록 통제하는 것을 막을 수 있다. 우리는 또한 사람들이 다양한 관점에 노출되고, 자신들과 비슷한 의견을 가진 사람들만으로 이루어진 집단에 스스로 찾아 들어가지 않도록 하는 것이 왜 중요한지를 살펴보았다. 모두에게 공개된 공적인 논의의 장은 표현의 자유가 있는 체제의 장점을 잘 보여 준다. 잘 기능하는 민주주의에서는 표현의 자유가 보장될 뿐만 아니라 이견을 제기하는 이들이 보호받지만, 이와 같은 사회적 장치는 사회의 다른 구성원들이 이견을 제기하는 이들의 의견을 존중하고 그 의견에 귀를 기울이지 않는 이상 그 기능을 다할 수 없다.

권리와 의무 외에도 헌법의 많은 제도는 대중들이 중요한 정보와 다양한 견해를 접할 수 있는 가능성을 증가시킨다. 미국 헌법 제정자들의 가장 중요한 기여 가운데 하나는 (알렉산더 해밀턴의 말에 따르자면) "파당들 사이의 다툼"이 "심의와 숙고를 증진시키는" 방법이라는 관점에 따라, 정부 내에서 다양한 관점이 제 목소리를 낼 수 있도록 한 그들의 노력이다. 동조 작용의 해로운 영향 때문에, 이와 같은 갈등은 공공 기관과 사적 기관 모두에서 필요하다.

사회적 영향력이 집단 내에서 어떤 역할을 하는지에 대해서 이해해 보면, 우리는 연방 법원 판사들의 다양성을 보장하는 것이 왜 중요한지도 알 수 있다. 물론 공화당 지지자들은 민주당 지지자들과 차이를 보인다. 우리는 또한 모든 종류의 재판부에서 판사 세 명 중 출신 정당이 다른 판사 한 명이 잠재적인 이견 제기자 역할을 한다는 사실을 다행스럽게 여겨야 할 것이다. 미국 판사들은 거의 모든 경우 합법적으로 사고하지만, 비슷한 사고방식을 가진 사람들의 집단이 모두 그러하듯이, 비슷한 사고방식을 가진 판사들로 이루어진 재판부는 정당화되지 않은 극단으로 치달을 가능성을 갖고 있다. 잠재적인 이견 제시자들이 존재하는 법정은 훨씬 더 효과적일 수 있다. 대부분의 기관에 적용되는 원칙은 법정에도 적용될 수 있다.

또한 사회적 영향력에 대해 이해하는 것은 대학들이 왜 인종뿐만 아니라 학생들의 경제적 배경, 정치적 성향이나 국적 등의 다양성을 확보해야 하는지를 보여 준다. 모두가 서로에게 동의하는 교실에서 진정한 교육이 이루어질 가능성은 낮다. 국회와 교실 내의 논의는 모두 어느 정도의 "파당들 사이의 다툼"에 의존한다. 일부 환경에서 인종적 다양성은 경험과 견해의 범위를 넓힘으로써 토론의 질을 높이는 효과를 가져온다. 동조와 극단화의 위험을 이해하는 것은 고등 교육기관들이 다양한 학생들을 유치하도록 노력해야 하는 이유를 잘 보여 준다.

우리는 이 책에서 우리가 살펴본 사실들을 통해서 좀 더 일반적인 하나의 결론을 이끌어 낼 수 있다. 동조하는 사람들은 사회에 도움이 되고, 이견을 제시하는 사람들은 반사회적이며 심지어는 이기적이라고 생각하기 쉽다. 어떤 면에서 이는 사실이다. 종종 동조는 사회적 연대를 강화시키고, 이견을 제시하는 사람들은 이와 같은 연대를 위태롭게 하거나 어느 정도 집단의 평화를 위협하기도 한다. 그러나 이런 관점은 적어도 한 가지 중요한 면에서는 동조와 이견의 역할을 반대로 이해하고 있다. 많은 경우, 대중의 뜻을 따르는 것은 개인의 이익에 도움이 된다. 그러나 실제로는 설령 개인의 의견이 사회의 지배적인 의견과 다르다 하더라도, 개인이 옳다고 생각하는 것을 이야기하고 그에 따라 행동하는 것이 사회 전체의 이익에 도움이 된다. 효율적으로 작동하는 사회는 구성원들이 무조건적으로 동조하지 않고, 좀 더 활발하게 이견을 제기할 수 있도록 하기 위해 노력을 기울인다. 이와 같은 노력은 이견을 제시하는 사람들의 권리를 보호하기 위한 것이기도 하지만, 그런 노력의 실질적인 목적은 오히려 사회 전체의 이익을 추구하는 데 있다.

## 서론 | 동조와 이견

1. Jeffrey A. Sonnenfeld, What Makes Great Boards Great, 80 *Harvard Bus. Rev.*, Sept. 2002, pp. 106, 111.

2. Brooke Harrington, Cohesion, Conflict and Group Demography, 2000(미출간, 초고).

3. Irving Janis, *Groupthink*, Boston: Houghton Mifflin, 2d ed., 1982, pp. 14-47

4. 위의 책, p. 16.

5. Ted Sorensen, *Kennedy*, New York: HaperCollins, 1966, p. 343.

6. Arthur Schlesinger, Jr., *A Thousand Days*, New York: Mariner Books, 1965, pp. 258-259.

7. 위의 책, p. 255.

8. Hugh Sidey, White House Staff vs. The Cabinet, *Washington Monthly*, Feb. 1969에서 재인용.

9. David Schkade, Cass R. Sunstein, and Daniel Kahneman, Deliberating about Dollars, 100 *Columbia Law Rev.*, 2001, p. 1139를 참조.

10. 신속한 문제 해결 방식으로서 모방에 관한 논의 참조. Joseph Henrich et al., "What Is the Role of Culture in Bounded Rationality?" *Bounded Rationality: The Adaptive Toolbox*, Gred Gigerenzer and Richard Selten, eds., New York: Oxford University Press, 2002, pp. 343, 344. "문화적 전달 능력은 개인들이 조사, 실험, 그리고 데이터처리의 비용을 줄일 수 있도록 하고, 다른 사람들이 갖고 있는 [그리고 관찰한] 축적된 경험으로부터 이득을 얻을 수 있도록 한다."

11. 음식의 선택과 관련된 재미있는 설명으로는 위의 책 pp. 353-354를 참조.

12. Kanan Makiya, *Eruelty and Silence: War, Tyranny, Uprising, and the Modern World*, New York: Norton, 1994, p. 25를 참조.

13. 위의 책, p. 16.

14. 예를 들어 Palmateer v. International Harvester Co., 421 N.E. 2d., 1981, p. 876 을 참조.

15. Glenn Loury, "Self-Censorship in Public Discourse: A Theory of "Political Correctness" and Related Phenomena," *Rationality and Society* 6, 1994, p. 428.

16. Luther Gulick, *Administrative Reflections from World War II*, New York: Greenwood Press, 1948을 참조. 제니스의 『집단 사고』(*groupthink*)는 이 주제에 대한 일반화로 이해할 수 있다.

17. John Rawls, *Political Liberalism*, New York: Columbia University Press, 1996 을 참조.

18. 이에 대한 좋은 논의로는 Robert Kagan, *Adversarial Legalism: The American Way of Law*, Cambridge: Harvard University Press, 2001.

19. Harold H. Gardner, Nathan L. Kleinman, and Richard J. Butler, Workers' Compensation and Family and Medical Leave Act Claim Contagion, p. 20 *J. Risk and Uncertainty*, 2000, pp. 89, 101-110을 참조.

20. 예를 들어 George A. Akerlof, Janet L. Yellen, and Michael L. Katz, An Analysis of Out of Wedlock Childbearing in the United States, 111 *Q. J. Econ.,* 1986, p. 277을 참조.

21. Robert Kennedy, Strategy Fads and Strategic Positioning: An Empirical Test for Herd Behavior in Prime-Time Television Programming, 50 *J. Industrial Econ*, 2002, p. 57을 참조.

22. 이에 대한 개괄적 논의로는 John L. Sullivan et al., The Dimensions of Cue Taking in the House of Representatives: Variation by Issue Area, 55 *J. Politics,* 1993, p. 975.

23. Esther Duflo and Emmanual Saez, The Role of Informational and Social Interactions in Retirement Plan Decisions: Evidence from a Randomized Experiment, Massachusetts Institute of Technology, 2002(미출간, 초고)를 참조. 이 글은 http://papers.ssrn.com/sol3/ papers.cfm?abstract_id=315659에서 이용할 수 있다.

24. Bruce Sacerdote, Peer Effects with Random Assignment: Results for Dartmouth Roommates, 116 *Q. J. Econ*, 2001, p. 681.

25. Christine Moser and Christopher Barrett, Labor, Liquidity, Learning, Conformity and Smallholder Technology Adoption: The Case of SRI in Madagascar, 2002 (미출간, 초고)를 참조. 이 글은 http://papers.ssrn.com/sol3/papers.cfm?abstract_id

=328662에서 이용할 수 있다.

26. Andrew F. Daughety and Jennifer F. Reinganum, Stampede to Judgment, 1 *Am. Law and Econ. Rev.*, 1990. p. 158을 참조.

27. 따라서 밀은 다음과 같이 주장한다. "그러나 어떤 생각을 억압한다는 것이 심각한 문제가 되는 가장 큰 이유는, 그런 행위가 현 세대뿐만 아니라 미래의 인류에게까지 — 그 의견에 찬성하는 사람은 물론이고 반대하는 사람에게까지 — 강도질을 하는 것과 같은 악을 저지르는 셈이 되기 때문이다. 만일 그 의견이 옳다면 그런 행위는 잘못을 드러내고 진리를 찾을 기회를 박탈하는 것이다. 설령 잘못된 것이라 하더라도 그 의견을 억압하는 것은 틀린 의견과 옳은 의견을 대비시킴으로써 진리를 더 생생하고 명확하게 드러낼 수 있는 대단히 소중한 기회를 놓치는 결과를 낳는다." John Stuart Mill, On Liberty, in John Stuart Mill, *Utilitarianism, On Liberty, Considerations on Representative Government*, H. B. Acton, ed., London: Everyman's Library, 1972.

28. Alan B. Krueger and Jitka Maleckova, Does Poverty Cause Terrorism? The Economics and the Education of Suicide Bombers, *New Republic*, June 24, 2002, p. 27을 참조. 또한 Timur Kuran, Ethnic Norms and Their Transformation through Reputational Cascades, 27 *J. Legal Stud.* 1998, pp. 623, 648을 참조.

29. Russell Hardin, The Crippled Epistemology of Extremism, in *Political Rationality and Extremism*, Albert Breton et al., eds. Cambridge: Cambridge University Press, 2002, pp. 3, 16.

**1장 ı 다른 사람 따라 하기**

1. 이에 비견될 만한 연구로는 Robert Baron et al., *Group Process, Group Decision, Group Action*, 2d ed., New York: Wadsworth, 1999, pp. 81-82를 참조. 한 명 이상으로 구성되어 있는 소수집단에서, 집단의 구성원들이 일치된 견해를 가지고 있다면, 이들이 제시하는 이견은 특히 영향력을 행사하는 것으로 보인다.

2. Dominic Abrams et al., Knowing What to Think by Knowing Who You Are: Self Categorization and the Nature of Norm Formation, Conformity, and Group Polarization, 29 *Brit. J. Soc. Psych.* 1990, p. 97. 집단의 구성원이 될 수 있는 자격과 집단의 자기 범주화는 John Turner et al., *Rediscovering the Social Group: A Self-Categorization Theory*, London: Blackwell, 1987, pp. 42-67에서 강조되었다.

3. Muzafer Sherif, An Experimental Approach to the Study of Attitudes, 1

*Sociometry*, 1937, p. 90. 이에 대한 좋은 설명으로는 Lee Ross and Richard Nisbet, *The Person and the Situation*, New York: McGraw Hill, 1991, pp. 28-30을 참조.

4. Sherif, 위 주석 3, p. 29.

5. 위의 책, pp. 29-30.

6. 권위에 대한 논의로는 Robert Cialdini, *Influence: The Psychology of Persuasion*, New York: Quill, 1993, pp. 208-236을 참조. 일관되고 확신에 찬 사람들이 지지하는 소수의 관점이 영향력을 가질 수 있다는 증거로는 Robert Bray et al., Social Influence by Group Members with Minority Opinions, 43 *J. Personality and Soc. Psych*, 1982, p. 78을 참조.

7. Abrams et al., 위 주석 2, pp. 99-104.

8. David Krech et al., *Individual in Society*, New York: McGraw Hill, 1962, p. 509를 참조.

9. Solomon Asch, Opinions and Social Pressure, in *Readings about the Social Animal*, Elliott Aronson, ed., New York: W. H. Freeman, 1995, p. 13 참조.

10. Solomon Asch, *Social Psychology*, Oxford: Oxford University Press, 1952, p. 453.

11. Asch, 위 주석 9, p. 13.

12. 위의 책, p. 16.

13. Rod Bond and Peter Smith, Culture and Conformity: A Meta-Analysis of Studies Using Asch's Line Judgment Task, 119 *Psych. Bull.*, 1996, pp. 111, 116 참조.

14. 위의 글, p. 119.

15. 위의 글, p. 128.

16. Krech et al., 위 주석 8.

17. Ronald Friend et al., A Puzzling Misinterpretation of the Asch "Conformity" Study, 20 *Eur. J. of Soc. Psych.*, 1990, pp. 29, 37.

18. Asch, 위 주석 10, pp. 457-458.

19. 위의 글을 참조. 그러나 이와 같은 설명에 대해서는 다음과 같은 의문이 가능하다. 즉 동조자들 가운데 몇몇은, 동료가 올바를 수도 있다는 믿음과는 별도로, 동료 집단으로부터 영향을 받았다는 사실을 인정하려고 하지 않았을 수도 있다.

20. Robert Shiller, *Irrational Exuberance*, Princeton: Princeton University Press, 2000, pp. 149-150을 참조.

21. Bond and Smith, supra note 14, p. 124.

22. Asch, 위 주석 9, pp. 23-24를 참조.

23. Baron et al., 위 주석 1, p. 66을 참조.

24. Timur Kuran, *Private Truths, Public Lies*, Cambridge: Harvard University Press, 1998을 참조.

25. Asch, 위 주석 9, p. 21.

26. R. S. Crutchfield, Conformity and Character, 10 *Am. Psych.*, 1995, p. 191을 참조.

27. John Stuart Mill, On Liberty, in John Stuart Mill, Utilitarianism, *On Liberty, Considerations on Representative Government*, H. B. Acton, ed., London: Every man's Liberty, 1972, p. 73.

28. Baron et al., 위 주석 1, p. 66을 참조.

29. 위의 글.

30. Robert Baron et al., The Forgotten Variable in Conformity Research: Impact of Task Importance on Social Influence, 71 *J. Personality and Soc. Psych.*, 1996, p. 915.

31. Krech at al., 위 주석 8, pp. 509-510을 참조. "어려운 문제에 처했을 때 다른 사람의 말을 좀 더 잘 듣는 이유는 아마도 개인이 자신의 판단에 관해 느끼는 확실성에 있어서의 차이 때문일 것이다."

32. 위의 책.

33. 위의 책, p. 925.

34. 위의 책.

35. Asch, 위 주석 9.

36. Baron et al., 위 주석 1, pp. 119-120.

37. 위의 글. p. 18.

38. Brooke Harrington, Cohesion, Conflict and Group Demography, 2000(미출간).

39. Jeffrey A. Sonnenfeld, What Makes Great Boards Great, 80 *Harvard Bus. Rev.*, Sept. 2002, pp. 106, 111을 참조.

40. Abrams et al., 위 주석 2, pp. 104-110.

41. Baron et al., 위 주석 1, p. 66. 이 점은 터너의 논의에서도 곳곳에서 강조되었다. Turner, 위 주석 2; 예를 들어 pp. 151-170을 참조.

42. Abrams et al., 위 주석 2, pp. 106-108.

43. 위의 책.

44. Abrams et al., 위 주석 2, p. 108을 참조. 반대로, 자신을 다른 집단의 구성원이라고

생각했던 사람들은 공개적으로 이야기할 때 좀 더 정확하고 비동조적인 답을 제시했는데, 이는 흥미로운 수수께끼를 제공한다. 왜 사적으로 이야기할 때보다는 공개적으로 이야기할 때, 좀 더 정확하게 이야기했는가? 그 이유는 실험 대상자들이 다른 집단의 사람들에게 동의하지 않는 것(심지어 그들이 올바를 수도 있다고 생각할지라도)을 긍정적인 미덕으로 간주할 가능성이 있기 때문이다. 실제 세계에서, 이런 효과는 사람들이 반대자나 적대자에게 동의하느냐는 질문을 받았을 때 더욱 증대된다. 사람들은 그 답이 "예"일 때조차도 "아니오"라고 대답할 수 있는데, 그 이유는 동의를 하는 것이 평판에 영향을 미치기 때문이다.

45. 애쉬의 실험과 관련해, 주목할 만한 다른 발견들이 있다. 예를 들어 개인주의적인 문화에서보다 전통적으로 집단주의적인 문화에서 동조가 미치는 사회적 영향력이 더 크다. "우리의 논의에 기초해, 우리는 개인주의적인 문화와 집단주의적인 문화가 미치는 사회적 영향력에 차이가 있다는 점을 기대할 수 있다. 그런 차이는 예를 들어 여론과 관련된 문제였을 때 더욱 커진다." Bond and Smith, 위 주석 14, p. 128. 1950년대 이래로 동조는 감소해 왔는데, 이는 시간이 흐름에 따라 사람들이 다수의 관점을 좀 더 적극적으로 거부해 왔다는 점을 시사한다(같은 책. p. 129). 여성은 남성보다 좀 더 동조하는 것 같다(같은 책, p. 130). 후자의 발견은 강조할 만한 가치가 있다. 그것은 사회적 지위가 낮은 집단이 조직 내에서 자신의 목소리를 내지 않는 것으로 보인다는 일반적인 발견과 일치한다. Caryn Christenson and Ann Abbott, Team Medical Decision Making, in *Decision Making in Health Care*, Gretchen Champman and Frank Sonnenberg, eds., Cambridge: Cambridge University Press, 2000, pp. 267, 273-276. 이 점은 낮은 지위에 있는 사람들이 자신의 의견을 말하고, 그들의 의견을 경청할 수 있는 메커니즘을 만들어 내는 것이 중요하다는 점을 시사한다.

46. Baron et al., 위 주석 1, pp. 79-80.

47. 같은 책. p. 80.

48. Wendy Wood et al., Minority Influence: A Meta-Analytic Review of Social Influence Processes, 115 *Psych. Bull.*, 1994, p. 323.

49. Baron et al., 위 주석 1, pp. 82-86을 참조.

50. Wood et al., 위 주석 52를 참조.

51. Baron et al., 위 주석 1, p. 82를 참조.

52. Krech et al., 위 주석 8, p. 514를 참조.

53. Crutchfield, 위 주석 27, p. 198을 참조.

54. Stanley Milgram, *Obedience to Authority*, Princeton: Princeton University Press, 1974; Stanley Migram, Behavioral Study of Obedience, in *Readings about the Social Animal*, Elliott Aronson, ed., New York: W. H. Freeman, 1995, p. 23를 참조.

**55.** 같은 책, p. 27.

**56.** 같은 책, p. 29.

**57.** 같은 책, p. 30.

**58.** Stanley Milgram, *Obedience to Authority,* Princeton: Princeton University Press, 1974, p. 35를 참조.

**59.** 같은 책, p. 23.

**60.** 같은 책.

**61.** 같은 책, pp. 55-57.

**62.** 같은 책, p. 34.

**63.** 기존 해석과는 다른 이런 해석은 밀그램의 패러다임이 나온 지 35년이 지난 후에 토머스 브라스(Thomas Blass)에 의해 제기되었다. Some Things We Now Know about Obedience to Authority, in *Obedience to Authority: Critical Perspectives on the Milgram Paradigm,* Thomas Blass, ed., New York: Lawrence Erlbaum Associates, 1999, pp. 35, 38-44; Shiller, 위 주석 21, pp. 150-151.

**64.** Blass, 위 주석 67, pp. 42-44.

**65.** Milgram, *Obedience to Authority,* 위 주석 58, pp. 113-122.

**66.** 같은 책.

**67.** Janice Nadler, No Need To Shout: Bus Sweeps and the Psychology of Coercion, *Supreme Court Review,* 2003(근간)을 참조.

**68.** Saul M. Kassim and Kathering L. Kiechel, The Social Psychology of False Confessions: Compliance, Internalization, and Confabulation, 7 *Psych. Sci.,* 1996, p. 125를 참조.

### 2장 l 법에 (불)복종하기

**1.** 내가 크게 도움을 받은 아주 유익한 논의로는, Richard H. McAdams, An Attitudinal Theory of Expressive Law, 79 *Oregon Law Rev.,* 2000, p. 339.

**2.** Tom Tyler, *Why People Obey the Law,* New Haven: Yale University Press, 1999를 참조.

**3.** Robert Kagan and Jerome Skolnick, Banning Smoking: Compliance without Enforcement, in *Smoking Policy: Law, Politics, and Culture,* Robert Radin, ed., Oxford: Oxford University Press, 1999.

**4.** 같은 책.

**5.** 같은 책, p. 72.

**6.** 같은 책, p. 78.

**7.** Dan M. Kahan, Gentle Nudges v. Hard Shoves: Solving the Stricky Norms Problem, 67 *U. Chicago Law Rev.*, 2000, p. 607.

**8.** 법에 대한 복종이 나타나게 하기 위해서는, 법에 복종했을 때와 그렇지 않았을 때 발생할 수 있는 상황에 대한 신호를 명확히 하는 것이 중요하다. 단지 법을 제정하는 것만으로도 그런 신호를 바꿀 수 있다. 예를 들어 대체로 사문화된 법(물론 과거에는 벌금을 물리기도 했던)은 개인의 행위를 모호하게 만들 수도 있다. 안전벨트를 매고는 싶지만, 그렇게 하는 것이 주변 동료들에게 자신이 겁쟁이라는 신호를 보내기 때문에 안전벨트를 하지 않는 청소년을 생각해 보자. 사람들에게 안전벨트를 매라고 요구하는 법은 안전벨트를 매는 것을 법에 대한 동조로 만든다. 따라서 법의 존재는 동조의 "의미"를 바꿀 수 있다. 이 점은 동조하는 사람들이 [겁쟁이가 아니라_옮긴이] 법을 준수하는 사람들이라는 점을 제시한다. 즉 이런 새로운 환경 아래에서 안전벨트를 매지 않는 사람들은 용감한 사람들이긴 하지만 (법적으로는) 범죄자들이다. 물론 이런 상황이 법 위반의 수준을 증대시키는 경우를 상상할 수도 있다. 그러나 대부분의 공동체에서는 법을 준수하는 경향이 증가할 것이다.

**9.** Kangan and Skolnick, supra note 3, at 78. 또한 Sheldon Ekland-Olson et al., The Paradoxical Impact of Criminal Sanctions: Some Microstructural Findings, 18 *Law & Society*, p. 159를 참조.

**10.** 같은 책, p. 160.

**11.** Bruno Frey and Lars Feld, Deterrence and Morale in Taxation: An Empirical Analysis, 2002, http://papers.ssrn.com/so13/papers. cfm?abstract_id=341380.

**12.** Peter H. Reingen, Test of a List Procedure for Inducing Compliance with a Request to Donate Money, 67 *J. Applied Psych.*, 1982, p. 110.

**13.** Stephen Coleman, Minnesota Department of Revenue, The Minnesota Income Tax Compliance Experiment State Tax Results, 1996, pp. 1, 5-6, 18-19. http://www.state.mn.us/ ebranch/mdor/reports/compliance/pdf.

**14.** H. Wesley Perkins, *The Social Norms Approach to Preventing School and Collage Age Substance Abuse: A Handbook for Educators, Counselors, and Clinicians*, New York: Jossey-Bass, 2003을 참조.

**15.** Archon Fung and Dara O'Rourke, Reinventing Environmental Regulation from the Grassroots Up: Explaining and Expanding the Success of the Toxics Release Inventory, 25 *Env. Management*, 2000, p. 115.

16. Richard A. Posner, *Sex and Reason*, Cambridge: Harvard University Press, 1992, pp. 326-328.

17. Alexander M. Bickel, *The Least Dangerous Branch*, New Haven: Yale University Press, 1962, pp. 148-156.

18. Griswold v. Connecticut, 381 US 479, 1965.

### 3장 ｜ 무리지어 다니기

1. 이에 대한 유용한 해설로는 Sushil Bikchandani et al., Leaning from the Behavior of Others: Conformity, Fads, and Informational Cascades, 12 *J. Econ. Persp.*, 1998, p. 151. 사회과학에서 쏠림 현상에 대한 연구는 마루야마에 의해서 시작되었다. Magoroh Maruyama, The Second Cybernetics: Deviation-Amplifying Mutual Causal Processes, 51 *Am. Scientist,* 1963, p. 164; Thomas C. Schelling, *Micromotives and Macrobehavior*, New York: Norton, 1978; Mark Granovetter, Threshold Models of Collective Behavior, 83 *Am. J. Soc.*, 1978, p. 1420. 정보의 쏠림 현상에 초점을 맞춘 분석으로는 Sushil Bikchandani, David Hirshleifer, and Ivo Welch, A Theory of Fads, Fashion, Custom, and Cultural Change as Informatoinal Cascades, 100 *J. Pol. Econ.*, 1992, p. 992; Lisa Anderson and Charles Holt, Information Cascades in the laboratory, 87 *Am. Econ. Rev.*, 1997, p. 847; Abhiijit Banerjee, A Simple Model of Herd Behavior, 107 Q. J. Econ., 1992, p. 797. 또한 B. Douglas Bernheim, A Theory of Conformity, 102 *J. Pol. Econ.*, 1994, p. 841을 참조.

2. Andrew F. Daughety and Jennifer F. Reinganum, Stampede to Judgment, 1 *Am. Law and Econ. Rev.*, 1999, p. 158을 참조.

3. David Hirshleifer, The Blind Leading the Blind, in *The New Economics of Human Behavior*, Marianno Tommasi and Kathryn Ierulli, eds., Chicago: University of Chicago Press, 1995, p. 204.

4. John F. Burnham, Medical Practice a la Mode: How Medical Fashions Determine Medical Care, 317 *New England Jouranl of Medicine*, 1987, pp. 1201, 1220

5. Sushil Bikchandani et al., Learning from the Behavior of Others: Conformity, Fads, and Informational Cascades, 12 *J. Econ. Persp.,* 1998, pp. 151, 167.

6. Hirshleifer, supra note 3, at 205; Robert Shiller, Conversation, Informatoin, and Herd Behavior, 85 *Am. Econ. Rev.*, 1995, p. 185를 참조.

7. Eric Talley, Precedential Cascades: An Appraisal, 73 So. *California Law Rev.*, 1999, p. 87을 참조.

8. Hirshleifer, 위 주석 3, pp. 204-205를 참조. 이런 제안이 사람들이 쏠림 현상에 참여할 때, 선임자들의 결정을 보지 않았다면 좀 더 나은 행동을 했을 것이라는 점을 의미하는 것은 아니다. 최초의 사람들이 상대적으로 좋은 정보를 가지고 있었거나 운이 좋았던 경우를 상상해 보자. 또한 이후의 결정자들이 거의 정보를 가지고 있지 않거나 혼란을 겪고 있다고 상상해 보자. 그런 경우에 쏠림 현상은 이전의 결정들이 알려지지 않았을 때보다 좀 더 좋은 상황을 만들 것이다. Anderson and Holt, 위 주석 1, pp. 847, 852를 참조. 앤더슨과 홀트는 사람들이 개인적인 정보에 의존하지 않았기 때문에 좀 더 좋은 결과를 얻었던 네 차례의 사례를 보여 준다. 그러나 우리는 또한 초기의 사람들이 특별히 좋은 정보를 가지고 있지 않거나 운이 좋지 않았던 상황, 그리고 나중의 의사 결정자들이 상당히 좋은 정보를 가지고 있는 상황을 상상할 수 있다. 그런 상황에서, 독자적인 판단은 쏠림 행위보다는 좀 더 나은 결과를 산출할 것이다. Anderson and Holt, 앞의 책, pp. 847, 852를 참조. 여기서 그들은 쏠림 현상이 개인적 정보에 의존하는 것보다도 좀 더 많은 실수를 가져온 한 차례의 사례를 보여 준다. 이전의 결정들이 알려지지 않은 상황과 비교해 볼 때, 쏠림 현상은 좀 더 큰 변화를 체계적으로 산출하는데, 그 이유는 최초의 사람들이 많은 영향력을 가지고 있기 때문이다. Edward Parson, Richard Zeckhauser, and Cary Coglianese, Collective Silence and Individual Voice: The Logic of Information Games, in *Collective Choice: Essays in Honor of Mancur Olson*, J. Heckelman and D. Coates, eds., Springer-Verlag 2003; Eric Posner, Four Economic Perspectives on American Labor Law and the Problem of Social Conflict, 159 *J. Institutional and Theoretical Econ.*, 2003, p. 101. 그러나 쏠림 현상이 이전의 결정들이 알려지지 않은 상황보다도 더 많은 실수를 산출한다고 말할 수는 없다.

요점은 쏠림 현상에 참여하는 사람들이 다른 사람의 선택을 볼 수 없는 사람들에 비해 좀 더 나쁜 결과를 산출한다는 것이 아니다. 대신에 쏠림 현상에 참여하는 사람들은 그들이 가지고 있는 정보를 제공하지 못하고, 그 결과로 사람들이 그런 정보들을 알았을 때보다 나쁜 결과를 산출한다는 것이다.

9. Anderson and Holt, 위 주석 1, p. 847을 참조.

10. Angela Hung and Charles Plott, Information Cascades: Replication and an Extension to Majority Rule and Conformity-Rewarding Institutions, 91 *Am. Econ. Rev.*, 2001, pp. 1508, 1515를 참조.

11. 따라서 앤더슨/홀트의 실험에서는 72퍼센트의 실험 대상자가 윌링거와 지겔마이어의 실험에서는 64퍼센트의 실험 대상자가 베이어스(Bayes)의 법칙을 따랐다. Marc Willinger and Anthony Ziegelmeyer, Are More Informed Agents Able to Shatter Information Cascades in the Lab, in *The Economics of Networks:*

*Interaction and Behaviours*, Patrick Cohendet et al., eds., New York: Springer-Verlag, 1996, pp. 291, 304.

**12.** Willinger and Ziegelmeyer, 위 주석 13, p. 291을 참조.

**13.** Anderson and Holt, 위 주석 1, p. 859.

**14.** Talley, 위 주석 9를 참조.

**15.** Shiller, 위 주석 8을 참조.

**16.** H. Henry Cao and David Hirshleifer, Conversation, Informational Learning, and Informational Cascades, http://papers.ssrn.com/sol3/papers.cfm? abstr act_id=267770

**17.** 이 점을 이해하기 위해, 아론이 A와 B 가운데 하나를 선택할 수 있고 그가 B를 선택했다고 가정해 보자. 그런 선택은 좋은 결과를 산출하는데, 왜냐하면 A가 좀 더 가치가 있을 개연성이 있었다고 할지라도 특정한 상황에서는 가치가 적은 것으로 판명될 것이기 때문이다. 아론의 결과를 보면서 바바라는 그녀의 개인적 정보가 A의 선택을 지지하더라도, 그리고 그녀가 선택하지 않은 A를 그녀가 좀 더 적합한 것으로 판단할 지라도, B를 선택할 수 있다. 특정한 조건 속에서, 찰스, 도나, 그리고 에릭은 B를 선택할 것이고 결코 A를 선택하지는 않을 것이다. 좀 더 자세한 설명은 윗글을 참조하라.

**18.** Willinger and Ziegelmeyer, 위 주석 13.

**19.** Hung and Plott, 위 주석 12, p. 1511.

**20.** 같은 책, p. 1515.

**21.** Andrew Caplin and John Leahy, Miracle on Sixth Avenue: Information Externalities and Search, 108 *Econ. J.,* 1998, pp. 60, 61.

**22.** Parson, Zeckhauser, and Coglianese, 위 주석 10을 참조.

**4장 | 이웃은 어떤 생각을 할까?**

**1.** Timur Kuran, *Private Truths, Public Lies*, Cambridge: Harvard University Press, 1995를 참조.

**2.** Christina Bicchieri and Yoshitaka Fukui, The Great Illusion: Ignorance, Informational Cascades, and the Persistence of Unpopular Norms, in *Experience, Reality, and Scientific Explanation* 89, M. C. Galavotti and A. Pagnini, eds., New York: Klewer, 1999, pp. 108-114. 또한 9 *Bus. Ethics Q.,* 1999, p. 127에도 수록되어 있다.

**3.** Angela Hung and Charles Plott, Information Cascades: Replication and an

Extension to Majority Rule and Conformity-Rewarding Institutions, 91 *Am. Econ. Rev.*, 2001, pp. 1508, 1515-1517을 참조.

**4.** 같은 책, p. 1516.

**5.** Edward Parson, Richard Zeckhauser, and Cary Coglianese, Collective Silence and Individual Voice: The Logic of Information Games, forthcoming in *Collective Choice: Essays in Honor of Mancur Olson,* J. Heckelman and D. Coates, eds., Springer-Verlag 2003, p. 31을 참조.

**6.** Kuran, 위 주석 1; Bicchieri and Fukui, 위 주석 2. 또한 Malcolm Gladwell, *The Tipping Point*, Boston: Little, Brown, 2000을 참조.

**7.** Kuran, 위 주석 1을 참조.

**8.** H. Henry Cao and David Hirshleifer, Misfits and Social Progress, 2002(미출간, 초고)를 참조.

**9.** John L. Sullivan et al., The Dimension of Cue-Taking in the House of Representatives: Variation by Issue Area, 55 *J. Politics*, 1993, p. 975.

**10.** Irving Janis, *Groupthink,* Boston: Houghton Mifflin, 2d ed., 1982, pp. 114-117.

**11.** 같은 책, p. 115.

**12.** 위의 책.

**13.** Kanan Makiya, *Cruelty and Silence: War, Tyranny, Uprising, and the Modern World,* New York: Norton, 1994, p. 325를 참조.

**14.** 같은 책.

**15.** 만일 이견을 제시하는 사람이 반대만 일삼는 사람이라면 잘못을 저지를 수 있다. 그리고 만약 이견을 제시하는 사람이 잘못을 저지른다면, 여기서 논의된 것과 동일한 과정을 통해 실수를 유포할 수 있다. 내가 제시하고자 하는 것은 동조와 쏠림 현상이 나쁘다는 점이 아니라 그것에 깔려 있는 메커니즘 때문에 사람들이 알고 있는 것이나 믿는 것을 드러내지 않을 가능성을 증대시키고, 따라서 사회에 해를 끼칠 수도 있다는 것이다. 정보와 평판의 영향력이 좀 더 적은 실수를 산출하는 실험을 고안하는 것은 어려운 일이 아닐 것이다. 예를 들어 만약 그 과제가 특히 어렵다면, 그리고 올바른 답을 가지고 있는 확신에 찬 공모자를 실험에 참여시킨다면 그러할 것이다. 전문가가 권위를 가질 경우, 그리고 사람들이 그들이 말하는 것을 주의 깊게 경청할 때, 실수를 최소화할 수 있기 때문이다. 그러나 평판의 영향력은 그것이 (전문가들을 포함한) 사람들로 하여금 그들이 실제로 알고 있는 것을 드러내지 못하도록 하는 한 심각한 위험을 초래한다. 실제로 이것이 동조 실험에서 나타난 가장 심각한 문제다.

**16.** 같은 책. 또한 Suzanne Lohmann, Dynamics of Informational Cascades: The Monday Demonstrations in Leipzig, East Germany, 1989-1991, 47 *World Politics*,

1994, p. 42를 참조.

**17.** 같은 책, p. 648.

**18.** Kuran, 위 주석 1.

**19.** 물론 자기 검열이 항상 나쁜 것만은 아니다. 공중이 지지하는 규범들은 "세탁 효과"(laundering effect)를 가질 수 있는데, 그것은 매우 유익한 것이다. Robert E. Goodin, Laundering Preferences, in Foundations of Social Choice Theory, Jon Elster and Aanund Hylland, eds., Cambridge: Cambridge University Press, 1986, p. 75. 여기서 기본적인 발상은 인종주의적 발언과 같은 특정한 종류의 공적 발언을 억제하는 강력한 사회적 규범이 공적 토론에 유익한 효과를 미칠 수 있다는 것이다.

**20.** Joseph Raz, *Ethics in the Public Domain*, Oxford: Oxford University Press, 1994, p. 39.

**21.** Edwin Cameron, AIDS Denial in South Africa, 5 *The Green Bag*, 2002, pp. 415-419.

**22.** F. A. Hayek, The Use of Knowledge in Society, 35 *Am. Econ. Rev.*, 1945, p. 519.

**23.** David Grann, Stalking Dr. Steere, *New York Times*, July 17, magazine, 2001, p. 52.

**24.** Todd Werkhoven, I'm A Conservative, But I'm Not a Hatemonger, *Newsweek*, Oct. 7, 2002, p. 14.

**25.** Bicchieri and Fukui, 위 주석 2, p. 93.

**26.** Alexis de Tocqueville, *The Old Regime and the French Revolution*, A. P. Kerr, ed., New York: Doubleday, 1955, p. 155.

**27.** Russell Hardin, The Crippled Epistemology of Extremism, in *Political Rationality and Extremism*, Albert Breton et al., eds., New York: Cambridge University Press, 2002, pp. 3, 16을 참조.

**28.** 여기에 대한 개괄적인 설명으로는 *Heuristics and Biases: The Psychology of Intuitive Judgment*, Thomas Gilovich et al., eds., New York: Cambridge University Press, 2002를 참조. 요약으로는, Cass R. Sunstein, Hazardous Heuristics, 70 U. *Chicago Law Rev.*, 2003, p. 751을 참조.

**29.** Amos Tversky and Daniel Kahneman, Judgment under Uncertainty: Heuristics and Biases, in *Judgment under Uncertainty: Heuristics and Biases*, Daniel Kahneman, Paul Slovic, and Amos Tversky, eds., New York: Cambridge University Press, 1983, pp. 3, 11-14를 참조.

30. Roger Noll and James Krier, Some Implications of Cognitive Psychology for Risk Regulation, 19 *J. Legal Stud.*, 1991, p. 747; Timur Kuran and Cass R. Sunstein, Availability Cascades and Risk Regulation, 51 *Stanford Law Rev.*, 1999, pp. 683, 703-705.

31. 대재난의 맥락에서 생동감 넘치는 실증 분석으로는 Jacob Gersen, Strategy and Cognition: Regulatory Catastrophic Risk, 2001(미출간, 초고)을 참조. 또한 Paul Slovic, *The Perception of Risk*, London: Earthscan, 2000, p. 40을 참조.

32. Kuran and Sunstein, 위 주석 31을 참조.

33. Jacob Gersen, Strategy and Cognition: Regulating Catastrophic Risk, 2001(미출간)을 참조.

34. Donald Braman and Dan M. Kahan, More Statistics, Less Persuasion: A Cultural Theory of Gun-Risk Perceptions, *U. Penn. Law Rev.*, 2003(근간)을 참조.

**5장 । 언론의 자유**

1. Abrams V. United States, 250 US 616, 630, Holmes, J., dissenting, 1919.

2. West Virginia State Bd. of Educ. v. Barnette, 319 US 624, 1943.

3. James Madison, Report of 1800, January 7, 1800, in 17 *Papers of James Madison,* David Mattern et al., eds., Charlottesville: University Press of Virginia, 1991, pp. 344, 346.

4. Brandenburg v. Ohio, 395 US 444, 1969를 참조.

5. New York Times Co. v. United States, 403 US 713 (1971)

6. Kovacs v. Cooper, 336 US 77 (1949)을 참조.

7. 최상의 논의로는 Geoffrey Stone, Content Regulation and the First Amendment, 25 *Wm. & Mary Law Rev.*, 1983, p. 189를 참조.

8. RAV v. City of St. Paul, 505 US 377, 1992를 참조.

9. 같은 곳.

10. Hague v CIO, 307 US 496, 1939. 이 글의 목적상, 공적 포럼론을 자세하게 논의할 필요는 없을 것이다. 여기에 관심 있는 독자라면, Geoffrey Stone et al., The First Amendment, New York: Aspen, 1999, pp. 286-330을 참조.

11. 아주 훌륭한 논의로는 Noah D. Zatz, Sidewalks in Cyberspace: Making Space for Public Forums in the Electronic Environment, 12 *Harvard J. Law and Tech.*, 1998, p. 149를 참조. 나는 이 부분을 Cass R. Sunstein, *Republic.com*,

Princeton: Princeton University Press에서 빌려 왔다.

12. 같은 책.

13. 중요한 논의로는 Christopher Avery, Paul Resnick, and Richard Zeckhauser, The Market for Evaluations, 89 *Am. Econ. Rev.*, 1999, p. 564를 참조.

14. Caryn Christenson and Ann Abbott, Team Medical Decision Making, in *Decision Making in Health Care*, Gretchen Chapman and Frank Sonnenberg, eds., New York: Cambridge University Press, 2000 , pp. 267, 273-276을 참조.

### 6장 ι 집단 편향성의 법칙

1. Roger Brown, *Social Psychology*, 2d ed., New York: The Free Press, 1985, pp. 203-226 참조.

2. 같은 책, p. 204.

3. 같은 책, p. 224.

4. Albert Breton and Silvana Dalmazzone, Information Control, Loss of Autonomy, and the Emergence of Political Extremism, in *Political Nationality and Extremism*, Albert Bretton et al., eds., New York: Cambridge University Press, 2002, pp. 53-55 참조.

5. 그렇지만 집단 편향성은 다른 사람들의 견해들에 단순히 노출된 결과로 나타날 수 있다. Robert Baron et al., *Group Process, Group Decision, Group Action*, New York: Wadsworth, 1999, p. 77 참조.

6. David Schkade et al., Deliberating about Dollars: The Severity Shift, 100 *Columbia Law Rev.*, 2000, p. 101 참조.

7. Cass R. Sunstein et al., *Punitive Damages: How Juries Decide*, Chicago: University of Chicago Press, 2002, pp. 32-33 참조.

8. Schkade et al., 위 주석 6, p. 1152 참조. 이에 따르면, 분노의 정도가 가장 높았던 다섯 사건에 있어서 중간값 이동은 11퍼센트였으며, 이는 다른 어떤 범주의 경우보다 높다. 이와 같은 중간값 이동은 벌금형의 경우에 있어서는 더 뚜렷하게 나타났는데(같은 글 참조), 그 경우 최초 책정 금액이 높을수록 중간값 이동도 더욱 컸다. 이와 같은 현상은 극단주의자들이 서로 간의 논의가 이루어질 경우 의견의 극단화가 이루어질 가능성이 가장 높으며, 극단화의 정도도 가장 크다는 사실과 밀접하게 관련되어 있다. John Turner et al., *Rediscovering the Social Group*, London: Blackwell, 1987, pp. 154-159 참조.

9. 여기에서 나는 Cass R. Sunstein, Why They Hate Us: The Role of Social

Dynamics, 25 *Harvard J. Law and Public Policy*, 2002, p. 429의 한 절에 의거하고 있다.

10. Terrorism Research Center, *The Basics of Terrorism: Part 2: The Terrorists.* http://www.geocities.com/CapitolHill/2468/bpart2 (Dec. 16, 2001).

11. 같은 책.

12. Giles Foden, Secrets of a Terror Merchant, Melbourne Age, Sept. 14, 2001. http://www.theage.com.au/news/world/2001/09/14/FFX1ONZFJRC.html.

13. Jeffeey Bartholet, Method to the Madness, *Newsweek*, Oct. 22, 2001, p. 55.

14. Stephen Grey and Dipesh Gadher, *Inside Bin Laden's Academies of Terror,* Sunday Times, London, Oct. 7, 2001, p. 10.

15. Vithal C. Nadkarni, How to Win Over Foes and Influence Their Minds, *Times of India*, Oct. 7, 2001(2001 Westlaw 28702843 참조).

16. Timur Kuran, Ethnic Norms and Their Transformation through Reputational Cascades, 27 J. Legal Stud., 1998, pp. 623, 648.

17. Glenn Loury, Self Censorship in Public Discourse: A Theory of "Political Correctness" and Related Phenomena, *Rationality and Society*, 1994, p. 428 참조.

18. Baron et al., 위 주석 5, p. 77 참조.

19. R. Hightower and L. Sayeed, The Impact of Computer Mediated Communication Systems on Biased Group Discussion, 11 *Computers in Human Behavior*, 1995, p. 33 참조.

20. Patricia Wallace, *The Psychology of the Internet*, New York: Cambridge University Press, 2000, p. 82.

21. 유용한 개관으로는 Paul H. Edelman, On Legal Interpretations of the Condorcet Jury Theorem, 31 *J. Legal Stud.*, 2000, pp. 327, 329-334 참조.

22. 경험적 증거로는 Norbert Kerr et al., Bias in Judgment: Comparing Individuals and Groups, 103 *Psych. Rev.*, 1996, p. 687 참조. 몇 가지 이론적 문제에 관해서는 David Austen-Smith and J. S. Banks, Information Aggregation, Rationality, and the Condorcet Jury Theorem, 90 *Am. Pol. Sci. Rev.*, 1996, p. 34 참조.

23. 이것은 훌륭한 지도자들이 온건파이어야 한다는 의미는 아니다. 왜 훌륭한 지도자들이 비교적 극단주의자일 수도 있는가라는 데 대한 흥미로운 논의로 David C. King and Richard J. Zeckhauser, Extreme Leaders as Negotiators: Lessons from the US Congress, 2002(미발간) 참조.

24. Jeffrey A. Sonnenfeld, What Makes Great Boards Great, 80 *Harvard Bus. Rev.*, Sept. 2002, p. 106.

25. Brown, 위 주석 1, pp. 200-245 참조.

26. Robert Baron et al., Social Corroboration and Opinion Extremity, 32 *J. Experimental Soc. Psych.*, 1996, p. 537 참조.

27. Mark Kelman et al., Context Dependence in Legal Decision Making, 25 J. Legal Stud., pp. 106, 287-288 참조.

28. Baron et al., 위 주석 27.

29. Chip Heath and Richard Gonzales, Interaction with Others Increases Decision Confidence But Not Decision Quality: Evidence against Information Collection Views of Interactive Decision Making, 61 *J. Org. Behav. And Human Decision Processes*, 1997, pp. 305-326 참조.

30. 같은 글. 사람들이 많은 사람들의 분노를 야기하지 않거나 그들의 지지를 잃고 싶어 하지 않기 때문에 다수파들은 특별히 세력을 가지게 되며 또한 다수파들은 진정한 태도 변화를 야기할 수 있기 때문에 영향력을 가지고 있다는 점도 마찬가지로 제시되었다. Baron et al. 위 주석 5, p. 82 참조. 동성애자 권리 또는 낙태와 같은 논쟁적 문제와 관련한 아주 사적인 견해에 대해 소수파들이 영향을 미친다는 입증된 사실(같은 글, p. 80 볼 것)은 다양한 의견이 표출되도록 허용하는 제도들의 형성이 갖는 가치를 증명해 준다.

31. Schkade et al. 위 주석 6, pp. 1152, 1155-1156 참조.

32. 같은 글, pp. 1161-1162.

33. Caryn Christenson and Ann Abbott, Team Medical Decision Making, in *Decision Making in Health Care*, Gretchen Chapman and Frank Sonnenberg, eds., Cambridge: Cambridge University Press, 2000, p. 269 참조.

34. Timothy Cason and Vai Lam Mui, A Laboratory Study of Group Polarisation in the Team Dictator Game, 107 *Econ. J.*, 1997, p. 1465.

35. 같은 글.

36. 같은 글, pp. 1468-1472.

37. 다른 견해에 대해서는 Jon Elster, *Alchemies of the Mind*, New York: Cambridge University Press, 1999; Martha Nussbaum, *Upheavals of Thought*, New York: Oxford University Press, 2001 참조.

38. 몇몇 연구에 따르면, 뇌는 감정과 관련된 특별한 영역들을 가지고 있으며, 또한 공포와 같은 감정은 더 많은 인지적 영역들이 미처 관련되기도 전에 작동할 수 있다. Joseph LeDoux, *The Emotional Brain*, New York: Touchstone, 1996, pp.

157-169, 172-73, 283-296 참조. 전뇌에 있는 아몬드 모양의 작은 부분인 편도체는 공포를 느끼는 데 있어 특별한 역할을 하는 것으로 보인다. 이 책(pp. 172-173)은 편도체의 자극이 "불길한 위험 또는 공포의 감각"을 만들어 낸다는 점을, 또한 "편도체가 손상된 사람들에 대한 연구는 편도체가 공포에서 특별한 역할을 한다는 것 역시 보여 준다"는 점을 제시하고 있다. 실제로 일부 "감정적인 반응은 뇌의 좀 더 고차원적인 정보 처리 기능의 개입 없이 발생할 수 있다. 여기에서 말하는 고차원적인 정보 처리 기능이란 사고, 논리, 의식 등의 과정에 개입하는 것으로 여겨지는 기능을 의미한다." 같은 책, p. 161. "작은 차이를 구별하지 못하는" 뇌의 부위는 또한 정보 처리 속도에 있어서 큰 이점을 갖는다. 같은 책, p. 163. 편도 경로는 "위험이 존재할지 모른다는 것을 알려 주는 빠른 신호 역할을 할 수 있다. 이는 신속하지만 정확하지 못한 정보 처리 절차이다." 같은 책, p. 163. 특히 흥미로운 한 사실은, 편도가 손상된 환자에게 여러 가지 표정에서 나타나는 감정에 대해서 물었을 때, 그 환자는 "공포를 제외한 대부분의 감정을 식별해 낼 수 있었다." 같은 책, p. 173.

39. 이는 징벌적인 손해 보상에 대한 연구의 결과다. 그 연구에 따르면, 극단적인 중앙값을 가진 집단들은 가장 큰 변화를 보여 주었다. Schkade et al., 위 주석 6, p. 1152. 다른 증거로는 Turner et al., 위 주석 8, p. 158 참조.

40. Maryla Zaleska, The Stability of Extreme and Moderate Responses in Different Situations, in *Group Decision Making*, H. Brandstetter, J. H. Davis, and G. Stocker Kreichgauer, eds., 1982, pp. 163-164 참조.

41. Dominic Abrams et al., Knowing What to Thinks by Knowing Who You Are, 29 *Brit. J. Soc. Psych.*, 1990, pp. 97, 112.

42. Turner et al. 위 주석 8, p. 154 참조. 이 책은 "집단 편향성의 자기 범주화 이론"이라고 불리는 새로운 이론 종합의 기초로서 이 증거를 사용하려고 시도한다.

43. Russell Spears, Martin Lee, and Stephen Lee, De Individuation and Group Polarization in Computer Mediated Communication, 29 *Brit. J. Soc. Psych.*, 1990, p. 121.

44. Abrams et al., 위 주석 42.

45. Albert Hirschman, Exit, Voice, and Loyalty: Responses to Decline in Firms, Organizations, and States, Cambridge: Harvard University Press, 1972.

46. 같은 책, p. 46.

47. James Fishkin and Robert Luskin, Bringing Deliberation to the Democratic Dialogue, in *The Poll with a Human Face*, Maxwell McCombs and Amy Reynolds, eds., 1999, pp. 3, 29-31 참조.

48. R. L. Thorndike, The Effect of Discussion upon the Correctness of Group Decisions, When the Factor of Majority Influence Is Allowed For, 9 *J. Soc.*

*Psych.*, 1938, p. 343 참조.

49. Alan Blinder and John Morgan, Are Two Heads Better Than One? An Experimental Analysis of Group Vs. Individual Decisionmaking, NBER Working Paper 7909, 2000.

50. 필자가 제시한 것처럼, 이 점에 관한 전체적 증거는 단순하지 않다. Kerr et al., 위 주석 41 참조.

51. H. Burnstein, Persuasion as a Argument Processing, in *Group Decision Making*, 위 주석 41 참조.

52. Brown, 위 주석 1, p. 225.

53. Karen A. Jehn, A Multimethod Examination of the Benefits and Detriments of Intragroup Conflict, 40 *Admin. Sci. Q.*, 1995, p. 256 참조.

54. 같은 글 및 이하 주석들을 볼 것.

55. 같은 글, p. 260.

56. Karen A Jehn, Gregory B, Northcraft, and Margaret A. Neale, Why Differences Make A Difference: A Field Study of Diversity, Conflict, and Performance in Workgroups, 44 *Admin. Sci. Q.*, 1999, p. 741 참조.

57. 같은 글, p. 758.

58. Jehn, 위 주석 54, p. 260.

59. Karen A. Jehn and Elizabeth A. Mannix, The Dunamic Nature of Conflict: A Longitudinal Study of Intragroup Conflict and Group Performance, 44 Acad. Management J., 2001, p. 238 참조.

60. 같은 글.

61. 같은 글.

62. John M. Levine and L. B. Resnick, Social Foundations of Cognition, 41 Ann. Rev. Psych., 1993, p. 585 참조.

63. Dean Tjosvold, Valerie Dann, and Choy Wong, Managing Conflict between Departments to Serve Customers, 45 *Human Relations*, 1992, p. 1035 참조.

64. Jehn and Mannix, 위 주석 60, p. 246.

65. Jehn et al., 위 주석 57, p. 744.

66. 같은 글, p. 758.

67. Irving Janis, *Groupthink*, 2d ed., Boston: Houghton Mifflin, 1982 참조.

68. 같은 책, pp. 187-191, 198-241. 또한 Marlene Turner and Anthony Pratkanis,

Twenty Years of Groupthink Theory and Research: Lessons from the Evaluation of a Theory, 73 *Org. Behav. And Human Decision Processes*, 1998, p. 105 참조.

**69.** Janis, 위 주석 69, p. 175.

**70.** 같은 책, pp. 174-175.

**71.** 같은 책, pp. 262-271.

**72.** James Esser, Alive and Well after Twenty Five Years: A Review of Groupthink Research, 73 J. Org. Behav. And Human Decision Processes, 1998, p. 116. 또한 Sally Riggs Fuller and Ramon J. Aldag, 73 *Org. Behav. And Human Decision Processes*, 1998, p. 163 참조.

**73.** 같은 글, p. 167.

**74.** Randall Peterson et al., Group Dynamics in Top Management Teams: Groupthink, Vigilance, and Alternative Models of Organizational Failure and Success, 73 *Org. Behav. And Human Decision Processes*, 1998, p. 272.

**75.** 같은 글, p. 278.

**76.** Esser, 위 주석 74, pp. 118-122를 참조.

**77.** Philip Tetlock et al., Assessing Political Group Dynamics, 63 *J. Personality and Soc. Psych.*, 1992, p. 781.

**78.** Esser, 위 주석 74, pp. 130-131.

**79.** 같은 글, p. 131.

**80.** 같은 글, pp. 131-132.

**81.** 같은 글, p. 132.

### 7장 ┃ 헌법 제정자들의 가장 큰 공헌

**1.** *The Complete Antifederalist*, H. Storing, ed., Chicago: University of Chicago Press, 1980, p. 269.

**2.** *The Federalist* No. 70, Alexander Hamilton, Clinton Rossiter, ed., New York: New American Library, 1961, pp. 426-437. 애쉬의 다음과 같은 주장과 비교해 볼 것. "관점의 충돌은 영향력이 아주 큰 결과를 낳는다. 나는 특정한 입장을 가지도록, 따라서 나 자신의 행동을 다른 사람이 바라보듯이 바라보도록 권유를 받게 된다. …… 이제 나는 내 속에 두 입장, 나 자신의 입장과 다른 사람의 입장을 가지게 된다. 이 둘은 이제 나의 사고방식의 일부다. 이런 방식에 따라 나의 개인적 사고의 한계들은 다른 사람

들의 생각을 포함함으로써 극복된다. 나는 이제 나 자신의 독자적 이해를 통해 얻을 수 있었던 것보다 더 많은 대안들을 받아들일 수 있다. 의견 충돌은 그 원인을 이해할 수 있을 때 우리의 객관적 감각을 손상시키기보다는 풍부하게 하고 강화시킬 수 있다." Solomon Asch, *Social Psychology*, Oxford: Oxford University Press, 1952, pp. 131-132. 완전히 다른 학문 분야에서 롤스는 비슷한 말로 다음과 같이 쓰고 있다. "일 상생활에서 타인들과의 의견 교환은 우리의 편파성을 없애 주고 우리의 시야를 넓혀 준 다. 우리는 그들의 관점에서 사물을 보게 되고 우리의 관점이 갖는 한계를 깨닫게 된다. …… 논의를 통해서 생기는 이득은 대표적인 입법자들마저도 지식과 추리력에 있어서 제한되어 있다는 사실에 있다. 그들 중의 누구도 타인들이 알고 있는 것을 모두 알지 못 하며, 그들이 함께 이끌어 내는 것과 똑같은 추리를 할 수가 없다. 논의란 정보를 결합 시키고 논거의 범위를 확대해 주는 방식이다." John Rawls, *A Theory of Justice*, Cambridge: Harvard University Press, 1971, pp. 358-359. 이런 생각은 아리스토 텔레스까지 거슬러 올라갈 수 있다. 그에 따르면, 다양한 집단들은 "개인적으로는 아닐 지라도 집단적으로 그리고 하나의 집합체로서 소수의 일류급 사람들의 자질을 능가할 것이다. …… 숙고의 과정에 기여하는 사람들이 많을 때, 각 개인은 자신의 선함과 도덕 적 신중함을 가져와 보탤 수 있다. 어떤 사람은 한 부분을 평가하고, 다른 사람은 다른 부분을 평가하고, 결국 모두가 함께 전체를 평가한다." Aristotle, *Politics*, E. Baker, trans. 1972, p. 123. 여기에서 나의 논의의 많은 부분은 왜 그리고 어떤 상황 아래에서 이런 관점이 옳을 수도 또한 옳지 않을 수도 있는가를 보여 주는 데에 할애되었다.

3. Luther Gulick, *Administrative Reflections After World War II*, New York: Greenwood Press, 1948, pp. 120-125.

4. 같은 책, p. 120.

5. 같은 책, p. 121.

6. 같은 책, p. 125.

7. 같은 책.

8. 같은 책. 관련된 기관들이 이견을 장려하지 않을 때 민주주의 내부에서 실수가 발생하 는 일련의 예에 대해서는 Irving Janis, *Groupthink*, Boston: Houghton Mifflin, 2d ed., 1982 참조.

9. 같은 책.

10. Amartya Sen, *Poverty and Famines*, Oxford: Oxford University Press, 1983 참조.

11. Vai Lam Mui, Information, Civil Liberties, and the Political Economy of Witch hunts, 15 *J. Law, Econ., and Org.*, 1999, p. 503 참조.

12. 관련하여 가장 좋은 저서는 William Bessette, *The Mild Voice of Reason*, Chicago: University of Chicago Press, 1998.

13. 1 *Annals of Cong.*, Josepf Gale, ed., 1789, pp. 733-745.

14. James Wilson, Lectures on Law, in 1 *The Works of James Wilson*, Robert Green McCloskey, ed., Cambridge: Harvard University Press, 1967, p. 291.

15. 3 *The Records of the Federal Convention of 1787*, Max Farrand ed., rev. ed., new Haven: Yale University Press, 1966, p. 359.

16. The Pocket Veto Case, 279 US, 1929, pp. 655, 678 참조. 여기에서 "부적절하고 현명하지 못한 입법이 일어나지 않도록 하기 위한 헌법 조항들 가운데 핵심 부분은, 대통령은 자신이 법안에 동의해야 하는가 동의하지 않아야 하는가를 결정하는 데에, 그리고 만일 동의하지 않는다면 의회에 의해 반드시 고려되어야 할 반론들을 적절하게 표현하는 데에 자신에게 허용된 시간을 충분히 사용해야 한다는 것이다"라고 주장되고 있다. 1 *The Works of James Wilson*, 위 주석 14, p. 432 참조. 여기에서 그는 대통령의 조건부 거부권이 "법률을 통과시킬 때 정확성과 신중성의 정도를 더 높여 줄 것"이라고 강조하고 있다.

17. *The Federalist*, No. 78.

18. U.S. Const., Art 1, Section 8, clause 11.

19. Philip Kurland and Ralph Lerner, eds., *The Founders' Constitution*, Chicago: University of Chicago Press, 1992, p. 94.

20. 같은 책.

21. 같은 책.

22. 같은 책.

23. Miami Herald Publishing Co. v. Tornillo, 418 US, 1974, p. 241 참조.

24. Roger Brown, *Social Psychology*, 2d ed., New York: The Free Press, 1985, pp. 203-226 참조.

25. Caryn Christenson and Ann Abbott, Team Medical Decision Making, in *Decision Making in Health Care*, Gretchen Chapman and Frank Sonnenberg, eds., Cambridge: Cambridge University Press, 2000, p. 273 참조.

26. 같은 글, p. 274.

27. C. Kirchmeyer and A. Cohen, Multicultural Groups: Their Performance and Reactions with Constructive Conflict, 17 *Group and Organization Management*, 1992, p. 153.

28. Letter to Madison (Jan. 30, 1798), reprinted in *The Portable Thomas Jefferson*, M. Peterson, ed., New York: Viking, 1975, p. 882 참조.

29. Anne Phillips, *The Politics of Presence*, Oxford: Oxford University Press,

1995; Iris Young, *Justice and the Politics of Difference*, Princeton: Princeton University Press, 1994, pp. 183-191 참조.

30. James S. Fishkin, *The Voice of the People*, New Haven: Yale University Press, 1995 참조.

31. 같은 책, pp. 206-207.

32. 같은 책.

33. James Fishkin and Robert Luskin, Bringing Deliberation to the Democratic Dialogue, in *The Poll with a Human Face*, Maxwell McCombs and Amy Reynolds, eds., 1999, p. 23 참조.

34. 같은 책, p. 22-23 참조. (1에서 4까지의 척도를 사용했을 때, 여기에서는 국정 예산 적자를 줄여야 한다는 의견에 대해 동의하는 정도가 3.51에서 3.58까지 증가하는 것으로 나타났다). 1에서 3까지의 척도를 사용했을 때, 교육에 좀 더 많은 예산을 할애해야 한다는 의견에 대해 동의하는 정도는 2.71에서 2.85로 증가하는 것으로 나타났다. 1에서 3까지의 척도를 사용했을 때, 해외에 있는 미국 기업을 지원해야 한다는 의견에 대해 동의하는 정도는 1.95에서 2.16으로 증가하는 것으로 나타났다.

35. 같은 책, pp. 22-23 참조. (1에서 3까지의 척도를 사용했을 때, 해외 원조를 지속해야 한다는 의견에 대해 동의하는 정도는 140에서 15.59까지 증가했으며, 사회보장 제도에 지출하는 비용을 줄여야 한다는 의견에 대해 동의하는 정도는 2.38에서 2.27까지 줄어드는 것으로 나타났다).

36. Fishkin, 위 주석 32, p. 191.


## 8장 | 판사들 사이에서도 동조 현상이 일어나는가?

1. 그런데 한 중요한 맥락에서 비슷한 연구 결과가 보고되었다는 점에 주목해야 한다. Richard L. Revesz, Environmental Regulation, Ideology, and the DC Circuit, 83 *Virginia Law Rev.*, 1997, p. 1717.

2. 같은 글 참조. Frank Cross and Emerson Tiller, Judicial Partisanship and Obedience to Legal Doctrine, 107 *Yale Law J.*, 1998, p. 2155 참조.

3. 더 많은 데이터를 통해, 더 완전하게 더 기술적으로 보여 주고 있는 글로는 Cass R. Sunstein, David Schkade, and Lisa M. Ellman, *Judicial Ideology and Judicial Polarization: A Preliminary Investigation*, Chicago: University of Chicago Law School, 2003. 이 글은 통계적 의미를 가지고 있는 세부적 논고들과 관련된 문제들을 담고 있다.

4. 아래에 서술된 나 자신의 데이터를 참조할 것. 또한 Richard L. Revesz, Ideology,

Collegiality, and the DC Circuit, 85 *Virginia Law Rev.*, 1999, pp. 805, 808 참조.

5. Revesz, 위 주석 4.

6. Revesz, 위 주석 1, p. 1754.

7. 이는 나의 데이터에 근거해서 계산되었다. Sunstein, Schkade, and Ellman, 위 주석 3 참조. Revesz, 위 주석 1, p. 1754 참조.

8. Sunstein, Schkade, and Ellman, 위 주석 3 참조.

9. 같은 책.

10. Revesz, 위 주석 1, p. 1754. 내가 강조한 두 결과는 서로 갈등 관계에 있는 것처럼 보일 수 있다. 민주당원 동료들과 같이 앉아 있지 않는 민주당원 판사들은 두 공화당원 동료들로부터 영향을 많이 받을 것이다. 그러나 그런 경우에도 민주당원 판사들은 자신의 동료들을 강력하게 견제한다. 이에 대한 설명은 다음과 같다. 그런 경우에 있어서, 두 명의 공화당원 판사들이 한 명의 민주당원 판사에게 미치는 영향력으로 말미암아 전심 결과를 뒤집는 만장일치의 재판부 판결이 내려지는 경우가 상당수 있다는 것이다. 그러나 동시에, 민주당원 판사가 이견을 제시할 가능성이 있기 때문에, 또 다른 상당한 경우에는 공화당원 판사들이 보수주의적인 판결을 내릴 가능성이 확연히 줄어든다. 여기에서 우리가 합리적으로 예측해 볼 수 있는 결과는, 해당 민주당원 판사가 강한 의견을 갖고 있지 않을 경우, 그는 집단의 압력으로 인해 의견을 바꿀 것이고, 재판부는 앞선 재판을 뒤집는 판결을 내릴 가능성이 높아질 것이나, 민주당원 판사가 강한 의견을 갖고 있고 공화당원들이 강한 의견을 갖고 있지 않을 경우, 공화당원들이 의견을 바꿀 것이라는 것이다.

11. 같은 글, p. 1754.

12. 같은 글, p. 1753.

13. 같은 글.

14. Cross and Tiller, 위 주석 2.

15. 467 US, 1984, p. 837 참조.

16. Cross and Tiller, 위 주석 2, p. 2169.

17. Cross and Tiller, 위 주석 2, pp. 2172-2173에 있는 자료에 기초해서 구성되었음.

18. 같은 글, pp. 2174-2176 참조.

19. David Schkade, Cass R. Sunstein, and Daniel Kahneman, Deliberating about Dollars, 100 *Columbia Law Rev.*, 2001, pp. 1139, 1150 and p. 1150 각주 44 참조.

20. Robert Baron et al., *Group Process, Group Decision, Group Action*, 2d ed., New York: Wadsworth, 1999, p. 74.

21. 여기에서 나는 재판부가 모두 공화당원으로 구성된 사건들의 경우에 재판부 구성원들

의 행동이 체계적으로 비합리적이지는 않다고 가정하고 있다. 이 가정은 옳은 것처럼 보이는데, 재판부 구성원들이 무작위로 구성되었기 때문이다. 또한 공화당원만으로 구성된 재판부가 다른 경우보다 훨씬 더 비합리적인 행동을 보여 주었다면, 이는 매우 놀라웠을 것이다.

22. 일부 국가들은 사건의 중요도나 난이도에 따라 재판부의 판사 수를 늘린다는 점에 주목하라. 여기에서 나의 논지는 이런 관례를 지지한다.

23. David A. Strauss and Cass R. Sunstein, The Senate, the Constitution, and the Confirmation Process, 101 *Yale Law J.*, 1992, p. 1491 참조.

24. James Thayer, The Origin and Scope of the American Doctrine of Constitutional Law, 7 *Harvard Law Rev.*, 1893, p. 129. David A. Strauss, Common Law Constitutional Interpretation, 63 *U. Chicago Law Rev.*, 1996, p. 997.

25. Peter Dunne, The Supreme Court's Decisions, in *Mr. Dooley's Opinions*, New York: R. H. Russell, 1901, p. 26.

26. 로버트 달은 워런 법정의 저작들 대부분보다 앞서, 거의 반세기 전에 이런 주장을 펼쳤다. 수십 년이 흘렀음에도 불구하고, 그의 주장은 여전히 유효하다. Robert Dahl, Decision-Making in a Democracy: The Supreme Court as a National Policy Maker, 6 *J. Public Law*, 1957, p. 279.

27. 381 US, 1965, p. 479.

28. 347 US, 1954, p. 483.

29. 410 US, 1973, p. 113.

30. Romer v. Evans, 517 US, 1996, p. 620.

31. 539 US, 2003.


**9장 | 고등교육에서의 적극적 시정 조치**

1. Martha Nussbaum, *Cultivating Humanity*, Cambridge: Harvard University Press, 1999에 들어 있는 Brigham Young University의 논의를 참조.

2. Hopwood v. Texas, 78 F.3d, 5th Cir., 1996, pp. 932, 944; Grutter v. Bollinger, 288 F.3d, 6th Cir., 2002, p. 732 참조.

3. 438 us, 1978, p. 265 (opinion of Powell, J.).

4. 같은 책, p. 314.

5. 같은 책, p. 317.

6. 같은 책.

7. 이것은 파웰 판사의 견해를 뒷받침하는 유일한 근거가 아니다. 또한 그는 다음 세대에서 일어날 일, 예를 들면 소수집단의 구성원들이 중요한 사회적 이익을 그렇지 않았다면 혜택을 적게 받았을 주민들에게 베푸는 방법으로 자신들의 공동체에 공헌을 할 것이라는 가능성에 대해 관심이 있었다. 같은 글. 이런 일이 일어난다는 증거와 관련해서는 William Bowen and Derek Bok, *The Shape of the River*, Princeton: Princeton University Press, 2000 참조.

8. 예를 들면 City of Richmond v. Croson, 488 US, 1989, p. 469; Adarand Constructors v. Pena, 515 US, 1995, p. 200 참조.

9. City of Richmond v. Croson, 488 US, 1989, pp. 469, 477.

10. United States v. Paradise, 480 US, 1987, p. 149; Local No. 93, International Association of Firefighters v. Cleveland, 478 US, 1987, p. 616.

11. 일반적 논의와 관련해서는 Kathleen M. Sullivan, Sins of Discrimination: Last Term's Affirmative Action Cases, 100 Harvard Law Rev., 1986, pp. 78, 96. "공적 및 사적 부문의 고용주들은 자신들이 과거에 저질렀던 인종차별을 속죄하기 위한 이유가 아닌 다른 이유에서 적극적 시정 조치를 채택할 수도 있다. 예를 들면 잭슨 스쿨(Jackson school) 이사회는 부분적으로 학교의 교육의 질을 (흑인 학생들의 성적을 향상시킴으로써 또는 백인 우월주의가 우리 사회제도들을 지배한다는 생각을 흑인과 백인 학생들 모두에게서 없앰으로써) 향상시키기 위해 그렇게 했다. 반면, 다른 고용주들은 다른 전향적인 이유들(예컨대 흑인들에 대한 서비스를 개선하거나, 지역공동체 내에서 직업 배치를 둘러싼 인종 갈등을 피하거나, 또는 노동력의 다양성을 증가시키거나 하는 등의) 때문에 적극적 시정 조치를 채택할 수 있다. 나아가, 모든 인종적 특권을 제거하기 위해 적극적 시정 조치를 채택할 수도 있다. 이런 이유들 모두는 인종적으로 통합된 미래에 희망을 갖게 하지만, 그중 어떤 것도 '인종적 차원의 균형 그 자체를 위한' 것으로 환원되지 않는다."

12. 나는 대학이 다양한 의견을 가진 학생들을 유치하게 위해 기울인 노력에 대해 수정헌법 1조를 근거로 소송이 제기된 사례를 알지 못한다. 비록, 그와 같은 노력이 불가피하게 일부 학생들은 다른 학생들에 비해 차별했다고 하더라도 말이다. 그러나 여기에는 잠재적으로 한 가지 문제가 있다. 즉 학생의 선발과 관련해, 해당 학생의 정치적 성향은 입학 여부에 영향을 미치는 다양한 요인 가운데 하나이며, 이를 따로 분리해 내기란 매우 어려운 문제이다. 사실 그 학생이 정치적 성향 때문에 탈락했다고 증명하기란 매우 어려운 일이다. 그러나 정치적 경향으로 인해 학생이 실제로 탈락했다면, 이는 헌법에 위배되는 것이다. Pickering v. Bd. Of Educ., 391 US, 1968, pp. 563, 568 참조.

13. 이를 지지하는 증거로는 Patricia Gurin, Reports Submitted on Behalf of the

University of Michigan: The Compelling Need for Diversity in Higher Education, 5 *Michigan J. Race & Law*, 1999, p. 363 참조.

14. Sandra Day O'Connor, Thrugood Marshall: The Influence of a Raconteur, 44 *Stanford Law Rev.*, 1992, pp. 1217, 1220 참조.

15. Chicago v. Morales, 527 US, 1996, p. 41 참조.

16. 이와 같은 주장을 여기에서 방어하는 것은 적절하지 않다. 그러나 수정헌법 14조의 역사가 적극적 시정 조치가 합헌임을 강하게 뒷받침하고 있다는 사실을 지적하고 넘어가야 할 필요가 있다. Eric Schnapper, Affirmative Action and the Legislative History of the Fourteenth Amendment, 71 *Virginia Law Rev.*, 1985, p. 753 참조.

17. 527 US, pp. 98-115 (Thomas, J., dissenting).

18. Cass R. Sunstein, *Designing Democracy: What Constitutions Do*, New York: Oxford University Press, 2002, pp. 169-182 참조.